系统科学与装备工程系列丛书

# 美军保障装备退役报废处置

罗　坤　刘　宁　吴龙涛　编著

電子工業出版社

**Publishing House of Electronics Industry**

北京 · BEIJING

# 内 容 简 介

保障装备退役报废是保证军队装备完好的重要工作，关系到军队保障装备的发展和军队战斗保障能力的提高，以及重大军事、经济、安全保密、环境保护等诸多问题。本书研究分析了美军保障装备的退役报废判定准则、鉴定评估方法、实施规程、处置方式和技术、管理体制、处置理念、发展趋势等内容，对我军现阶段的保障装备退役报废工作具有较高的参考和借鉴价值。

本书内容丰富、重点突出、注重实用性和先进性，可供军队机关、军工企业，以及从事装备保障相关的研究、工程技术和管理等人员借鉴，也可供资源循环科学与工程、危废物处置等相关专业领域的研究人员参阅。

**图书在版编目（CIP）数据**

美军保障装备退役报废处置 / 罗坤，刘宁，吴龙涛编著. —北京：电子工业出版社，2022.7

（系统科学与装备工程系列丛书）

ISBN 978-7-121-43824-0

Ⅰ. ①美… Ⅱ. ①罗… ②刘… ③吴… Ⅲ. ①军事装备－退役－报废－研究－美国 Ⅳ. ①E712.45

中国版本图书馆 CIP 数据核字（2022）第 111648 号

责任编辑：李 敏　　特约编辑：朱 言

印　　刷：三河市龙林印务有限公司

装　　订：三河市龙林印务有限公司

出版发行：电子工业出版社

　　　　　北京市海淀区万寿路 173 信箱　　邮编 100036

开　　本：720×1 000　1/16　印张：15.25　字数：293 千字

版　　次：2022 年 7 月第 1 版

印　　次：2022 年 7 月第 1 次印刷

定　　价：99.00 元

凡所购买电子工业出版社图书有缺损问题，请向购买书店调换。若书店售缺，请与本社发行部联系，联系及邮购电话：（010）88254888，88258888。

质量投诉请发邮件至 zlts@phei.com.cn，盗版侵权举报请发邮件至 dbqq@phei.com.cn。

本书咨询联系方式：010-88254753 或 limin@phei.com.cn。

# 前　言

在第二次世界大战中，主要参战国生产了 1600 多艘潜艇、200 多万门火炮，各类作战装备和保障装备的生产量也十分惊人，相应的保障设备也非常多，到战争结束时仍有大量的装备与设备积存。有资料表明，到 20 世纪 80 年代中期，美军仍封存第二次世界大战时期的舰艇 380 多艘，美国空军封存各型飞机达 250 多架。进入 21 世纪后，技术的快速发展加快了保障装备（含设备）更新的速度，增加了保障装备的淘汰量，退役报废的保障装备数量明显增加，因此，各国越来越高度重视退役报废的保障装备的管理与处置。

保障装备退役报废是保障部队装备完好的重要工作，它既关系到军队保障装备的发展和部队战斗保障能力的提高等重大军事、经济问题，又关系到保障装备的保密、开发、研制，以及人员安全、环境保护等多方面的问题。每个国家都试图最大化地利用退役报废保障装备的价值，同时，报废物品所造成的环境污染问题一直以来也令许多国家头痛不已。随着退役报废保障装备数量的日益增多，加之环境保护、安全保障等方面的要求越来越严格，世界各国都在寻求解决这些问题的新途径。美国作为世界第一大军事强国，其装备全寿命周期管理模式值得借鉴。研究美军保障装备退役报废的判定准则、鉴定评估方法、实施规程、处置方式与技术、管理体制，以及处置理念和发展趋势等相关内容，对我军现阶段的保障装备退役报废工作具有较高的参考和借鉴意义。

本书主要分为 3 部分，具体如下。

第 1 部分（第 1 章）是美军保障装备概述。主要梳理分析美军保障装备基本内容、保障装备发展趋势及保障装备管理。具体地，首先对保障装备基本内容从类别、地位和发展特点展开分析；然后罗列美军保障装备发展趋势；最后通过对美军保障装备的全寿命周期管理介绍，引申出保障装备退役报废相关概念。

第 2 部分（第 2～7 章）是美军保障装备退役报废研究，主要包括判定准则与鉴定评估方法、退役报废实施规程、处置方式与技术及退役报废管理，具体如下。

第 2 章介绍美军保障装备退役报废判定准则与鉴定预测技术，主要从判定准则、鉴定要素和鉴定预测技术 3 个方面展开分析。通过宏观的技术判定准则，总结出鉴定评估的主要因素，包括寿命周期鉴定、技术效能鉴定、维修鉴定和安全风险鉴定，阐述保障装备寿命预测技术及其应用案例。

第 3 章介绍美军保障装备退役报废鉴定评估方法及策略，主要从鉴定评估方法、鉴定评估流程和鉴定评估策略 3 个方面展开分析。通过分析各评估要素的鉴定方法与模型，梳理鉴定评估流程，提出鉴定评估策略。

第 4 章介绍美军保障装备退役报废实施规程，主要从退役报废文件规程、退役报废保障装备上交、具体实施规程和处置规程 4 个方面展开分析。其中，对上交的重要文件中非军事化代码和补给状态代码内容及分配进行重点解释，对保障装备统一上交至美国国防后勤局的具体实施步骤进行详细阐述，对保障装备处置的标准规定与流程进行分析。

第 5 章介绍美军保障装备退役报废处置方式，主要从处置方式和实例分析两个方面进行阐述，总结了美军退役报废保障装备处置方式（主要包括非军事化处置、战略储备利用、再制造、转让/捐赠/出售等），并对美军作战保障舰船退役报废多种处置方式进行详细剖析。

第 6 章介绍美军保障装备退役报废处置技术，重点介绍典型先进的封存、再制造、回收处置和危险废物特殊处置等技术，并针对每类处置技术进行应用实例分析。

第 7 章介绍美军保障装备退役报废管理，首先明确美军装备管理的机构与制度，其次从中剥离出退役报废保障装备的管理机构与制度，最后对美军保障装备退役报废处置管理特点进行总结。

第 3 部分（第 8 章）是美军保障装备退役报废处置理念及发展趋势。本部分在前述章节介绍的美军保障装备退役报废的鉴定评估方法、实施规程、处置方式与技术及管理体制的基础上，总结归纳美军保障装备退役报废的 4 种处置理念，分析美军保障装备退役报废处置发展趋势。

　　本书在编著过程中参考与借鉴了国内外许多学者的大量专著及理论成果，在此表示诚挚的谢意！同时，本书得到了许多单位的大力支持与帮助，也一并表示衷心感谢！

　　由于资料、时间和编著者专业水平与知识范围等原因，书中疏漏与谬误在所难免，敬请读者不吝指正。

编著者

2021 年 11 月

# 目 录

第1章

# 美军保障装备概述

　　装备是用于作战和保障作战及其他军事行动的武器、武器系统、电子信息系统和技术设备、器材等的总称。通常所说的装备，主要指武装力量编制内的武器、弹药、车辆、机械、器材、装具等，其分为作战装备、电子信息装备和保障装备。作战装备是指在军事行动中直接杀伤敌方有生力量和破坏敌方各种设备设施的装备。电子信息装备是指以电子信息技术为主要特征，用于信息生产、获取、传输、处理、利用或对信息流程各环节实施攻击、防护的装备。保障装备是指军队用于实施作战保障和技术保障的装备。保障装备作为装备的重要组成部分，是构成军队战斗力与保障能力的主要因素之一，是实施快速有效保障、应急保障、靠前保障和伴随保障的重要手段，也是保持和恢复军队战斗力与保障能力必不可少的装备。在未来战争中，由于武器装备的战损率越来越高，战场抢救抢修等保障比以往任何时候更加重要，相应的保障装备不可或缺，因此，研究探讨美军保障装备具有重要意义。本章首先明确美军保障装备的基本内容，其次梳理美军保障装备的发展趋势，最后介绍美军保障装备的管理。

## 1.1　保障装备的基本内容

　　后勤保障是军队组织实施物资供应、医疗救护、装备维修、侦察探测等各项勤务保障的总称。为适应现代化战争对后勤保障的要求，美军在调整全球军事战略，推动作战理论、作战样式变革的同时，也对后勤体制进行了一系列改革。在后勤体制改革的直接推动下，大量现代化后勤装备得到广泛应用，使得美军的装备保障能力得到很大提高。保障装备作为后勤装备的重要组成部分，是保证其他军用设施正常使用和运行的重要条件，同时也是保障军队训练、执勤、战备等各项任务完成的必要条件。本节详细梳理了美军保障装备的体系构成与类别，并对保障装备的重要地位与作用、发展特点进行研究。

### 1.1.1　美军保障装备体系构成

美军对保障装备的定义不是定义保障装备本身，而是从综合后勤保障要素的角度进行定义，即包括保障装备本身所需的规划与采办。《后勤保障分析》中对保障装备的定义为，"用于保障装备系统的使用与维修的所有装备（移动的或固定的）。"根据战争级别，美军的保障装备已形成一个比较完整的体系，如图 1-1 所示，该体系大致由战略保障装备、战役保障装备和战术保障装备三大类构成。

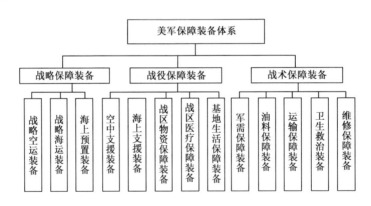

图 1-1　美军保障装备体系构成

#### 1. 战略保障装备

战略保障装备是军队为遂行战略任务而采取的各种保障措施的总称。无论是"冷战"前还是"冷战"后，美军都在持续开展战略保障装备的建设，特别是美军的战略布局由"前沿部署"调整为"前沿存在"后，其更加重视发展战略保障装备。作为美军实施海外作战的重要支柱，战略保障装备主要包括战略空运装备、战略海运装备和海上预置装备 3 类。

1）战略空运装备

战略空运装备主要由战略运输机和空中加油机组成，由运输司令部所属的空中机动司令部负责。目前，在美国空军服役 40 多年的 C-141 型战略运输机已全部退役，现在服役的战略运输机机型主要为 C-5 和 C-17。空中加油机是保障美军实施快速全球机动、全球攻击战略的重要装备，美军拥有世界上数量较为庞大的空中加油机队，主要有 KC-10A、KC-135 等型号的空中加油机。KC-10A 能同时为美国空军、海军和海军陆战队及盟军的飞机进行空中加油。KC-135 是在波音 707 原型机基础上发展而成的中短程加油机，可为美国空军轰炸机、战斗机、货机和侦察机进行空中加油，还可支援美国海军、海军陆战队及盟军的飞机，是美国空军的主力空中加油机。

2）战略海运装备

战略海运是美军实现海外力量投送的重要手段，在海湾战争和伊拉克战争中，美军 90%以上的战略运输任务都是通过战略海运完成的。目前，美军战略海运装备的主力是高速海运船和大型中速滚装船。高速海运船全部采用滚装方式，出动一次可运输约 1 个机械化师、2 个重型旅和 4 个陆战远征旅的全部装备及可供 30 天使用的作战物资。高速海运船吨位大、航速高，可确保在关键时刻快速投送军事装备。大型中速滚装船的航速不及高速海运船，但其装载容量大，每艘船可运载的货物面积达 3.5 万平方米。

3）海上预置装备

为提高美军对海外突发事件的快速反应能力，美国从 1980 年便开始用军事海运司令部船只在海上预置装备物资，这些船只被称为预置船。目前，美军海上预置船总数为 38 艘，其中，为海军陆战队预置装备物资的海上预置船有 14 艘，为空军、国防后勤局等预置装备、物资的后勤预置船有 8 艘，为陆军预置装备和物资的战斗预置船有 16 艘。这些预置船混编成 4 个中队，分别部署在地中海、印度洋和太平洋上的重要战略位置。

## 2. 战役保障装备

战役保障装备是指战区内用于对部队实施保障的装备和设施，如空中的中近程运输机，各种运输、救护、后送直升机等；海上的补给舰、修理船、两栖运输舰、搜救直升机等；陆地的各种机动营区设施、野战医院、帐篷、加油设施、地面大型运输装备等。在战役保障层级，美军现有装备补给船 42 艘、医院船 2 艘、中近程运输机 926 架、医疗后送飞机 23 架、中重型运输直升机 420 架、基地化"力量提供者"生活保障系统 27 套。在最近的几次局部战争中，美军均综合应用了各种战役保障装备，对作战行动实施了有效的支援保障。美军的战役支援保障装备主要包括空中支援装备、海上支援装备、战区物资保障装备、战区医疗保障装备和基地生活保障装备。

1）空中支援装备

美军战役层次的空中支援装备包括中近程运输机，以及各种运输、救护、后送直升机等，主要用于战区内人员、装备、物资、零备件的运送，以及伤病员的救治与后送等。美军战役级的空中支援装备由 C-17、C-130 运输机，许多较小型的固定翼运输机，CH-46、CH-53、CH-47 和 UH-60 等型号的运输直升机，以及 C-9 医疗后送机等组成，战时能够对战区内的各参战部队提供良好的空中支援。C-130 运输机是美国空军使用的多用途运输机，可在前线简易跑道上完成起降，目前约有 530 架。执行客货运输及医疗后送等任务的中近程运输机主要有 C-12（32 架）、C-20（13 架）、C-21（78 架）和 C-26（12 架）等。UH-60"黑鹰"多用途直升机的战场适应能力非常强，主要为战斗突击提供运输服务，也可直接执行伤员疏散、侦察、指挥及兵员补给等任务。CH-47D 运输直升机是一种全天候重型运输直升机，一般情况下多在后方区域遂行运输任务，其运输效率相当于 3 架 UH-60"黑鹰"多用途直升机。在实施航空突击作业，以及人员、补给品和装备空中运送的作战航空营，共编配 45 架 UH-60"黑鹰"多用途直升机。在负责弹药、维修备件和油料运送，以及火炮、部队和特种武器战术运输的中型直升机连，其主要装备为 2 架 UH-1H 直升机和 16 架 CH-47D 运输直升机。在战区实施空中加油任务的除 KC-10A 和 KC-135 加油机外，还有 MC-130P 和 HC-130N/P 加油机。MC-130P 加油机和 HC-130N/P 加油机是目前世界上仅有能适应战斗机和直升机飞行速度的加油机，主要供美国空军特种作战部队使用，适合在低空、低能见度情况下秘密为特种作战部队的直升机实施空中加油。美国空军共有 28 架 MC-130P 加油机和 29 架 HC-130N/P 加油机。

2）海上支援装备

美军的海上支援装备包括海上补给船、舰载直升机、舰载 C-2A 小型运输机、医院船等。海上补给船有多种类型，排水量为 18000～54000 吨，20 世纪 80 年代以来服役的海上补给船排水量均超过 30000 吨。美军目前共装备海上补给船 42 艘，这些海上补给船按所载补给品分为燃油补给船、弹药补给船、军需补给船和综合补给船。综合补给船集油船、军火船和军需船的功能于一体，装载能力强，携载的补给品包括油、水、弹药、食品等，受补给船仅须与它会合，一次便可得到所需的各种补给。美国海军之前最大的 4 艘"萨克拉门托"级补给船已于 2004—2005 年退役，取而代之的是更加先进、补给能力更强的"路易斯和克拉克"级干货弹药船。"路易斯和克拉克"级干货弹药船计划建造 14 艘，目前已有 8 艘服役。美军目前装备了 2 艘配备先进医疗设备的医院船，分别是"仁慈"号和"舒适"号，拥有与美国本土大型医院相当的医疗设施水平和住院容纳能力。

3）战区物资保障装备

美军的战区装备物资保障是指对本土及其他地区的装备物资进行接收、储存和输送，主要由战区保障司令部所属的地区保障大队、油料大队等所属的各种补给连、汽车连、勤务连、维修连、输油管线连等承担。战区物资保障装备主要包括整装整卸车、中（重）型运输车、半挂车、牵引车、软质输油管线、加油车、前方地区加油站等。例如，承担全部保障任务的油料补给连，其编配的主要装备包括 36 个容积为 18.9 万升的软体油罐、24 个容积为 7.57 万升的软体油罐、24 个容积为 3.78 万升的软体油罐、18 个容积为 1891 升的软体油罐、2 台载重为 40 吨的低板半挂车、29 台载重为 5 吨的运输车、6 台载重为 22.5 吨的平板半挂车、3 台载重为 2.5 吨的运输车、2 台载重为 10 吨的牵引卡车、12 套油料系统补给站、6 套输油软管、12 台容积为 1.89 万升的半挂油罐车、6 套前方地区加油站设备系统、18 台载重为 5 吨的牵引卡车、2 台推土机等，该连可铺设和操作长度约 24 千米的输油软管，储存 908 万升散装油料，每天接收和配送 454 万升油料。

4）战区医疗保障装备

美军的战区医疗保障装备主要是各种野战医院，包括战斗支援医院、舰队医院和陆军移动外科医院等。战斗支援医院主要有两种，分别有 296 张和 248 张床位，主要提供伤员复苏、初期手术、术后治疗、伤员接收，以及后送到更高一级救治阶梯进行治疗等服务，可同时展开 8 个手术台，每天共能进行 144 小时手术。296 张床位的战斗支援医院编配的主要装备包括 24 个标准集装箱、13 台方舱运输挂车、9 台功率为 100 千瓦的柴油发电机组、2 个洗衣单元、13 个国际标准战术医疗方舱、59 台供暖空调、36 个可扩展模块化人员帐篷、4 个容积为 1.14 万升的软体水罐、13 台载重为 5 吨的运输车、2 台全地形叉车等。承担从战场前沿向师、军或战区医疗救护设施空中后送伤员任务的空中救护卫生连，共编配 15 架 UH-60A/Q 救护直升机，全部出动一次可运送 60 名担架伤员或 105 名轻伤员。主要负责战区内伤员地面后送的地面救护车后送卫生连，共编配 40 台 "悍马" 救护车，全部出动一次可后送 96 名担架伤员或 192 名轻伤员（车辆利用率为 80%）。

### 5）基地生活保障装备

美军基地生活保障包括饮食、住宿、休闲娱乐等，主要依托基地生活保障装备实施。在住宿和休闲娱乐方面，美军主要利用 "力量提供者" 系统、模块化组合帐篷、活动房屋等。"力量提供者" 系统是一种现代化士兵休整基地，分为兵舍区和服务区，分别由模块化可扩展帐篷和功能性方舱组成。"力量提供者" 系统采用集装箱式结构，展开时占地 30000～40000 平方米，提供空调宿舍、用餐设施、淋浴、厕所、洗衣系统及休闲娱乐设施，被士兵称为战场上的 "星级宾馆"，可供 550 人使用。

### 3. 战术保障装备

战术保障装备主要是指伴随战术作战部队行动实施保障的装备，包括军需、油料、运输、卫生及维修等保障装备。美军战术保障装备种类多、数量大，但实施伴随保障任务的主体是军、师保障司令部所属部队。为此，现仅就 21 世纪美国陆军重型师保障司令部编配的主要后勤保障装备情况进行简要介绍。

### 1）军需保障装备

承担军需保障的部门主要是师保障营的军需连和前方保障营的配送连。例如，师后勤保障部门编配的供水保障装备主要有 12 套软体水罐、11 台运水半挂车、4 套反渗透净水装置，军需连每天可配送水 45.4 立方米（每天 2 次）。

2）油料保障装备

承担师油料保障任务的部门主要是师保障营的军需连、前方保障营的配送连和前方保障连，以及航空保障营的补给连等。师后勤保障部门编配的油料保障装备主要有 3 套油料系统补给站、2 套前方地区加油系统、18 个软体油罐组、87 台加油车、2 套重型加油车加油系统、76 台半挂运油车、2 套油料化验系统、6 个航空油料检测箱、18 台油罐泵组。军需连每天可存储、发放 1260 立方米油料，配送 1210 立方米油料（按每天 2 次，装备利用率为 75% 计算）。

3）运输保障装备

承担师物资运输保障任务的部门主要是师保障营的运输连、前方保障营的配送连和前方保障连，以及航空保障营的补给连等。师后勤保障部门编配的运输保障装备主要有：527 台运输车，44 台整装整卸车及挂车，24 台重装备运输牵引车及半挂车，128 台牵引车，165 台各型挂车、半挂车。运输连一次最大运输能力为 2035 吨。

4）卫生救治装备

承担战术地域战场伤员救治与后送任务的部门主要是师保障营和前方保障营所属的卫生连。师后勤保障部门共编配 22 台轮式救护车、18 台装甲救护车，一次可后送 160 名伤员。

5）维修保障装备

承担师维修保障任务的部门主要是师保障营的地区保障维修连、前方保障营的前方保障连、旅前方保障营的前方保障连和旅保障连，以及航空保障营的地面维修连与航空维修连等。师后勤保障部门编配的主要维修装备包括 44 台轮式抢救车、97 台装甲抢救车、39 套前方维修系统、36 台维修方舱、9 台履带式运载车。其中，航空维修连能对 24 架 AH-64、16 架 OH-58D、4 架 EH-60A、32 架 UH-60A、15 架 UH-60L（医疗后送）直升机提供维修保障。

总之，根据现代战争和局部冲突的经验，保持武器装备的完好状态，及时修复战损武器装备并使其迅速重新投入战斗，对于夺取战争的主动权乃至获得最后胜利具有重要作用。保障装备是实施武器装备保障的物质基础与手段，是保持和恢复军队战斗力及实现保障能力不可或缺的一类装备，也是军队装备保障能力强弱的主要标志之一。外国军队非常重视保障装备的发展，不惜投入大量人力、物力和财力，应用现代最新科技成果，研发各种信息化水平高的保障装备，以满足未来作战的需要。美军保障装备是世界上保障对象总价值最高、保障力量规模最大、消耗资源最多、技术与管理最先进，以及经受作战考验最多的保障装备之一。美军保障装备经过多年的建设与发展，其保障能力随着实战不断加强，保障理念和保障装备的先进程度代表世界军队保障装备的发展方向，也体现了美国作为军事强国的水平。

### 1.1.2 美军保障装备类别

美军保障装备类别繁多、型号复杂，包括通信装备、侦察探测装备、电子对抗装备、情报处理设备、军用电子计算机、野战工程器械、渡河装备、三防装备、辅助飞机、勤务舰船、军用测绘器材、气象保障器材、伪装器材和军用车辆等。本节根据保障职能、保障目的及通用和专用属性不同，对美军保障装备进行以下分类。

#### 1. 根据保障职能分类

美军采用"后装合一"的装备保障体制，其后勤保障的指导思想也就是保障装备的指导思想。保障装备的主要职能是为作战装备提供"供、救、运、修、信"保障。具体而言，如图1-2所示，美军保障装备主要由物资供应保障类、卫生救援保障类、运输保障类、维修保障类、信息通信保障类五大类装备构成。

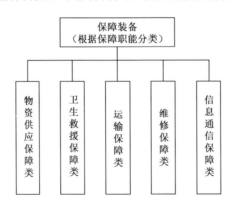

图1-2　保障装备根据保障职能分类

（1）物资供应保障类：满足受保障对象弹药、油液、备品备件，以及能源供应保障需求的装备，主要包括运输车、运输机、加油车、制水车等。

（2）卫生救援保障类：满足受保障对象牵引、抢救或后送等需求的装备，主要包括急救车、担架、诊疗器，以及消毒、后送、防疫装备等。

（3）运输保障类：满足运输武器、弹药、油料、军需、器材等物资，以及进行人员输送等需求的装备，主要包括运输汽车、装甲车、飞机、海运船等。

（4）维修保障类：满足战时受保障对象技术状态检测、故障诊断、保养、拆装与修理，以及能源补给保障需求的装备。

（5）信息通信保障类：满足保障信息获取、传递、处理、共享，以及控制需求的装备，主要包括信息化作战平台、信息化弹药及专用侦察、探测、干扰装备，以及单兵数字化装备和军队指挥自动化系统等。

美军在维修保障类装备中，以满足信息化战争保障需求为牵引，以装备技术状态的准确掌握为原则，以武器装备能力的快速再生为要求，以保障信息的精确掌控为目的，以保障能力的提高为目标，构建了系统配套的武器装备维修保障装备体系，主要包括野战抢救装备、野战修理装备、故障检测与诊断装备、保障指挥管理自动化装备等，涵盖了武器装备保障工作的方方面面。其中，野战抢救装备主要配备有系列抢救车、重型抢救系统，以及发电装备、焊接装备、车载式诊断系统（OBDS）、中央轮胎充气系统（CTIS）、发动机严寒工具箱、核生化警报与洗消装置安装工具箱等。野战修理装备主要配备有系列修理工程车、车间装备焊接拖车（SEW）、SET-4 电气修理单元、标准化自动维修工具箱、便携式综合工具箱、空气压缩机、可变电源变压器及功率变换器等。故障检测与诊断装备主要配备有标准化与系列化综合检测设备系统、涡轮发动机故障诊断系统、远程维修保障系统、嵌入式传感器故障诊断装备、状态与使用监控系统、新一代自动测试系统、机内测试（BIT）系统、便携式维修辅助设备（PMA）等。保障指挥管理自动化装备主要配备有全球作战保障系统（GCSS）、陆军标准维修系统（SAMS）、全资产可视性系统、装备保障信息库（LIDB）、陆军自动化管理系统、陆军标准零星级补给系统（SARSS）等。

### 2. 根据保障目的分类

根据保障目的的不同，保障装备可以分为作战保障装备、技术保障装备、后勤保障装备和训练保障装备四大类，如图 1-3 所示。

（1）作战保障装备：分为通用作战保障装备和专用作战保障装备两大类。

通用作战保障装备包括作战保障测绘装备、作战通信指挥装备、作战信息防护装备、作战侦察探测装备、作战工程装备、作战防护保障装备、作战运输装备、作战维修装备、作战抢救装备等。

专用作战保障装备包括海军、空军和战略导弹部队的航海、领航、防险救生、航空管制与弹道保障装备。

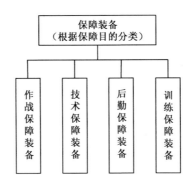

图 1-3　保障装备根据保障目的分类

（2）技术保障装备：分为通用技术保障装备和专用技术保障装备两大类。

通用技术保障装备分类如下。①军械保障装备，包括军械检测车、军械修理车、武器修理方舱（车）、雷达修理车等。②装甲保障装备，包括坦克抢救牵引车、轮式修理工程车等。③通用车辆保障装备，包括汽车修理工程车（方舱）、汽车保养工程车、汽车抢救车等；工程保障装备，包括工程修理车等。④防化保障装备，包括防化修理车等。另外，情报、技术侦察、通信、电子对抗、机要、测绘、气象、指挥自动化等装备都有相应的技术保障装备。

专用技术保障装备分类如下。①海军专用技术保障装备，包括：海军岸炮修理工程车及海军导弹燃烧剂、氧化剂、化验取样车、轻便鱼雷运输车等海军专用军械保障装备，舰船消磁仪器修理工程车、舰船技术状况监控工程车、舰炮随动系统修理工程车等舰船维修装备，打捞船、拖船、综合补给舰（船）等海上保障装备，水雷运送检查车、火工品运送检查车、水上飞机发动机清洗车等海军航空兵专用保障装备等。②空军专用技术保障装备，包括：弹带排装机、炸弹推车等空军专用军械保障装备，飞机维修装备、导弹检测车、制氮机械、导弹拖车和雷达抢修车等空军专用维修装备等。③战略导弹部队专用技术保障装备，包括特种车辆、机械检测与修理方舱及工程车等。

（3）后勤保障装备：包括定位搜索、战地急救、紧急手术、卫生防疫、油料保障、弹药保障、抢救抢修装备等。

（4）训练保障装备：包括器材保障装备和物资保障装备。

器材保障装备是为技术、战术训练提供的各种设备和器材，通常分为简易器材和制式器材两类。按原理和技术完善程度，器材保障装备分为人工操作器材和自动式器材。按使用范围，器材保障装备分为军种、兵种训练的通用器材和专业器材。按用途，器材保障装备分为技术训练器材和战术训练器材。

物资保障装备是对军事训练所需物资进行筹措、计划和供应的装备，包括经费、油料、弹药、构筑训练设施和制作训练器材所需的各种材料。

### 3. 根据通用和专用属性分类

根据通用和专用属性，保障装备可分为通用保障装备和专用保障装备两大类，具体分类如图 1-4 所示。

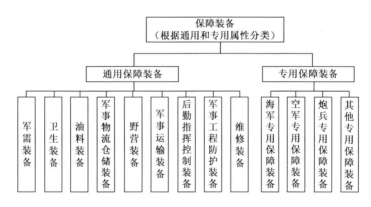

图 1-4　保障装备根据通用和专用属性分类

1）通用保障装备

（1）军需装备：主要有功能食品、军队被服、装具、食品保鲜包装、军用移动式厨房、军舰厨房等。

（2）卫生装备：主要有健康维护、心理服务、疾病防治、远程医学、伴随保障、应急救援、特需药品、"三防"医学、环境医学检测技术与产品等。

（3）油料装备：主要有油料管线、输送技术装备、功能油品装备材料、野战油库、野战油料化验器、空投油料系统、特种润滑油脂等。

（4）军事物流仓储装备：主要有仓储设备、搬运设备、起重设备、物流车辆、军品包装、节能产品、物流仓储信息化设备等。

（5）野营装备：主要有隔热御寒帐篷、野战洗涤箱组、野战淋浴箱组、野战炊事箱组、野战扩展指挥方舱、野战医院系统等。

（6）军事运输装备：主要有运输车、运输船、运输机、直升机等。

（7）后勤指挥控制装备：主要有侦察、探测、指挥装备等。

（8）军事工程防护装备：主要有野战工程机械、建筑机械、保障机械、消防设备和其他后勤用机械装备等。

（9）维修装备：主要有应急抢险、工程抢修、装备检测与维修、道路抢修及清洁设备等。

2）专用保障装备

（1）海军专用保障装备：主要有大型码头加油车、消毒清洗车、车载物资输送车、雷弹补给车、输水管道补给车、野战叉车、高货位拣选车、救护艇、海上医院船、水上飞机、舰载医疗模块等。

（2）空军专用保障装备：主要有加油车、空调车、充氧车、挂弹车、充电车、航电保障车、工程车、指挥车、餐饮车、牵引车、救护车、消防车、清扫车、机场升降装卸平台、飞机附油补给、机场助航应急灯光车、飞行后勤保障指挥监控台、机场道面抢修工程车等。

（3）炮兵专用保障装备：主要有装弹机、军械维修设备、装甲车等。

（4）其他专用保障装备：主要有核生化污染监测车、核生化卫生监测车等。

## 4. 保障设备及其分类

保障设备是军队用于完成各种任务而设置的设备、器材及附属物的总称，是为了有效使用作战装备必需的设备和军事技术器材。由于通用保障设备的职能各异、种类繁多、型号复杂，本书对其按照功能进行归纳分类，包括抢救维修类设备、卫生救援防护类设备、电子通信类设备、工程防护类设备和油料化工类设备，如图 1-5 所示。

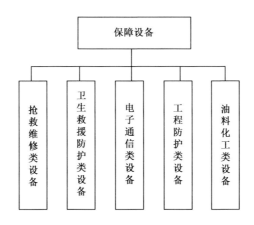

**图 1-5　保障设备按照功能进行归纳分类**

1）抢救维修类设备

抢救维修类设备可以满足战时保障对象的抢险救援、技术状态检测、故障诊断、维护、拆装与修理及能源补给保障需求。抢救维修类设备是保障设备的重要组成部分，也是本书的重点研究对象。

如表 1-1 所示，抢救维修类设备按具体功能可划分为应急抢救类设备、维修类设备、维护防护类设备和能源补给类设备。应急抢救类设备一般加装在履带或轮式车辆的底盘上形成抢救装备，如美军装甲机械化部队重要的保障装备——坦克抢救牵引车等。维修类设备是在野战条件下对战损和发生技术故障的装备实施修理的设备与器材，一般以载重车或战斗车底盘为载体形成修理车来完成修理任务，可进行故障检测诊断和零部件加工及更换等作业，如美军的履带装甲修理工程车等。维护防护类设备是指为防止装备性能劣化而进行的清洁、润滑、紧固和堵漏等一系列操作的设备。能源补给类设备一般拖挂在动力装置上形成机动灵活的能源补给车，为战场提供水、电等应急能源补给。

**表 1-1　抢救维修类设备的分类与组成**

| 分　类 | 二级分类 | 主要设备与器材 |
| --- | --- | --- |
| 应急抢救类设备 | 拖拽起吊牵引 | 起吊机、绞盘、牵引装置、支撑推土装置、焊接器材、切割机、液压剪等 |
| 维修类设备 | 机械加工 | 电焊机、空压机、轻便台钻、起重机、液压千斤顶、万用表、测速电动机、交/直流稳压电源、车床、刨床、铣床、钻床、折弯机、卷板机、加工方舱等 |

续表

| 分　类 | 二级分类 | 主要设备与器材 |
|---|---|---|
| 维修类设备 | 检测诊断 | 人工测试仪器、仪表，如各种测试盒、测试仪、分析仪、万用表、卡尺等；自动测试设备，如通用自动测试和诊断系统、数字式自动线路板测试仪等 |
| | 修理 | 修理箱、通用/专用修理工具、量具、打气泵、保险丝等 |
| | 拆装 | 举升机、桁吊、扳具、起具、钳具等 |
| 维护防护类设备 | 保养消防 | 除锈（漆）设备、喷（涂）漆设备、清洗机、输水装置、抽水泵、高压水枪、激光清洗器、润滑剂、除静电设备等 |
| 能源补给类设备 | 水、电等应急能源补给 | 发电机、制氧机、制水机、充电器等 |

### 2）卫生救援防护类设备

卫生救援是对伤病员经由火线抢救或现场急救，通过医疗后送线上的各级救治机构的分级救治与后送，逐步得到完善治疗的保障活动。卫生防护是指在疾病、核生化污染情况下，或者当存在潜在核生化威胁时，用于有效避免或减少核生化沾染和损伤、保护人员健康的一系列医学防护技术活动。如表 1-2 所示，卫生救援防护类设备主要有急救诊疗类设备、核生化防护类设备和其他保障类设备。美军注重卫生救援防护类设备器材的研制，不仅做到单兵、防疫、防护、医疗、后送设备的系列配套，而且重点提升野战卫生设备的功能性和机动性，以提升战场应变能力。

### 表 1-2　卫生救援防护类设备的分类与组成

| 分　类 | 二级分类 | 主要设备与器材 |
|---|---|---|
| 急救诊疗类设备 | 急救 | 包扎、固定、止血、通气、搬运器材等 |
| | 特诊 | 体征监测设备、血液分析设备、心电监护仪、便携式 B 超机、野战 X 线车、便携式 X 线机、野战洗片机等 |
| | 手术及配套 | 手术器械包、野战手术灯、野战手术床、野战洗手装置、高频电刀、麻醉机、吸引器、手术冲洗机等 |
| | 治疗与护理 | 治疗与护理设备、血压计、体温计等 |
| | 检验 | 离心机、血细胞分析仪、生化分析仪、电解质分析仪、酶标分析仪、尿液分析仪等 |

续表

| 分　类 | 二级分类 | 主要设备与器材 |
|---|---|---|
| 核生化防护类设备 | 侦检与报警 | 核生化武器袭击识别与报警设备和器材，包括射线报警器、放射性物质检测设备、军用辐射仪、毒剂报警器、化验箱、生物侦检仪器等 |
| | 防护 | 防毒面具、呼吸器、面罩、三防急救包（盒）、电动喷雾器、防毒帐篷、通风装置、过滤吸收器等 |
| | 洗消 | 便携式洗消装置、高压消毒器、洗消器、洗消盒（包）、洗消剂等 |
| 其他保障类设备 | | 储运血箱、氧气瓶、卫勤作业箱组、远程医疗会诊箱组、伤员运输附加装置、折叠式担架、野战病床、医疗箱组、网架式帐篷、发电机等 |

### 3）电子通信类设备

电子通信类设备是满足作战保障信息获取、传递、处置、共享及控制需求的设备，是军队实施通信保障的重要工具。如表 1-3 所示，电子通信类设备主要包括指挥自动化类设备、雷达及传感器类设备、电子对抗类设备、情报侦察类设备、通信和导航类设备、安全保密类设备、定位识别类设备。在 20 世纪 90 年代以来的 4 次现代战争（海湾战争、科索沃战争、阿富汗战争、伊拉克战争）中，美国掌握了信息战的绝对优势，并广泛使用全球卫星定位系统与精确打击武器系统取得巨大成功，充分证明电子通信类设备是信息战的基础，是军事设备中的重中之重，甚至是决定战争胜负的关键。

### 表 1-3　电子通信类设备的分类与组成

| 分　类 | 主要设备与器材 |
|---|---|
| 指挥自动化类设备 | 联合作战指挥自动化系统、空军 $C^4ISR$ 系统、海军 $C^4ISR$ 系统、陆军 $C^4ISR$ 系统、空中交通管制系统、军用计算机系统、应用支撑软件系统及配套设备 |
| 雷达及传感器类设备 | 具有预警、监视、目标指示制导、火控、战场侦察、测量、交通管制、气象、搜索捕获、跟踪、成像、校准等功能的雷达系统和传感器及配套设备 |
| 电子对抗类设备 | 电子防御、防护设备，电子战类产品检测、维修设备，识别器，应答机，激光干扰系统，发射装置，光电对抗系统，水声干扰器等 |
| 情报侦察类设备 | 战场情报侦察器材、技术侦察器材、情报综合处置系统等 |

续表

| 分　类 | 主要设备与器材 |
|---|---|
| 通信和导航类设备 | 无线终端设备、野战程控交换机、野战电话机、野战传真机、野战载波机、野战光端机、野战通信电缆、卫星通信设备、通信电源设备、机载无线电导航设备、报警设备等 |
| 安全保密类设备 | 实体安全保密系统和设备、通信和计算机网络安全系统、信息安全保密系统和设备等 |
| 定位识别类设备 | 测距定位系统、测高仪、校准仪、瞄准具、潜望镜、目标指示器、改进激光器、图像增强器和夜瞄设备等 |

### 4）工程防护类设备

军事工程防护的主要任务是建造战斗阵地、设置障碍防御工事，通过使用和实施伪装、侦察、通信和其他服务来提高部队的生存和机动能力。具体来讲，工程防护类设备主要用于工程建设、架桥、涉渡、浮渡、布雷、探雷、扫雷、排雷、抢救抢修、爆破清障及伪装等军事行动。如表 1-4 所示，工程防护类设备大致分为工程建筑类设备、布雷排雷类设备、爆破清障类设备和生存力保障类设备。美军作战工程兵使用各种各样的工程防护类设备，据美军报道，美军现役的工程兵主要装备 13 种骨干工程设备，如快速架设桥梁系统、远距离雷场探测系统、数字地形支援系统、机动控制系统工程兵子系统、"猛禽"智能弹药系统、"猫鼬"爆破式远距离雷场开辟通路系统、反地雷机器人等。

### 表 1-4　工程防护类设备的分类与组成

| 分　类 | 主要设备与器材 |
|---|---|
| 工程建筑类设备 | 机械工程设备、路面器材、水上浮渡、舟桥、军用桥梁、浮码头、渡河器材等 |
| 布雷排雷类设备 | 布雷设备、电子探雷器材、金属探测器、非金属探测器、炸弹探测器、火箭爆破弹、柔性爆破装置、扫雷滚设备等 |
| 爆破清障类设备 | 破障系统、火箭爆破器、掩体爆破器、爆破筒、火工品、遥控起爆器等 |
| 生存力保障类设备 | 伪装遮障装置、伪装机器、阵地作业和野战反渗透净水器等 |

### 5）油料化工类设备

组织实施军用油料化工类设备保障是军事后勤工作的组成部分。油料保障的目的是准确、及时、适量地供给军事装备所需的液体燃料、润滑油、润滑脂和特种液，保障部队建设、作战等需要，巩固与提高部队战斗保障能力。油料化工类设备主要包括各种散装和桶装燃油、润滑油和润滑剂、液压油、绝缘油、防腐剂、液化油、专用油料、冷却剂、除冰机、防冻剂、固体燃料、煤炭和其他化工产品，这些设备对任何正在进行的战斗的成败将产生重要影响。如表 1-5 所示，油料化工类设备按功能可分为油料和化工品输送类设备、油料存储加注类设备、油料质量检测类设备。

表 1-5　油料化工类设备按功能的分类与组成

| 分　类 | 主要设备与器材 |
| --- | --- |
| 油料和化工品输送类设备 | 输油线路、泵机组、空投油料系统等 |
| 油料存储加注类设备 | 野战油库、野战加油站等 |
| 油料质量检测类设备 | 野战油料化验箱、野战油料化验器、油料计量仪等 |

### 1.1.3　保障装备地位与作用

研究和发展保障装备具有显著的军事效益和经济效益，保障装备是军队战斗力和保障能力的重要组成部分，也是赢得战争胜利的主要因素之一，在军事系统中具有重要的地位与作用，主要表现如下。

#### 1. 保障装备是实现强有力作战水平的基础

保障装备的作用是保持和恢复军队武器装备的完好状态，保证其完成遂行规定的任务。平时通过良好的装备保障，武器装备随时处于完好状态，保持军队的良好战备水平。在现代战争中，武器装备使用强度大、战争的破坏性和激烈程度强，武器装备故障和损坏的比例增加，这就需要保障装备进行有效的保障，使能够恢复的战损武器装备恢复其良好技术状态或有限度地恢复其使用性能，从而使作战装备的战斗力"再生"。美军认为："比对方更有能力抢修损坏的武器装备，并使之迅速重新投入使用的部队，将在产生和集中战斗力方面享有明显的优势。对以寡敌众的部队来说，维护、回收和修理武器装备的能力更为重要。若能使大量的武器装备保持良好的技术状态和机动性，也就相当于增强了作战部队的进攻锐势。"特别是现代高新技术武器装备日益复杂，对保障装备的依赖性越来越高，保障难度也日益增加，若没有适应作战要求的配套齐全的保障装备，部队战斗力和保障能力将无法保持和恢复。因此，保障装备是实现强有力作战水平的基础。

### 2. 保障装备是制约未来战争行动的关键

精确制导武器、电子战武器、航天武器、动能武器等高新技术武器装备，是未来战争不可缺少的物质条件。高新技术武器装备效能的发挥，尤其依赖高质量的保障装备的保障，因此，保障装备是制约未来战争行动的关键。在伊拉克战争中，战场特殊的沙漠环境给美军武器装备的操作造成很大困难。行动最初几周，美军 M-60 和 M1-A1 型主战坦克的平均故障间隔里程由 200～300km 降至 100～200km。但是，由于美军配置了具有良好的固有可靠性及自动检测、快速故障诊断功能的保障装备，并及时采取措施，为坦克装配了防沙盾牌、新型冷却系统及转换器等特殊装置，因此坦克故障率大大降低，保证了部队战斗力和保障能力。由此可见，高新技术武器装备需要有高质量的保障装备来保障，否则再先进的高新技术武器装备也可能只是徒有虚名。

### 3. 保障装备是使作战装备发挥最佳效能的前提

在未来战争中，由于战争的破坏性和激烈程度增大，部队经常进行高速机动行动，作战装备的损坏率必然大大升高，加之作战装备在使用过程中，其精度和战斗性能下降，还有大量作战装备因战损而不能使用，因此需要有及时、机动、有效的保障装备来实施机动保障，恢复受损作战装备的战术技术性能，使损坏的作战装备得以"再生"。良好的保障装备直接关系到军队战斗力和保障能力水平的高低，没有机动、高效的保障装备来实施保障，就无法发挥武器装备的作战效能。未来，高新技术作战装备技术密集、结构复杂，其储存、维护、使用、修理的技术要求越来越严格，作战装备保障工作的好坏直接关系到其战术技术性能的发挥，因此，保障装备是使作战装备发挥最佳效能的前提。

### 4. 保障装备是提高军事和经济双重效益的重要手段

保障装备的作用不仅在于其能够使军队的武器装备保持和恢复高水平的战备完好率，在战时能最大限度地发挥其军事效能，产生较高的军事效益，而且能带来明显的经济效益。这一点在高技术战争中显得尤为突出，武器装备的技术含量越高，战争的激烈程度越强，造成的损失也越严重。如此高投入、高损坏，必然给参战国带来难以承受的财政负担，而利用保障装备进行高质量保障是解决这一难题的有效手段。利用保障装备维护、使用好武器装备，可使其自然磨损降到最低程度，保持武器装备良好的战术技术性能，并延长其使用寿命，从而体现出保障装备所带来的军事效益和经济效益。利用保障装备修理损坏的武器装备，使其"再生"，同样可以产生明显的军事效益和经济效益。在战时，利用保障装备是弥补武器装备损失最直接、最及时、最经济的途径。

## 1.1.4　保障装备发展特点

军事领域的变革通常始于武器装备的飞跃发展，而先进武器装备的实践应用又必然对保障装备提出新的要求，促使保障装备不断适应武器装备和作战理论。战争方式决定保障方式。从第一次世界大战到伊拉克战争，美军的保障装备也随着战争方式的变化不断改进。美军根据本国的军事战略和作战需求，在更新作战装备的同时，确定了先进适用的保障装备发展思路，并利用高新技术不断研制和改进保障装备，以满足军队保障高技术战争的需要。美军多年来保障装备的部署与更新情况，呈现出发展一体化、功能集成化、信息智能化和军民通用化的特点。

### 1. 统一标准、发展一体化

一体化联合作战，其作战方式和武器装备系统的一体化必然要求保障的一体化和保障装备的一体化。在研发保障装备时，从一体化要求出发，超越一般保障要求的范围，从武器装备全寿命、全过程，以及装备发展与军事战略、国家安全战略的角度，多方位、多视野、多层次地采取多种措施，系统考虑保障装备的发展问题，把各相关装备作为一个整体进行综合考虑，使各种装备实现最优组合，以达到最佳的保障效能。信息化时代的保障装备发展，在纵向技术一体化的基础上，重点拓展横向技术一体化，使各种装备协调发展，通过使用共同的软件和语言、统一的技术标准和规范，最终实现整个保障装备系统的一体化，为保障自身的一体化创造物质技术条件。保障装备从研制、生产、使用、维修直到退役报废，是一个"从生到死"的全寿命过程，各阶段相互影响、相互制约、相互促进、缺一不可。美军在重点进行作战装备一体化建设的同时，重视保障装备的一体化建设与协调发展，以最大限度地提高军队的作战效能。

### 2. 小型轻便、功能集成化

随着战场环境多样化和战斗目的多变化，美军不断优化保障装备及设备工具，同时注重保障装备及设备工具的多样化，不断应用新材料、新技术使保障装备及设备工具向小型化、轻便化发展。美军保障装备集多种功能于一体，增强其作业能力，提高其保障效能。例如，美军的 M88 型系列装甲抢救车，其配有起重装置、绞盘、驻锄、牵引装置、气焊机、索具、加注设备、拆卸工具和土木工具等，可完成野战抢修和部分保养任务，作业能力强。美军开展的"多功能保障系统"研究拟将装备维修保障中的供电、空调、液压、制氮、照明等功能集于一体，使原来需要多种保障装备提供的功能集中在一套保障装备系统上，可极大地提高保障装备的可部署能力。

### 3. 装备互联、信息智能化

信息化战争中的装备保障活动必须围绕信息来展开，在网络技术的推动下，各种装备保障信息已经基本实现共享，并推动装备保障向网络化方向发展。人工智能技术不断发展，并大量应用于后勤领域，为智能化后勤保障装备奠定了坚实的基础。保障装备的智能化使装备之间实现互联互通，实现了信息的快速交互、共享、攻防共担，从而实现"一加一大于二"的保障效果。例如，美军应急抢救装备注重提高信息化水平，使抢救装备网络化，具有较强的战场态势感知能力和较高的保障信息共享能力，从而提高保障效能。维修装备安装了维修专家系统，维修作业能力更高。维修专家系统是一种人工智能系统，它可以将专家的经验、知识结合起来，编成软件对维修人员进行指导，使战场维修能力明显增强。美军在海湾战争中发展了这种技术，并将其成功地应用于涡轮发动机的维修。

### 4. 技术共享、军民通用化

美军在发展保障装备时，普遍注重共享民用技术的科技优势。对保障装备技术来说，民用技术在不少方面已优于军用技术。因此，美军在进行自主研究的同时，普遍采取委托或与地方合作研究的方式。例如，美军新保障装备的研制与发展，凡属地方科研机构进行的基础研究和凡能委托地方机构进行的研究开发项目，军方原则上不再单独进行研制。此外，随着军民通用化保障思想的推进，保障装备建设的途径也有了新的拓展，当前美军尽可能地直接采购民用产品用作保障装备。保障装备军民通用化程度高，有些民用产品可直接用于军事目的，还有些民用产品稍加改装即可作为军用产品。因此，优先采购民用产品已成为美军发展保障装备的主要手段之一。美军在《1996 年陆军现代化计划》中规定，一些保障装备要直接采购民用产品，其中包括标准陆军管理信息系统所用的计算机平台、自动检测设备等。

# 1.2　保障装备的发展趋势

保障装备是军队战斗保障能力的主要物质基础。近年来，美军新军事变革的加速发展，给保障装备的保障观念、方式、手段都带来了巨大的影响和变化，美军在推进保障装备转型过程中，还强调要进行"转型能力"建设，不仅采用以信息技术为核心的高新技术发展数字化保障装备，还进一步提高保障装备的机械化、信息化水平，开发应用各种高效的保障系统，使之展现出新发展趋势，主要表现在以下几个方面。

## 1.2.1　重视保障装备与作战装备协调发展

高技术的武器装备必须有高技术的保障装备来保障。面对军事变革的挑战，美军认为，在未来战争中，要充分发挥作战装备的效能，就必须重视发展与之配套的各种保障装备，使保障装备与作战装备同步配套、协调统一发展，使保障装备的整体保障能力与部队作战能力相适应，包括将保障装备列入总体规划、武器装备在研制时通盘考虑保障装备问题、发展作战装备与保障装备配套体系等。

## 1. 美军将保障装备列入军队武器装备发展的总体规划和编制序列

美军将保障装备列入军队武器装备发展的总体规划和编制序列，目的是进一步提高保障装备的信息能力、机动能力、防护能力、综合保障能力等，使作战装备与保障装备协调建设、共同提高。美军在《2002 年陆军现代化计划》中规定了陆军传统部队、过渡部队、目标部队 3 类部队应达到的现代化目标，不仅包括作战装备的研制、生产、采购计划，而且对兵力投送、兵力维持、维修保障及医疗保障等所需后勤装备的发展做出了规划。在谋划武器装备建设时，考虑通用性、可保障性和经济可负担性等因素；在提高武器装备效能方面，不仅考虑武器装备自身性能的提高，而且综合运用科技优势，将新材料、新能源的运用作为提高武器装备保障效能的一个重要方面，通过减小武器装备系统质量、降低能源消费、减少部队保障需求，达到提高武器装备保障效能的目的。美军在其"2020 年新装备战略"中，将武器装备的防护力、生存力作为重要性能指标加以要求。为适应未来战争的需要，并根据战场实际应用各种先进的防护技术加装防护装备，例如，采用隐身与伪装技术，加装防护装甲、集防系统，以及核、生、化检测系统等，提高保障装备的防护能力。美军正在实施的"目标部队勇士系统"研制计划，把单兵作战装备与单兵防护装备结合在一起，使"士兵"成为未来数字化战场上的一个作战系统。另外，美军将扩大无人化保障装备的使用范围，以提高安全生存能力。随着人工智能技术的快速进步、部队规模的减小，以及保障工作安全防护的需求的增加，保障机器人将有更广泛的发展和应用，其主要功能是完成维修保障、物资器材搬运和危险物资的处理等。这些手段的采用提高了保障装备的防护生存能力，为军队提供了更加安全高效的保障。

## 2. 美军在未来武器装备系统的研制过程中通盘考虑保障装备问题

美军在设计、研制和生产未来武器装备系统时，将可靠性、维修性、保障性和测试性等因素作为重要指标进行通盘考虑，通过综合保障工程实现保障装备与作战装备同步建设。美国国防部发布的"DoDD 5000.39"指令，即《系统和设备综合后勤保障的采办与管理》规定，武器装备发展要符合综合保障工程要求，在研制阶段就综合规划新装备所需的保障设计和保障资源，在获得武器装备系统的同时获得配套的保障装备，使部署的武器装备系统得到有效保障。美军为目标部队研制的"未来作战系统"既包括作战装备，也包括机动保障平台，如弹药补给车、指挥与控制车、抢救车、抢修车、故障检测与诊断系统、维修保障方舱、能源补给车、医疗车、无人驾驶车及拖车等组装使用的后勤保障装备。在研发作战装备的同时，美军开展抢救维修类保障装备的对应研制，确保各作战装备的及时维修保障。此外，为了实现机动化保障，保障装备应倾向于标准化、模块化、系列化和通用化发展，使一种保障装备可用于多种装备的维修工作，从而提高战场上保障装备的作战保障能力。

### 3. 美军保持保障装备与作战装备发展体系配套，将两者同时设计、研制和生产，使保障装备与作战装备同步发展建设

美军将高技术应用于复杂、尖端武器装备系统上，研制出的武器装备系统带有维护装置，具有自我控制、自我防护的功能。这种运用先进的电子计算技术、传感技术、微电子技术研制的自检设备是武器装备系统的有机组成部分，其原理和功能与其他修理装备完全相同，不同点是其作为系统的一部分，与装备本身的结合更紧密，为作战装备形成"口对口"的系统性保障。根据"全系统、全寿命"原则，美军全面推行"一体化后勤保障"制度，强调注重综合保障研究，特别注重采用高新技术研制适合信息化条件下维修保障特点的维修保障装备。例如，美军的嵌入式故障诊断设备，就是把以计算机芯片为基础的诊断设备嵌入到装备系统或其部件内部。如果作战装备尚未配备成体系的保障装备，作战装备将不被批准列装及配发部队，这从制度上保证了保障装备与作战装备的同步发展。美军装备部队的"斯特赖克"战斗车就是作战装备与保障装备一体化设计的典型，该战斗车是一种轮式装甲车辆，具有自监测和自报告功能，其车载系统中与保障有关的装备有：信息类保障装备，如陆军全球作战支援系统接口、支持维修管理（故障排除、零部件订购）的逻辑乘法硬件（膝上计算机）、监测（故障处理）文件生成与报告系统、交互式电子技术技术手册等；嵌入式故障诊断和预测装备，可对车辆传动系统、轮胎等进行监测、监控和诊断；消耗品补给需求及人员健康状态监测系统，由各种传感器、识别器材、应用软件组成，主要由水状态、燃油状态、弹药状态、乘员生存状态、补给状态、乘员位置和乘员健康状态监控系统组成。根据美军相关资料报道，与装备重型坦克和"布雷德利"战车的传统部队相比，装备"斯特赖克"战斗车的部队对维修、补给人员的需求减少了 35%，而投送速度提高了近 1 倍。

#### 4. 研改结合、系统集成成为保障装备发展的重要模式

研改结合，就是着眼于未来作战样式和作战需求，通过超前性理论研究，对发展潜力大、研制周期长、具有较大转型能力的保障装备进行重点研究，以期为保障转型提供装备方面的支持。与此同时，通过提高机动性、防护能力等手段，对部队在用保障装备进行现代化改造。在具体做法上，美军采取的手段是，在研制新保障装备的同时，对老保障装备进行改造，并把"新装备研制"和"老装备改造"视为一个"相互补充、共同提高"的发展过程；在策略上实行"分阶段螺旋式发展"，使新技术在发展过程中及时应用到现役部队中。美国陆军选定对维持陆军战场优势具有重要意义的保障装备进行改造，如 M88A2 "大力神"抢修车、AN/ASM-190 型电子检修方舱、重型宽体机动战术卡车等。系统集成，是指将若干个子系统融合为一个一体化的新系统，从而倍增出新的功能。美军认为，未来战争是系统对系统、体系对体系的对抗，只有通过对成熟技术的集成化和系统化，加强对现有保障装备进行改进或系统开发的能力，才能为未来战争提供有效的保障。信息化武器装备强调技术融合、系统集成、横向一体化，强调综合多种功能，通过综合和系统集成完成力量倍增。美军在保障信息系统建设中，就是利用系统集成的方法，对分散的各种保障信息系统进行一体化改造。美军近年来又提出"高度共享的战场态势感知有赖作战、情报、后勤三要素的有机融合"的观点，其实质就是利用信息栅格技术，通过系统集成将过去自成体系的保障信息系统进行优化集成，从总部、战区和基层各个层级对各个业务系统进行集成，构建一个统一的业务信息系统，即单一陆军后勤企业系统（SALE），最终与后勤指挥系统相连，为其提供综合后勤保障数据，以支撑保障态势感知。

### 1.2.2  强调保障装备集中管理与顶层设计

鉴于保障装备的重要性，美军较重视保障装备的统筹管理与发展设计，主要表现在成立专门的保障装备工作机构，在保障装备的发展方面贯彻顶层原则，促进保障装备小型化、通用化、模块化及多功能化设计。

### 1. 成立专门的保障装备工作机构

维修保障类装备的管理对于提高维修工作效能、保持装备完好及降低保障费用至关重要，美军对此十分重视。根据美军物资供应工作中的"一体化物资器材管理"原则，美军各军种装备司令部下设维修处和器材装备管理处。其中，器材装备管理处统管本系统的保障装备和器材，包括分类编目、计算需要量、采购、储存、调拨、处理等。在装备维修方面，器材装备管理处统筹考虑保障装备供求状况，确定大修计划（维修处从技术上保证大修的实施）、筹供零备件、负责维修器材保障。

### 2. 在保障装备的发展方面贯彻顶层原则

美军强调，在保障装备研制过程中，研制部门（型号办公室）要代表使用保障部门，确保将容易部署原则和防止新的保障装备扩散原则等顶层原则贯彻到装备研制过程中。必须在保障装备采办早期系统地考虑保障装备要求，因为它对保障装备的全寿命周期费用及是否容易部署有重大影响。保障装备在设计时倡导减少保障装备要求、最大限度地采用现有保障装备和工具，并尽可能不研制新的专用保障装备。研制部门在提出保障装备需求时，必须事先与保障装备主管部门和使用部门进行协调。在现有保障装备不满足使用要求的情况下，再研制新的保障装备，而且新的保障装备必须实现标准化、通用化。

### 3. 促进保障装备的小型化、通用化、模块化及多功能化设计

美军在保障装备建设过程中，重视贯彻小型化、通用化、模块化及多功能化设计思想，对保障装备进行合理规划设计，目的是减少保障装备的品种和数量，从而减轻部队保障负担，提高部队保障效能。在保证保障装备正常使用的前提下，将其进行小型化设计，甚至可以进一步将其整合到同一台具有多种功能的保障装备上，从而可以达到经济、功能多、效率高、机动性强的效果。通用化设计能够减少保障装备的研发费用、缩短研发周期，而且能够达到一种装备保障多型装备的效果，也便于未来使用过程中的维护，因此，美军一直将通用化作为保障装备的重要建设原则，并于 1986 年着手制定"通用自动测试设备"（GPATE）计划，到 2020 年美军全面实现各自动测试系统的通用化。模块化保障装备组合灵活、展开与撤收方便、便于运输，是未来联合作战的重要硬件支

撑。美军检测诊断装备发展一直遵循模块化设计原则，未来自动测试设备建设强调标准统一的技术体制。模块化与智能化设计相结合，不仅能够保证将现有的智能化技术、仿生技术引入后勤保障装备的研制，安全、可靠地完成装备的维修保障工作，而且可以在装备使用过程中将扩充的新技术、新功能引入保障装备系统中。美军发展保障装备的另一个重要目标是多功能化，多功能的保障装备集多种保障装备的功能于一体，可极大地提高保障装备的保障能力。美军开发的下一代自动测试站，能完成测试、故障诊断、维修等多种工作，可向多种武器平台提供保障，最大限度地提高了武器装备的战备完好性和可用性，该自动测试站不仅可为前线维修部队提供直接支援保障，而且具备复杂测试与维修能力，能为维修基地提供保障。

## 1.2.3 完善保障装备"合同商"协作保障模式

"谁研制、谁生产、谁终身维护及至退役报废处置"的理念与方法不仅能够发挥保障装备的最大功效、充分保障装备的战备状态，而且是执行装备可持续发展战略的必由途径。"合同商"协作保障模式已经成为美军保障装备发展的基本趋势。美军走军民通用化的高技术装备保障路径，采用"合同商"提供持续保障模式，并且制定规范的"合同商"保障制度，不断完善"合同商"协作保障模式。

### 1. 军民通用化是实现技术保障装备高效低价的有力保证

在海湾战争中，美军从预备役和民间征调了大量维修人员，以加强技术保障力量。在"沙漠盾牌"行动中，仅美国陆军就组织了 26 个"合同商"厂家的技术专家，前往沙特协助部队建立、管理和维修仓库，提供技术支援，进行现场维修。据美军资料报道，在伊拉克战争中，现役保障力量占 20%，承担旅以下伴随综合保障任务，预备役和"合同商"保障力量占 80%，承担战略投送和战区直达配送保障任务。由此可见，高新技术武器装备保障，走平战结合、军民通用化、多元保障之路，是一条投入较少、效益较高的道路，是未来的必由之路。

### 2. "合同商"直接提供使用、训练、技术和作战"一条龙"服务保障

在新保障装备交付部队初期，由于使用部队对新保障装备还不熟悉，军方

维修部门缺乏必要的设施、熟练的技术人员及技术数据等来维护新保障装备，为了迅速形成战斗保障能力，美军通常利用保障装备制造商对新保障装备进行保障，主要包括提供保障装备和配套材料、为部队培训人员、提供首批备用零部件、进行维修保养等。同时，随着使用部队对保障装备操作和维护水平的提高，以及军方维修能力的形成，装备保障将逐步转变为主要依靠军方维修力量，但对于一些技术复杂、保障难度高、装备数量不多的高新技术装备，在整个使用期内其仍然主要由装备制造商提供保障。

**3. 美国从国防部至各军种均投入大量人力、物力制定和完善"合同商"保障制度，通过制度进一步规范制造商和军方的行为，明确各自的责任和利益**

针对在最近几次战争中暴露的制造商管理问题，美国国防部也进行了大量研究，出台了一系列的措施和办法，用于加强战时对制造商的管理。为了更好地利用"合同商"实施装备保障，美军近年来相继颁布实施了《战场上的合同保障》《战场上的合同商》等野战条令，以及《人力计划指南》《陆军部文职雇员部署指南》《承包商部署指南》《战争授权法》《武装部队采购法》《合同竞争法》等法规。为了探索军地力量结合运用的方法，检验"合同商"利用的实际效果，及时发现存在问题和商讨对策，美军还经常组织以"合同商"保障为主的训练和演习。

## 1.2.4　强化数字化、网络化、智能化快速发展

随着信息化军事技术的不断发展和应用，保障装备在现代战争中的地位和作用日益重要。为发挥保障装备适时、适地、适量、高质的保障效能，实现保障的即时化、综合化、精确化和经济性，当前美军保障装备正向数字化、网络化、智能化趋势发展。

**1. 保障装备在信息采集、传输、处置和利用等方面，通过应用数字化技术，用数字信息代替模拟信息，实现保障装备数字化**

在未来信息化局部战争中，只有将保障装备的指挥、控制、管理和操作中的数据、文字、语音和图像等信息转换成数字格式，加以存储、处置、传送、还原和显示，促进后勤保障装备与计算机的全面融合，才能使保障装备有效融入数字化战场，充分发挥其保障功能。设备信息数字化能缩短后勤保障装备的请

领时间，节约经费，减轻后勤人员负担。保障装备功能数字化利用信息技术，采用"捆绑""嵌入""置换"等手段，将数字化装置应用于后勤保障装备之中，从而使后勤保障装备具备数字化功能，大大提高后勤保障能力。

**2. 保障装备之间或者保障装备与其他装备之间，通过有线或无线方式，能够相互联通并共享信息，实现保障装备网络化**

"网络中心战"是信息时代战争的"主角"。为满足网络化作战保障需求，美军在新装备发展中将网络连通性作为重要的指标，提出了建设"以网络为中心"的保障系统的目标，最大限度地利用互联网和军用通信网络，建设战术互联网，使维修机构和维修人员能够通过安全的网络化设施解决保障问题，从而减少维修保障费用、提高维修保障效率。保障装备网络化包括信息系统网络化、保障平台网络化和装备信息网络化，这是实现保障装备信息快速传输、处置和共享的最有效途径。装备信息网络化将数字化的保障装备信息通过网络传输到各级后勤指挥控制中心，从而实现对各类保障装备信息的快速记录、收发和查找，对输送途中的情况进行跟踪，实时掌握保障动态，提高后勤保障效益和效率。信息系统网络化发挥信息流的主导作用，以信息流引导物资流、技术流。例如，油料保障装备利用数字通信网络将储备油情况发送出去，指挥终端的信号接收装备将相关信息记录并实现反馈，指挥中心根据各作战单位的油料消耗态势和战场情况，选择最便捷、最可靠的输送路线，实现对油料申请单位的精确化保障。美军在保障装备上嵌入导航定位、无线通信、识读、防电磁干扰等设备，通过网络连通保障装备，实现异地分布交互式的信息交流与数据传输，并接入指挥信息网络，确保保障装备及时发现、到达和抢救修理战损装备，提高信息化战场的保障能力。美军发展满足网络化战场条件和需求的远程支援保障系统，利用现代通信技术、信息处理技术、计算机网络及多媒体技术，由位于后方基地的保障专家为前方保障人员提供及时指导，以提高前方保障的精确化程度和效率。

**3. 保障装备利用智能化的控制系统，增强其可操作性及对复杂环境的适应性，实现保障装备智能化**

未来，在信息化条件下作战，后勤信息流量大、技术含量高，智能化保障装备具备类似人脑的智力和自动感应能力，能够自主对信息进行分析判断、处置和辅助决策。运用人工智能技术，可以快速提高保障装备的工作效能和效率，进而适应后勤保障任务艰巨和复杂的要求，实现装备状态和故障的自动检测与诊断，实时、准确地传递装备状态信息，提高保障的针对性，降低保障成本。保障装备智能化程度高，能够自动拟制保障策略和保障方案，提出保障建议，提高保障的快捷反应能力和保障系统的灵活性，更好地满足广域作战的需要。此外，用于保障作战装备的人工智能故障诊断装备，通过安装故障诊断软件的方式，构建相关装备的故障现象和专家信息库，将具有探测功能的传感装置置入被测装备内部，自动、实时地将其运行状况和故障显示出来，并采用先进的无损检测装备，提高故障检测率，扩大检测范围，经过软件自动分析和判断确定装备故障位置、性质，并提供相关维修保障方法。目前，美军正在探索开发智能化维修决策系统，预计到 2030 年，美军自主保障系统将全面得到应用。该系统是一种模拟人的自主性神经系统，是一种主要激发和指挥维修活动而无须被告知去做什么的智能维修保障系统，具有有效的状态监控、预警和健康管理机制，能够自己思考和行动。在决策和调配保障资源时，该系统能够获得一致的保障能力和最佳的协调控制能力，无须技术人员在每个级别上频繁地决策和调度。

## 1.2.5　趋向无人信息化与快速制造新发展

**1. 为了尽可能保护后勤人员的安全，发展无人保障装备和实现无人化操作使用，成为保障装备信息化建设面临的一个重要问题**

美国国防部于 2013 年发布第 7 版无人系统路线图——《2013—2038 年无人系统综合路线图》（以下简称《路线图》）。《路线图》在新的战略和预算环境下，以无人系统广泛应用为背景，着力解决制约无人系统未来大规模应用的主要技术与政策问题，提出了美国国防部在无人系统研制、生产、试验、训练、作战使用和保障等多领域的技术愿景和政策行动战略，为美军各军种和工业领域发展无人系统提供了参考。

**2. 实现保障决策优势**

为实现保障需求的感知能力和决策能力，必须提高保障装备和各类传感器保障信息的预测与获取能力，实现"感知与响应保障"理念所要求的保障信息的透明和可视化，保障信息系统的互联、互通、互操作能力更强，并与作战指挥系统实现一体化。将美国陆军所有保障领域的业务程序和系统集成为综合系统，为相关人员提供"一站式"用户平台，使美国陆军能够准确适时掌握各种保障资源与保障行动情况，并将信息优势及时转化为决策优势，使保障活动优质高效。同时，注重"大数据"的开发与应用研究，确保在保障信息快速增长、保障需求不断增加的情况下赢得先机、夺取优势。

### 3. 装备快速制造设备将得到新发展

维修器材快速、准确、及时的供应保障，是提高维修效能的重要条件，特别是对于难以获得、需要量小、订货周期长，以及应用新材料新工艺器材的保障更是保障的难点，因此，美军采取措施加强器材保障设备的开发研制。美国陆军向政府装备制造商提供技术数据包，以支持他们利用 3D/4D 打印技术制造武器装备的零件。3D/4D 打印技术具有很大的潜力和优势，只要有三维模型，利用 3D/4D 打印技术就可以在一定的尺寸范围内制造出各种形状的塑料零件，从而节省大量金钱成本和时间成本。同时，采用激光工程净成型技术的快速制造与修理设备，可小批量生成金属零部件及修复陈旧零部件；采用摄影逆向工程方法，利用自动化的 3D 数据采集，将高逼真的数据转化为制造零件的能力，进而生产出所需要的零部件。

# 1.3　保障装备的管理

自 20 世纪 80 年代以来，全系统全寿命周期管理已经成为一种装备保障思想和理念，美军的全面改革开始于 20 世纪 90 年代，经历了多年的探索和战争实践的检验，并不断修正和完善，最终形成科学的全寿命周期管理决策程序和制度，实现保障装备改革的效益最大化。本节主要介绍全寿命周期管理，分析保障装备退役报废管理需求，明确美军退役报废装备定义及相关术语。

## 1.3.1　全寿命周期管理

全寿命周期管理是美军武器装备保障领域的一项重要改革政策，是装备保障发展到一定阶段的必然结果。全寿命周期的含义是装备从立项论证开始，经过方案设计研制、生产部署、使用维修直至退役报废处置的全过程；目的是通过提高装备的可靠性、维修性与保障性，获得更加有效的和经济可承受的武器装备。武器装备包括作战装备与保障装备，因此，全寿命周期管理理念同样适用于作战装备和保障装备。本部分着重介绍全寿命周期管理的阶段划分、范围与目标和主要体现。

### 1. 阶段划分

不同类型的保障装备其全寿命周期的阶段划分由于性质、功能、复杂程序的不同而有所不同。保障装备全寿命周期大体上分为立项论证、设计研制、生产部署、运行与保障、退役报废等阶段，如图 1-6 所示。

**图 1-6　全寿命周期的阶段划分**

#### 1）立项论证

立项论证是保障装备全寿命周期管理的第一个阶段，美军在美国国防部统一指导下，以规范的保障装备需求论证管理制度和运行流程为约束形成需求，经批准后，进入保障装备研制生产直至列装退役报废的整个寿命周期。保障装备立项论证阶段的管理制度和运行流程如下。

（1）管理制度。

保障装备立项论证的依据是最新的国家安全政策、国家军事战略、国防规划指南、技术发展的重大突破、联合情报指南，以及预期的威胁等。立项论证必须紧紧围绕美国国防部指令 5000.01《国防采购系统》和 5000.02《国防采购系统的运行》中规定的装备需求生成的基本原则和程序，主要管理制度包括以下内容。

① 能对作战人员的保障装备紧急需求做出反应，并且为陆军制定作战条令、编制、训练、装备、人员和设施的近期、中期、远期任务需求。

② 提交指挥官的紧急作战需求，并通过作战需求来赢得支持。

③ 作战任务研究指挥官要不间断地进行功能分析，以确定条令、编制、训练、装备、人员和设施的近期和远期任务需求。

④ 条令、编制、训练、装备、人员和设施的作战需求必须符合参谋长联席会议主席及参谋长的顶层作战理论。

⑤ 训练与条令司令部所制定的部队作战保障能力文件将作为作战保障能力评估的依据。

⑥ 所研发的保障装备必须具有需求文件所规定的性能特征。

⑦ 在确定系统特点和性能参数的同时，还必须考虑价格因素。

（2）运行流程。

美军保障装备立项论证运行流程可概括为 4 个阶段：联合能力融合与系统开发、军种能力融合与系统开发、能力融合与系统开发分析、理论研究与作战试验。

① 联合能力融合与系统开发，是新的联合需求的产生过程，依据联合构想，目标是制定一个平衡且相互协同的条令、编制、训练、装备、人员和设施方案。联合参谋和联军司令部共同确定联合作战理论，包括作战环境、部队如何作战、部队的基本技术性能和设计指标、能力需求等。在联合作战理论的牵引下，保障装备的需求是在整体考虑的基础上提出的。

② 军种能力融合与系统开发，制定了一个一体化的条令、编制、训练、装备、人员和设施需求，以支持联合构想、各军种构想和各军种计划等国家战略及战斗指挥官的作战需求。训练与条令司令部将联合构想演绎为一种顶层作战理论，这是美军其他理论和能力开发的主要指导。军种能力融合与系统开发需要在未来作战环境下对联合作战理论和各军种作战理论进行评估。

③ 能力融合与系统开发分析，是指对美军目前的状况、期望达到的水平、面临的风险及将要付出的代价进行分析。在联合顶层理论的指导下，各军种进行综合的、具有说服力的分析，以尽早地作出决策、制定方案，并协调开发与列装的关系。能力融合与系统开发分析分为功能领域分析、功能需求分析、功能方案分析、部门独立分析 4 个阶段。首先，功能领域分析是为了实现既定的军事目标，要对作战任务、作战环境和作战标准进行规定功能领域分析。根据作战环境对战略、政策、威胁能力、条令、技术及其他因素进行评估，以指导未来部队

的体系结构、作战理论和作战保障能力的发展。其次,功能需求分析是指根据功能领域分析的结果来评估未来在执行每项作战任务时的效能。功能需求分析着眼于未来的需求,利用作战试验、滚动训练、军事演习及模型和仿真等对需求理论进行分析。再次,功能方案分析是指训练与条令司令部对每项功能需求的可能方案都进行评估,阐述每种可能方案是如何满足能力需求的,并对可能方案的预期成本进行估算。最后,部门独立分析是指训练与条令司令部根据收集到的信息和分析结果来确定哪种装备方案能够最好地满足能力需求,并将这一信息编入到初始能力文件中。

④ 理论研究与作战试验,是在各军种相互协调的联合环境中进行的,目的是确保为战斗指挥官提供持续的地面作战保障能力,最终目的是降低风险。此过程是美国国防部和各军种能力融合与系统开发的中心环节。理论研究与作战试验分为 4 种类型,分别是理论试验、特定目标试验、转型试验和联合作战试验。随着构造仿真技术、虚拟仿真技术和真实仿真技术的不断发展,各军种指挥官通过理论研究与作战试验就可以很好地掌握部队保障装备的战斗保障能力。

**2)设计研制**

保障装备的设计研制是由承制单位组织实施的,包括确定计划与降低风险阶段(演示研制阶段)、工程与制造发展阶段(工程设计与制造及试验定型阶段)。保障装备设计研制阶段的管理制度和运行流程如下。

(1)管理制度。

确定计划与降低风险阶段是计划正式列项的阶段。工程与制造发展阶段的目的是确定前一阶段的结果能否保证计划继续进行,并决定是否批准正式进入工程与制造发展阶段。研发设计开始后,军方将通过竞争方式确定承包商,签订方案研制合同,并按合同要求设计和制造技术演示机及样机,进行演示验证和初步的作战保障能力评估以降低风险,确保在进入下一个阶段决策点前全面掌握和了解技术、制造及保障方面的风险。

(2)运行流程。

在确定计划与降低风险阶段,型号项目办公室要考虑各种可供选择的采办策略与解决办法,要对能用于该系统的新技术、成本、进度、技术风险、影响成本的技术因素进行评估,要对系统的全寿命周期费用进行估算等。

在工程与制造发展阶段，计划将从试验阶段进入工程设计阶段，需要政府投入大量资金。具体的解决方案已经选定，系统的实际设计已经开始，承包商设计和制造实际产品，然后对项目进行试验以确保产品满足技术规格要求，同时完成作战试验，以确保系统在作战环境下的保障工作能力，并开始进行初始低速生产。

3）生产部署

生产部署阶段包括制造、安装、调试、验收、培训人员、配备保障直至交付使用或部署。保障装备部署是指规划、协调和执行保障装备部署及其保障的过程，目的是实现系统有序、成功的部署及初始保障，其时间范围涵盖首装部队首次接装到所有保障装备部署完成。保障装备生产部署阶段的管理制度和运行流程如下。

（1）管理制度。

① 能力研发机构和接装司令部必须预先进行规划、协调并签署协议，这是保障装备部署获得成功的基础。

② 保障装备部署从可保障性规划开始，全寿命周期保障规划在项目启动时必须对其进行记录。

③ 保障装备部署从早期识别部署要求、约束条件和资源影响开始，逐渐过渡到工程与制造发展阶段中的详细规划和协调。

④ 当加快采办进度时，必须制定相应的启动规定和加快保障装备部署过程的规定。

⑤ 确保项目经理和接装司令部能够接收、运输、处理、部署及保障正在部署的保障装备系统，并且接装司令部能够具有足够的信息来为必要的资源编制预算，具有详细的规划来接收新的、改装的或换装的保障装备。

⑥ 理解保障要求，包括使用、维修和保障新的、改装的或换装的保障装备系统所需的人员、技能和设施。

⑦ 在军事环境中，对可使用和保障的装备系统进行接收，接收与装备系统相关的、具有环境/安全与职业健康潜在影响的信息。

（2）运行流程。

保障装备生产部署调配，是新保障装备系统或改装保障装备系统的标准部署流程，其目的是为部队提供保障装备的集成保障包，减轻接装司令部及其下属部队与保障装备部署有关的大部分装备管理与后勤保障负担。保障装备部署使用的集成保障包主要包括保障新装备系统或改装保障装备系统所需的后勤保障产品。部署调配所需的行动，因装备系统及其集成保障包的类别和复杂性而异。在通常情况下，在部署使用与新保障装备训练之间，需要进行协调并保持持续沟通，这项工作能够在保障装备部署规划中解决新保障装备训练的相关问题。系统保障和主要保障装备最终交付需要进行协调，并需要在保障装备部署之前，与接装部队开展联合库存行动。保障装备需求清单需要与接装司令部进行协调，项目经理按照授权部队的级别，合并发送初始保障装备物资。

4）运行与保障

在运行与保障阶段，保障装备形成满足任务需求的作战保障能力，并进一步对保障装备性能等进行评价与改进，其中包括维修。这是全寿命周期管理中的一项重要工作，因此，任何保障装备从提出方案到设计、研制，到装备部队使用为止，都要考虑维修问题。美军保障装备运行与保障阶段的管理制度和运行流程如下。

（1）管理制度。

美军所有保障装备均涉及野战级维修和支援级维修共两级维修体制。

保障装备的指挥官和管理人员对野战级维修进行管理，可以分为部队维修和维修单位维修，各自的维修任务如下。

① 部队维修的任务主要包括：执行预防性维修检查与保养任务；执行润滑、清洁、储存、紧固、更换和小调整任务；执行有限的故障诊断和故障隔离任务；更换保障装备部件等。

② 维修单位维修的任务主要包括：部队维修的所有任务，以及申请、接收、储存和分发修理用零部件；后送不能使用但可修理的部件到适当的维修保障机构；确定故障和无法使用的保障装备的修理级别；完成保障装备或模块故障的诊断和隔离，以及模块的调整和校准；将经济、可修的部件提交给相应供应机构；执行保障装备维修物资的技术检查任务，从而确定其有用性和完整性，并确保检验项目的有用性；记录野战级维修的执行情况，以支持指挥官制定、监控和评估其维修计划等。

支援级维修的构成和运行，以各军种司令部和战区保障司令部的要求为基础，分为基地级以下单位维修和基地级维修，各自的维修任务如下。

① 基地级以下单位维修的任务主要包括：对模块/部件/组件的故障进行检查、诊断、隔离和修理，将部组件等修复至国家维修纲要提出的修理标准，然后返回库存；对部件/组件进行检查和诊断，并更换调整至原始规范；对保障装备内部、转动架和机壳等进行修理；进行部件、模块、组件、夹具和卡具的制配和制造等。

② 基地级维修的任务主要包括：为各军种提供具有良好战斗保障能力的装备；通过使用更广泛的修理设施完成可使用保障装备库存的供应；完成保障装备的修理、大修和重置工作；制造成品和零件，以支持国家供应系统；执行基地级维修和归还计划；在保障装备研制单位指导下，完成所有悬而未决的改装工作和小修改任务；执行停产后软件保障等。

（2）运行流程。

美军对装备运行与保障的流程进行了详细规范，包括维修技术检查、维修验证检查、零部件回收、装备移交与上交、受控替换等环节，并且对各个环节的主要任务与职责进行了明确。

① 维修技术检查：在修理、后送或上交不能使用的整装或部件之前，需要对其进行维修技术检查。维修技术检查由派遣到野战级维修单位或支援级维修单位的具有相应技术资质的人员实施。其主要目的是验证装备的可用性，确定装备的经济可修复性，确定所需的维修工作范围和修理用零部件，确定维修费用等。

② 维修验证检查：如果维修技术检查的结果为不可用或不具备经济可修复性，为确保维修技术检查的准确度，通常需要对重要装备进行维修验证检查。

③ 零部件回收：所有维修管理人员应确保关键器材、严密管理器材和自动退回器材在规定时间内返回后送渠道。使用装备的部队负责对零部件进行识别、分类、和/或从装备上拆卸下来，在 72 小时内把不能使用的可修复零部件回收给保障前方分发点供应保障中心。

④ 装备移交与上交：各军种业务司令部、联合司令部和直接报告单位之间的所有装备移交和上交活动，必须通过联合审批的横向移交文件进行协调和规范。装备移交到美国国防部其他军种部或其他政府机构，必须由相应的国家库存控制中心按条例进行审批。

⑤ 受控替换：把可用部件从不能使用的、不具备经济可修复性的装备上拆

卸下来，尽快重新安装在相似装备上恢复其能全面执行任务的状态。可用部件必须用于替换不可用部件，或者保留在能提供可用部件的装备中。

### 5）退役报废

退役报废处置或销毁处置主要考虑退役报废装备对环境、安全、保密和人体健康的影响，并进行相应的处置。美军对装备退役报废制定了系列文件。其中，美国国防部系列手册 DoD Manual 4160.21《国防部装备处置》的第一卷主要规定了超额财产和废料报废的章程；第二卷主要规定了资产的报废与回收章程；第三卷主要规定了资产的再利用、转让和销售章程；第四卷主要规定了美国国防部对危险财产及其他需要特殊处理物资的处置程序，对特殊情况的具体处置方法，以及特殊物资非军事化和实际处置的要求。

### 2. 范围与目标

全寿命周期管理的工作范围由保障装备全寿命周期内的保障职能来决定，主要包括保障管理，维持工程，供应保障，维修规划与管理，包装、装卸、储存与运输技术资料，保障设备，训练与训练保障，设备与基础设施，计算机资源及器材备件管理等。全寿命周期管理的核心是，始终强调要在研制阶段对服役后的维修保障予以全面、系统、深入的考虑，并在保障装备系统的全寿命周期内进行持续改进。

全寿命周期管理的目标是实现保障工作最优化，以最低的全寿命周期费用实现保障装备系统可用性的最大化。全寿命周期保障的实现重点是以全寿命周期管理为支撑，凭借管理程序和内容的规范，确保保障目标要求的实现。这也是美军推进装备保障转型，并在 2015 年 1 月 7 日发布 5000.02，即《国防采办系统的运行》指示。5000.02 首次以独立附件的形式，专门对武器装备全寿命周期管理进行全面阐述，并介绍了武器装备全寿命周期保障制度化的原因。美军认为，全寿命周期保障管理使保障装备的采办和保障一体化。全寿命周期保障管理不仅能够充分保障装备的作战保障状态，而且是执行经济可承受性必不可少的途径。

### 3. 主要体现

美军保障装备全寿命周期管理思想发展的主要表现如下。

（1）作战装备与保障装备同步发展。随着军事技术的迅猛发展，新型作战装备对保障装备的依赖程度越来越高。美国在研发新武器装备的过程中，重视同步配套研制维修保障装备。例如，为了对履带式装甲车辆进行配套保障，同步研发了抢救和修理轻型装甲车辆用的轻型履带式装甲抢救车和轮式装甲抢救车及相关保障装备。

（2）硬件系统与相关软件系统协调配套开发。随着现代武器装备日趋复杂、自动化程度日益提高，各种任务中计算机的应用剧增，软件规模也越来越大，软件程序已经成为新型保障装备能否形成战斗保障能力的重点。加强采办和保障过程中软件的开发、管理已经成为新装备形成战斗保障能力的必要条件。另外，新保障装备使用和技术保障离不开相关的操作手册和保障手册，加强新保障装备配套的使用和技术保障手册的同步编写能力，成为美军的普遍做法。

（3）保障装备系统全寿命周期的各个阶段：立项论证、设计研制、生产部署、运行与保障、退役报废，其全过程有序运行、无缝衔接、协调高效。美军要求新保障装备在论证与研制阶段，即在立项论证阶段、方案阶段、工程研制阶段（包含初样阶段和正样阶段）、设计定型和生产定型阶段，全面考虑系统的效能、减少费用，对系统的性能、可靠性、维修性、保障性等质量特性予以全面保证，并实现人与保障装备的最佳结合。

## 1.3.2　保障装备退役报废管理需求

在新军事变革中，高科技军事保障装备发展迅猛，落后、废旧的军事保障装备逐渐被现代化新型保障装备代替，军事保障装备的退役与报废也随之引起了广泛关注。因此，本部分对保障装备退役报废的管理需求进行如下分析。

（1）提升综合战斗保障能力的需要。科学合理地使落后、老旧保障装备退役或报废，是新型保障装备及时、有效地得以装备的前提。从一定意义上说，没有保障装备的退役与报废，就没有性能先进的新型保障装备的补充，还会增加资源消耗，影响战斗保障能力的转型建设。例如，英国和阿根廷之间发生的马尔维纳斯群岛战争，阿根廷击中英国军舰的炮弹和导弹有 50%以上都没有爆炸，这与退役报废管理机制不健全有很大关系。

（2）保证训练使用安全的需要。随着使用时间的增加，保障装备的材料和结构逐渐老化，可靠性和技术性能不断降低，有的保障装备已无法达到实战要求，有的保障装备已不能正常安全使用，对训练和作战安全构成潜在的威胁。因此，做好保障装备的退役与报废管理工作，及时将落后的、不合格的、有危险的保障装备从在用或储备装备中分离出来，有利于提高训练质量，保证使用安全。

（3）优化保障装备储备结构的需要。近年来，保障装备发展不断加速，需要退役或报废的保障装备数量越来越多，它们占用大量库房资源，同时还耗费大量管理资源。只有提高保障装备退役与报废工作的效率，及时处置好退役或报废保障装备，才能有效提高存储空间利用率，保障新装备和在编装备的调配，保证储备布局结构的合理性。

（4）提高军事效益和经济效益的需要。军事变革越趋于现代化，越需要大量先进的保障装备，其经济代价越昂贵。保障装备退役与报废管理对于提高军事效益和经济效益主要体现在两个方面：一是对保障装备的寿命进行预测与决策，判断最佳的退役或报废时机，给出最优使用保管建议，提高在役保障装备的军事效益和经济效益；二是对退役或报废的保障装备给出合理处置建议，提高效费比。

### 1.3.3　保障装备退役报废定义及相关术语

退役报废是保障装备全寿命周期管理的最后一个阶段，对军事系统而言，是更新军队保障装备、促进部队战斗保障能力不断提升的重要过程。做好保障装备退役报废工作，对促进军队保障装备技术发展有积极的意义。以下明确美军对于退役报废定义及相关术语，作为后续相关研究的基础。

（1）退役：由于达不到规定的战术技术指标、型号技术落后或其他原因不适合继续服役，军队不再保留而退出现役的保障装备。

（2）报废：美国国防部系列手册 DoD Manual 4160.21《国防部装备处置：报废指南与规程（第 1 卷）》将报废定义为，"在装备经过非军事化或处置操作后，终止残留物质寿命的工作或行动。"也就是说，报废是消除超额的、剩余的、废弃的或抢救的财产。对于保障装备而言，报废保障装备是指达到总寿命规定，没有延寿、修复、使用价值，或者未达到总寿命规定但已不具有使用、修复价值的装备。

（3）非军事化（Demilitarization，DEMIL）：按照美国国防部手册 DoD Manual 4160.28《国防部资产非军事化：规划》的定义——"非军事化是指消除国防部个人财产功能和/或固有军事设计特征的行为。通过切割、粉碎、撕裂、熔化、燃烧等方法，对关键特征进行去除和破坏，甚至完全破坏。非军事化是为了防止财产按照其最初意图被使用，还要防止固有设计信息的公开，因为这有可能对美国不利。非军事化适用于可用和不可用状况下的物品。"

（4）处置：按照美国国防部系列手册 DoD Manual 4160.28《国防部资产非军事化：项目管理（第1卷）》的定义——"处置是再利用、回收、转化、再分配、转让、捐赠、出售、非军事化、处置、破坏或完成国防部财产其他寿命终止的工作或行动的过程。不包括不动产（房产）。"

美国国防部对报废有不同的定义、要求和注意事项，这取决于在采购流程中所处的不同阶段，不仅是回收、再利用、再分配或消除美国国防部资产。例如，支持项目经理（Program Manager，PM）的产品保障经理（Product Support Manager，PSM），应该在系统早期设计阶段确定报废注意事项。系统预计使用寿命、批准报废年限、系统报废预算、旧系统报废年限，以及备用系统的安装都是需要重要考虑的事项。

产品保障经理及其后勤团队希望了解清除系统中有多少设备需要持续保障，他们也希望了解如何对备用系统的部署进行协调。作战人员和操作人员希望了解归还和清除系统的地点。

# 第 2 章

# 美军保障装备退役报废判定准则与鉴定预测技术

保障装备无论是从保障职能、保障目的、通用和专用属性，还是从功能用途及工程材质属性分类，研究其退役与报废技术标准，都是从保障装备本身技术性能与指标、固有的质量特性和发挥的效能，以及全寿命周期与经济价值等方面加以综合分析衡量的。而对于涉及有毒有害和放射性物质等具有危险性的保障装备，研究其退役与报废技术标准，首先应当考虑是否会影响装备使用安全，以及是否会对人员和环境造成危害。本章分析美军保障装备退役报废判定准则（标准），归纳保障装备退役报废鉴定要素，阐述先进的保障装备鉴定预测技术及应用实例。

## 2.1 退役报废判定准则

美军装备管理相关文件规定，当装备或系统因寿命、经济可行性、新技术或功能过时而达到其使用寿命时，将停止使用。由于各种型号装备性能各异，退役报废的判定准则自然也不同。因此，本节针对美军保障装备退役报废判定的基本准则、判定的依据代码进行介绍，并给出起重机械退役报废的判定实例。

## 2.1.1　基本准则

根据美国国防部对于退役与报废的定义，对退役准则与报废准则可以理解如下。

1）退役准则

退役装备是指达不到规定的战术技术指标、型号技术落后或因其他原因不适合继续服役，军队不再保留而退出现役的装备。对于保障装备而言，当出现以下情况时可申请退役。

（1）保障装备的技术指标、技术性能严重下降，达不到技术手册或性能规范中的要求，经修理后仍然达不到军队保障使用技术要求。

（2）装备型号技术落后，或已出现技术更先进的替代装备。

（3）因保障任务改变、编制调整等原因无法继续服役。

（4）使用维修费用过高，不具备经济可修复性（经济可修复性是指维修成本，不包括改装成本和运输成本）。

2）报废准则

报废装备是指达到总寿命规定，没有延寿、修复、使用价值；或者未达到总寿命规定，但已不具有使用、修复价值的装备。对于保障装备而言，当出现以下情况时可申请报废。

（1）当保障装备达到其规定的总寿命，如开机时长、运行里程等。

（2）累计大修次数超过规定（大修是一项国家维护标准，可将装备或组件恢复到可完全使用的状态，并具有可预期的使用寿命）。

（3）装备安全风险性超过规定，无法修复或无任何修复价值。

（4）保障装备维修费用超过新品购置费用的35%，不具备经济可修复价值。

（5）主要技术指标无法满足规定，不能满足作战保障和训练使用要求。

（6）装备零部件已停更停产，无维修备件或者替代部件，无法延长装备使用寿命。

（7）由于其他原因导致装备严重损坏，无法进行再次修复或无任何修复价值。

具体来讲，美军根据适用于执行维修的维护级别、维修标准及装备技术手册，通过装备的可修复程度来判定装备是否需要退役和报废。为了确保经济、有

效地使用装备资源，将在进行上交行动之前执行维修技术检查。维修技术检查
由现场单位基于维修状况，确定装备的可维修性、修复级别、装备的经济可修复
性、损失成本及将装备恢复到规定的可使用状态所需的维护工作量和维修部件
的范围，并确定是否由于非正常磨损而使装备无法使用，然后为装备分配依据
代码。

## 2.1.2　依据代码

决定装备是否进行维修或退役报废主要依据源代码、维护和可维修性代码
（Source, Maintenance and Recoverability Codes，SMR）。以下将对源代码、维护
和可维修性代码相关内容进行详细介绍。

### 1. 源代码、维护和可维修性代码的目的

美国陆军《关于统一来源、维护和可维修性代码的使用和应用的联合法规》
为所有参与美国国防部服务的机构制定了统一的源代码、维护和可维修性代码，
制定政策并解释这些代码的初始分配、更改和应用准则，明确了维护工作维修
级别的责任、维修支持方法（采购、制造等）及处置说明。源代码、维护和可维
修性代码将用于确定支持装备的备件、维修部件和最终物品的来源，以及授权
使用、维护、大修、返工或退役报废处置。

给每个装备分配源代码、维护和可维修性代码是一项技术决策记录活动，
是对与每个装备维修任务相关的成本、设计、制造、应用、维护，以及维修实践
和维修能力综合考虑的反映。代码的分配由装备专家和工程部门负责，也可由
维护工程处的项目负责人负责。项目负责人在做出维修决策时必须考虑的因素
包括更换物品或适当替代品的可用性、装备的未来预期需求、预计维修的间隔
时间、预计维修费用，以及进行维修需要提供的资源（包括合格的人员、工具、
设备等）。

### 2. 代码组成

统一的源代码、维护和可维修性代码由 4 个部分组成，包括 2 个位置的源
代码、2 个位置的维护代码、1 个位置的可维修性代码和 1 个位置的处置服务选

项代码，如表2-1所示。

表2-1　统一的源代码、维护和可维修性代码组成

| 名　称 | 源代码 | 维护代码 | | 可维修性代码 | 处置服务选项代码 |
|---|---|---|---|---|---|
| 位置 | 位置1和位置2 | 位置3 | 位置4 | 位置5 | 位置6 |
| 含义 | 表示用于支持替换目标部件的方式来源 | 表示维护级别及授权拆卸、更换和使用该装备的维护活动 | 表示是否要维修该装备，并标识具有执行完全维修措施能力的最低维护级别 | 表示对所有无法使用的装备执行的处置操作 | 表示用于将特定信息传达给后期处置操作人员 |
| 系列代码 | P、K、M、A、X | C、O、F、H、K、L、D、Z | C、O、F、H、K、L、D、Z、B | C、Z、O、F、H、K、D、L、A | G、P、F、D、C、E、B、Q、A |

1）源代码（2个位置）

在统一格式的第1个位置和第2个位置输入的代码，表示获取用于维护、修理、返工或大修最终装备的支持方式来源（如采购或库存、制造或组装），并标识需要特殊处置的装备（如危险物品和贵重材料）。源代码包括P、K、M、A、X系列，其中：

① P系列源代码代表需要集中采购的装备；

② K系列源代码代表没有国家库存编号的装备；

③ M系列源代码代表在指定的维护活动中进行制造，通常是易耗品或者需要非常有限维修（如弯曲、喷漆和对齐）的装备；

④ A系列源代码代表在某些维护活动中已获准组装，在指定的维护活动中，当所有组装零件所需的支撑装备和组装所需的技能可用时，将分配该系列代码；

⑤ X系列源代码代表预计无法获取支持、无法满足需求的装备。

2）维护代码（2个位置）

在统一格式的第3个位置和第4个位置输入的代码，具体介绍如下。

（1）第3个位置。

在第3个位置输入的维护代码，指示维护级别及授权拆卸、更换和使用该

装备的维护活动。对装备进行拆卸和更换的编码决定需要提供的所有必要资源，包括但不限于所需装备、工具、测试设备、技术数据与技能，以确保在安装替换部件后装备能够正常运行（如安装前检查、测试及安装后测试运行）。第 3 个位置输入的维护代码具体包括：

① C 代表装备已被操作人员拆卸、更换或使用；

② O 代表装备在组织级别维修活动中被拆卸、更换或使用；

③ F 代表装备在中间级别维修活动中被拆卸、更换或使用；

④ H 代表装备在现场级别维修活动中被拆卸、更换或使用；

⑤ K 代表可修复的装备。装备已在"合同商"的设施中被拆卸、更换或使用；

⑥ L 代表装备已被删除、更换或在指定的专门维修活动中使用；

⑦ D 代表装备在基地级维修活动中被拆卸、更换或使用；

⑧ Z 代表该装备无权在任何维护级别上被拆卸或更换，此代码被分配给特定应用程序中不需要维护支持的装备。

（2）第 4 个位置。

在第 4 个位置输入的维护代码，指示是否要维修该装备，并标识具有执行完全维修措施能力的最低维护级别。对要维修的装备进行编码的前提是，提供可用的、适当的后勤支持（如零件、手册、培训和工具）及所有维修能力（如拆卸、更换、修理、组装、制造和测试支持项目）。第 4 个位置输入的维护代码具体包括：

① C 代表操作人员可以执行最低级别维护活动；

② O 代表组织级别可以执行最低级别维护活动；

③ F 代表中间级别可以执行最低级别维护活动；

④ H 代表中间级别可以完全执行维护活动；

⑤ K 代表可修复的装备，指定的"合同商"设施具有完整的维修能力；

⑥ L 代表装备需要在指定的专门维修部门进行维修；

⑦ D 代表装备在基地级别可以执行最低级别维护活动；

⑧ Z 代表装备不可维修；

⑨ B 代表装备未经授权维修，使用者可以对装备进行修整（如调节和润

滑），无须购买零件或使用专用工具来维护该装备。

3）可维修性代码（1个位置）

在统一格式的第 5 个位置输入的代码，表示对所有无法使用的装备执行的处置操作。具体包括：

① C 代表可修复的装备，如果无法经济性维修，则由操作人员报废并处置；

② Z 代表不可修复的装备，如果无法使用，须通过授权报废处置；

③ O 代表可修复的装备，如果无法经济性维修，则由组织级别报废并处置；

④ F 代表可修复的装备，如果无法经济性维修，则由中间级别报废并处置；

⑤ H 代表现场级可维修装备，如果无法经济性维修，则应报废并处置；

⑥ K 代表可修复的装备，在"合同商"设施进行报废和处置；

⑦ D 代表可修复的装备，如果超出了较低级别的维修能力，须返回仓库，在仓库级别以下不得进行报废和处置；

⑧ L 代表可修复的装备，低于仓库级别未授权的维修、报废和处置；

⑨ A 代表不可修复的装备，由于特定原因（如贵金属含量、高价值、包含危险或重要材料），需要对装备进行特殊处置或报废程序。

4）处置服务选项代码（1个位置）

在统一格式的第 6 个位置输入的代码，也就是非军事化代码，详细内容参见 4.2.2 节。

### 2.1.3 应用实例

起重机械是维修保障活动中必不可少的装备，主要用来完成对重物的移动。其主体结构件包括机架、起升机构、运行机构、旋转机构和变幅机构等，主体结构件失效将导致整机丧失使用功能。当起重机械主体结构件达到报废条件或主体结构件预期剩余寿命小于 18 个月时，起重机械达到报废条件。其余机械零部件、电气元器件、安全防护装置等主要零部件具有可更换性，不决定整机的报废。以下是起重机械主体结构件报废条件：

（1）当主体结构件产生塑性变形，导致工作机构不能正常地安全运行时应报废；

（2）当起重机小车起吊额定载荷位于跨中，与载荷试验时的原始下桡值相比，主梁下桡值增加量达到或超过跨度的 0.15/1000 时应报废；

（3）当主梁的水平方向弯曲度、上翼缘板的水平偏斜值、腹板的垂直偏斜值等检测值达到或超过规定值的 140% 时，不准修复，应报废；

（4）当主梁腹板的局部翘曲值达到或超过规定值的 140% 时，如不能修复，应报废；

（5）对于主梁跨中 1/5 长度范围内，当承受拉应力的下翼缘板或腹板上距离下翼缘板 1/5 高度范围时，母材出现与主梁长度方向夹角大于 45 度的目测可见裂纹，不准修复，应报废；

（6）当主要受力构件发生腐蚀时，应进行检查、测量和强度核算，当主要受力构件断面腐蚀厚度达到或超过设计厚度的 10% 时，如不能修复，应报废；

（7）当主要受力构件的连接处发生腐蚀时，应进行检查、测量和强度核算，当连接处的强度不能满足设计要求时，应进行修复，如不能修复，应报废；

（8）当端梁上的轴孔因磨损变形，在任意方向上的直径等于或大于设计直径的 7% 时，如不能修复，应报废。

## 2.2　鉴定要素

在正常使用条件下，由于长期工作及老化、磨损、腐蚀等，保障装备的技术性能下降到了一定程度，不宜继续使用的保障装备应进行退役处置，不能修复或无修复价值的保障装备应进行报废处置。因此，根据美军对于退役报废保障装备的定义及宏观判定准则，总结出其技术鉴定的 4 个要素：寿命周期鉴定、技术效能鉴定、维修鉴定、安全风险鉴定。

### 2.2.1　寿命周期鉴定

保障装备的寿命周期由 3 个因素决定：一是自然使用因素，指保障装备在使用过程中的有形损耗对寿命周期的影响；二是技术因素，指因保障制造技术的进步，使原有保障装备被迫退出现役或缩短使用时间，对寿命周期产生的影响；三是经济因素，指保障装备因年度使用费用对寿命周期产生的影响。保障装备因其本身的特殊性，从最初研制到最后淘汰的时间较长，比一般产品的寿命分析也更为复杂。根据分析和研究保障装备寿命的目的和角度的不同，保障装备寿命可分为使用寿命、技术寿命和经济寿命，这是退役与报废保障装备技术鉴定评估的重要技术指标。

### 1. 使用寿命

使用寿命是指保障装备从制造完成到出现不可修复的故障或不能接受的故障率时的寿命单位数。寿命单位是对保障装备持续使用时间的度量，如工作小时、工作年、工作公里、工作次数等。使用寿命的主要影响因素是物质形态的有形磨损与损耗，可分为动态的有形损耗和静态的有形损耗。前者是指在军事训练和作战保障中所造成的损耗；后者是指在环境影响下，物质化学结构受到破坏、物理机械性能改变，因而失去保障性能。也可理解为，保障装备的使用寿命与装备的使用、维修、储存及管理等多种因素直接相关，做好装备的使用维修及保障工作，可以延长保障装备的使用寿命。因此，使用寿命主要由保障装备的故障率（或失效率）和使用存储可靠性决定。

### 2. 技术寿命

技术寿命是指保障装备自使用之日起，到因技术落后而最终被淘汰所经历的时间，它与技术进步的速度有关。通常说某种保障装备技术落后主要包括两层含义：一是它的技术性能已经不能满足发展后的新任务的需求；二是已经研制出了技术性能更先进的保障装备可以取代它。在科技高速发展的今天，技术发展的时间线相对缩短，不断出现技术上更先进、经济上更合理的替代装备，使现有的保障装备在使用寿命或经济寿命尚未结束之前就提前退役与报废。

### 3. 经济寿命

经济寿命是指保障装备自投入使用，到因有形和无形磨损如果继续使用已不经济而被停止使用所经历的时间。所谓使用不经济主要包括两层含义：一是指保障装备的年平均使用成本已经超过最低值，继续使用会造成年平均成本增加；二是指保障装备的使用经济效益低于新型保障装备的使用经济效益。由于科学技术的迅速发展和生产能力的不断提高，新型保障装备不断出现，经济寿命往往在保障装备的使用寿命结束之前就被技术更先进、经济更合理的新保障装备取代，所以经济寿命有时低于使用寿命。因此，经济寿命主要由装备的使用与维修保障费用决定。

　　综上所述，保障装备的寿命周期是保障装备状态在三维坐标轴上展开的动态过程，在这个动态过程中：T 表示使用寿命，E 表示技术寿命，M 表示经济寿命，从而形成保障装备寿命周期三维状态空间图，如图 2-1 所示。

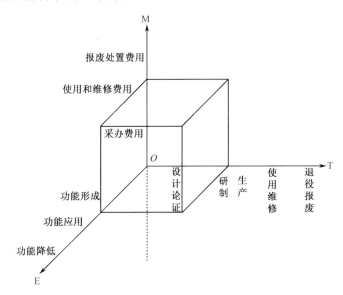

**图 2-1　保障装备寿命周期三维状态空间图**

　　使用寿命轴 T 通常分为 5 个阶段：设计论证、研制、生产、使用维修和退役报废。技术寿命轴 E 通常分为 3 个阶段：功能形成、功能应用和功能降低，这 3 个阶段无明确时间界限，到报废时功能就丧失了。经济寿命轴 M 通常分为 3 个阶段：采办费用（含设计论证、研制及生产成本等）、使用和维修费用、报废处置费用。报废处置费用可正可负，取决于不同保障装备的处置方法，若销毁就要投入费用，若改作他用就有一定收益。

## 2.2.2　技术效能鉴定

　　技术效能是装备保障体系的技术状态和保障效能的统称，是保障装备体系在训练、作战保障活动中综合能力的体现。技术效能鉴定的主要目的是及时、准确地掌握保障装备的体系功能技术状况，确定其能否继续使用，评定其质量等级、保障效果，确定是否需要修理或提出退役、报废技术鉴定申请，确定损坏的程度和修理的等级、范围。以下对技术效能鉴定的两个要素——技术状态和保障效能进行分析。

## 1. 技术状态

保障装备的技术状态即性能指标和质量状况，是衡量保障装备好坏的指标，通常用保障装备质量等级进行评定。保障装备质量等级鉴定覆盖保障装备全寿命周期各个阶段，是其固有特性和赋予特性的综合。

固有特性包括功能特性和保障特性。功能特性主要指机动性（速度、行程等）、防护性（表面防护能力、烟幕防护、形体防护等）、信息力（控制、通信、导航、情报等）等；保障特性主要指装备的可靠性、可维修性、可保障性、测试性、安全性、可生产性等。这些固有特性需要达到满足军队要求的程度，包括平时战备训练和战时作战保障的要求程度、使用和维修保障的要求程度、运输和储存的要求程度、防护和生存的要求程度等。退役与报废具体条件的制定主要依据各类保障装备的具体质量状况，而不是对所有保障装备泛泛而言。

赋予特性不是保障装备本身固有的，但与保障装备固有特性相关联，是为了满足不同需要而对保障装备增加的特性，如保障装备的标识、价格、包装、供应时间、运输方式、保修时间等。

保障装备的固有特性和赋予特性是相对的，如供应时间、运输方式对保障装备而言属于赋予特性，但对运输服务而言属于固有特性。

## 2. 保障效能

效能是指在规定条件下达到规定使用目标的能力。保障效能是指保障装备在执行任务时达到预期任务目标的能力，是对作战保障能力与军事效益的综合考量。保障效能是装备技术效能鉴定的重点。对于保障装备而言，保障效能就是在平时尤其是作战时发挥其最大保障作用的能力。复杂的保障装备系统往往具有一系列表征各种特征的技术性能参数，这些参数涉及保障装备的各个方面，共存于保障装备之中，显然不能以个别参数指标来评价保障装备系统的优劣，而应该根据保障装备系统承担的具体任务寻找能描述其整体效果或价值的参数。这就必须把反映保障装备性能的各种指标综合在一起，形成一个或几个反映保障装备系统能力的参数，这就是效能。但是，这些技术指标的物理属性、量纲各不相同，因此应把不同的量纲进行统一处置后进行综合。

保障装备效能评估是按照一定的标准，对保障装备系统的能力与保障使命的匹配程度进行定量描述与评价的一种活动。保障装备是为作战装备服务的，保障装备效能是在执行保障任务过程中体现出来的。因此，可以通过分析保障任务的需求，进而确定保障效能的评价指标。构建一个保障效能评价指标体系，可以从顶层总目标"保障效能"出发，按照保障能力要求、保障性能技术指标的顺序，依次逐层细化指标并形成体系。保障装备效能这个指标是实现保障整体目标的评价指标，而某一个具体指标反映的是围绕总目标的某个具体局部状况。能够反映总目标全局状况的指标集合是指标体系。因此，构建一个完整的、合理的评价指标体系是做出客观评价的基础。

### 2.2.3　维修鉴定

维修是指为保持、恢复和改善装备性能所采取的各项保障性措施及相关的管理活动。保障装备维修鉴定产生的数据包括故障情况、维修情况、维修费用等，直接体现了保障装备的可靠性、可维修性和可保障性，是美军保障装备退役与报废决策的重要依据。

#### 1. 故障情况

故障情况多种多样，追溯历史故障、分析故障原因、定位故障部位，是维修鉴定的基础。目前，保障装备在技术上涵盖了电子、机械、机电和液压等多种技术，故障模式复杂。例如，机械故障有损坏、锈蚀、老化、人为差错等原因所造成的故障，也有因气候、地理、储存和运输等环境，以及使用和维修条件、配件结构、材料质量等因素影响而造成的软故障。电子故障大多为随机故障，主要采取检测和故障诊断的方式进行确定。因此，维修鉴定最重要的是分析待退役报废保障装备的历史故障数据，检查现有故障情况，预测维修操作的可修复性。

#### 2. 维修情况

维修情况分析是在明确分析保障装备故障情况之后进行的，以保障装备维修工程理论作为指导，对每台待退役报废的保障装备进行分析，科学地确定保障装备是否可以继续使用，是否可以在不同层次的大修、中修或小修后继续使用，是否可以完全报废。对于可修复的保障装备，还要分析维修后保障装备的正常使用持续时间和使用效能。保障装备的维修鉴定，需要进行正确规划和设计，保证合理的人员和设备配置，科学合理地分析维修情况，以最大限度地提高保障装备的完好率和再使用能力。对保障装备维修情况进行系统分析，有助于提高保障装备的维修运行水平，提高保障装备维修系统的可靠性。

### 3. 维修费用

在保障装备退役报废维修鉴定中，维修费用是需要重点评估的内容。合理的维修费用是开展维修工作的必要条件。如果保障装备维修成本较高甚至超过采购新装备的成本，那维修工作就没有任何意义。当然，保障装备的维修成本不仅是维修器材的费用，还要综合考量维修人员的工时费、送修过程的运输费、因保障装备维修而引起的工作时间流失成本、因保障装备维修而影响的后勤保障效能等因素。此外，如果保障装备被判定为必须报废，那么需要评估处置、清理、报废所需费用。

## 2.2.4　安全风险鉴定

安全风险鉴定是保障装备退役与报废的重要鉴定要素。对于抢救抢修、维修类装备而言，应急抢救抢修类、机械加工类、有毒有害类装备等对安全风险性要求较高，因此，需要对这些类别的保障装备存在的危险性进行定性和定量分析，包括危险有害因素识别鉴定和风险情况鉴定。

### 1. 危险有害因素识别鉴定

危险有害因素识别鉴定包括危险源识别鉴定、事故隐患识别鉴定、事故类别分析鉴定和现有措施分析鉴定。具体来说，鉴定对保障装备进行危险有害因素识别鉴定时，可以对关键零部件，如使用的螺丝和铰链等进行安全测试；还可以进行结构测试，评估保障装备在正常使用过程中整体的强度、耐用性或其他属性，如承载能力；鉴定锐利边缘或尖角是否有可能对用户造成伤害；评估保障装备可能对身体造成的潜在伤害等。

### 2. 风险情况鉴定

风险情况鉴定包括对保障装备可能发生事故的可能性、后果和危险性分级进行预估。例如，保障装备中的危险物质、有毒有害物质泄漏将导致什么后果，后果的严重程度，以及对使用人员生命安全的危害程度等。

## 2.3　鉴定预测技术

为了预先诊断保障装备系统或部件完成其功能的状态，包括确定部件的剩余寿命或正常工作的时间长度，实现保障装备系统由传统的基于传感器的诊断转向基于智能系统的预测，美军最先提出了一种故障预测与健康管理（Prognostics and Health Management，PHM）技术。这代表了维修方法的转变，即从装备事后维修、定期维修和基于状态的维修向视情维修与状态健康管理的转变。PHM技术作为新一代装备的关键技术，对提高装备安全性和任务成功率，以及提高保障效能、减少保障费用具有重要作用。PHM技术已经在直升机、固定翼飞机、航天飞机及地面装甲车辆应用方面取得了显著进展。本节将对PHM技术进行详细阐述，并介绍其在军事装备中的应用实例。

### 2.3.1　故障预测与健康管理（PHM）技术

故障预测与健康管理技术是综合利用现代信息技术、人工智能技术的最新研究成果而提出的一种全新的装备健康管理状态的解决方案。PHM是指利用尽可能少的传感器采集系统的各种数据信息，借助各种智能推理算法（如物理模型、神经网络、数据融合、模糊逻辑、专家系统等）评估装备系统自身的健康状态，在装备系统发生故障前进行预测，并结合各种可利用的资源信息提供一系列的维修保障措施以实现装备系统的视情维修。PHM是一种新型的维修与管理方式，它通过感知并充分使用状态监测与监控信息，对装备的工作状态、可靠性、寿命和故障进行预测，融合维修、使用和环境信息，结合规范的装备管理方法和业务流程，对装备维修活动进行科学规划和合理优化，对影响装备健康状态和剩余寿命的技术、管理和人为因素进行全过程控制。它主要包含两层含义：一是故障预测，即预先诊断系统或部件完成其功能的状态，确定部件正常工作的时间长度；二是健康管理，即根据诊断/预测信息、可用资源和使用需求对维修活动做出适当决策的能力。其主要目的在于，提前预知故障发生的时间和位置，预测整个系统的剩余寿命（Remaining Useful Life，RUL），提高系统的运行可靠性，减少系统的维修费用，提高维修的准确性，实现系统基于状态的维修（Condition Based Maintainence，CBM）。另外，PHM 系统地记录分析装备系统的健康数据，像管理人体健康一样对整个装备系统进行健康管理。以下简单介绍 PHM 技术的发展过程、体系组成、主要功能及关键技术，重点介绍保障装备剩余寿命预测典型模型及方法。

### 1. 发展过程

PHM 技术的发展过程是认识和利用自然规律的一个典型反映，即从对故障和异常事件的被动反应，到主动预防，再到预先预测和综合规划管理。根据 PHM 技术的发展和演变，其发展过程可概括为以下 5 个阶段。

1）可靠性分析阶段

PHM 技术的起源可以追溯到 20 世纪 50 年代和 60 年代。第二次世界大战期间，许多复杂系统（如航空电子装备系统、通信系统及武器系统）暴露出可靠性水平低下的问题，这种问题的日益突出加上随后着手实施的各类太空研究计划驱动了最初的可靠性理论的诞生。在此阶段，首先采用传统的数据采集技术获取系统的可靠性数据进行可靠性分析，然后在此基础上不断改进和完善系统设计，以提高系统的性能，满足系统在极端环境和使用条件下的可靠性要求。可靠性分析阶段是 PHM 技术的萌芽阶段。

2）故障分析阶段

随着装备系统复杂性的增加，由设计不充分、制造误差、维修差错和非计划事件等各种原因导致的故障概率也在增加，迫使人们在 20 世纪 70 年代研究新的方法来监视系统状态、预防异常属性，系统关键故障响应方法应运而生。随后，诊断故障源和故障原因的技术出现，并最终诞生了故障预测方法。故障预测技术可利用物理模型或智能模型综合采集的各种数据信息，评估和预测系统及部件未来的状态，并对其剩余寿命进行估计。故障预测能力是 PHM 技术的显著特征，标志着 PHM 技术的发展初露端倪。

3）系统监控阶段

20 世纪 80 年代至 90 年代初期，"飞行器健康监控"（Vehicle Health Monitoring，VHM）一词在美国宇航局研究机构内部盛行，它是指适当地选择和使用传感器和软件来监测太空交通工具的"健康"。"健康"一词首次被用来描述机械系统的技术状态。该阶段的主要特征是：可以利用较为先进的传感器技术、数据传输技术和数据处理技术实时监控系统的工作状态，为保障系统的安全运行提供可靠支持。这个阶段的发展为 PHM 技术迈向实用化奠定了基础。

4）系统健康管理阶段

在提出健康监控理论后不久，人们发现仅进行监控是不够的，真正的问题是根据所监控的参数采取措施。"管理"一词不久就代替了"监控"，把健康监控和维修决策统一到一起，丰富了 PHM 技术。因此，到 20 世纪 90 年代中期，"系统健康管理"成为涉及该主题的最通用的词语。这个阶段也预示着 PHM 技术快速发展并走向成熟。

5）综合系统故障预测与健康管理阶段

20 世纪 90 年代中后期至 21 世纪初，美国宇航局引入了"综合系统健康管理"（Integrated System Health Management，ISHM）的概念。美国宇航局在这个术语中使用"综合"的动机就在于解决将"系统级"与各个不同分系统分割开来的问题。以往各个分系统都是在各自学科领域内处理各自的故障问题，没有从系统的角度加以全面、综合的考虑。强调从系统角度考虑问题，有助于将综合系统健康管理限定为一种新的系统问题，而不是像过去那样将注意力放在分系统上。至此，PHM 技术已发展成为一个完整的体系。

归纳起来，美国对 PHM 技术的研究发展过程如表 2-2 所示。

表 2-2　美国对 PHM 技术的研究发展过程

| 阶　段 | 美国国防部（DoD） | 美国国家航空航天局（NASA） |
| --- | --- | --- |
| 20 世纪 50 年代 | • 可靠性分析<br>• 系统实验与评价<br>• 质量方法 | • 可靠性分析<br>• 系统实验与评价 |

| 阶　段 | 美国国防部（DoD） | 美国国家航空航天局（NASA） |
|---|---|---|
| 20 世纪 60 年代 | • 建模<br>• 故障分析 | • 建模与仿真<br>• 故障分析<br>• 数据遥测<br>• 系统工程 |
| 20 世纪 70 年代 | • 系统监控<br>• 以可靠性为中心的维修<br>• 机内测试（BIT）<br>• 系统工程 | • 系统监控<br>• 机上故障保护<br>• 冗余管理<br>• 拜占庭计算机故障理论 |
| 20 世纪 80 年代 | • 扩展 BIT<br>• 数据总线和数字处理<br>• 发动机健康监控<br>• 全面质量管理 | • 扩展 BIT<br>• 数据总线和数字处理 |
| 20 世纪 90 年代 | • 综合诊断<br>• 飞行数据记录 | • 综合诊断<br>• 飞行器健康监控<br>• 飞行器健康管理<br>• 系统健康管理 |
| 21 世纪初 | • 预测<br>• 综合飞行器健康监控<br>• 综合飞行器健康管理 | • 综合系统健康监控<br>• 综合系统健康工程与管理 |

## 2. 体系组成

PHM 系统通过联合分布式信息系统与自主保障系统交联，一般具备状态监测、故障检测、故障诊断、性能检测、故障预测、健康管理、部件寿命追踪等能力，PHM 的体系结构主要由 7 个部分组成，如图 2-2 所示。PHM 系统的显著特征就是具有故障预测能力。故障预测是指综合利用各种数据信息，如监测的参数、使用状况、当前的环境和工作条件、早先的试验数据、历史经验等，并借助各种推理技术，如数学物理模型、人工智能等评估部件或系统的剩余寿命，预计装备未来的健康状态。在 PHM 系统中广泛应用的故障预测方法主要有基于特征进化的故障预测、基于神经网络的故障预测、基于系统模型的故障预测、基于使用环境的故障预测、基于损坏标尺的故障预测。

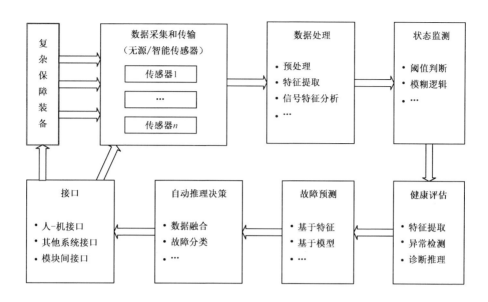

图 2-2　PHM 的体系结构

（1）数据采集和传输。该部分利用各种传感器采集系统的相关参数信息，提供 PHM 系统的数据基础，并且具有数据转换、数据传输等功能。

（2）数据处理。该部分接收来自传感器及其他数据处理模块的信号和数据，并将数据处理成后续状态监测、健康评估和故障预测等部分要求的格式。该部分的输出结果包括经过滤并压缩简化后的传感器数据、频谱数据及其他特征数据等。

（3）状态监测。该部分接收来自传感器、数据处理及其他状态监测模块的数据。其功能主要是将此类数据同预定的失效判据等进行比较，以监测系统当前的状态，并且具有根据预定的各种参数指标极限值/阈值进行故障报警的能力。

（4）健康评估。该部分接收来自不同状态监测模块及其他健康评估模块的数据。主要评估被监测系统（也可能是分系统、部件等）的健康状态（如是否有参数退化现象等），产生故障诊断记录并确定故障发生的可能性。故障诊断应基于各种健康状态历史数据、工作状态及维修历史数据等。

（5）故障预测。该部分可综合利用前述各部分的数据信息，可评估和预测被监测系统未来的健康状态，包括剩余寿命等。

（6）自动推理决策。该部分接收来自状态监测、健康评估和故障预测部分的数据。其功能主要是提供更换、维修活动等建议措施，这些维修措施可在被监测系统发生故障之前的适当时机采取。该部分实现了 PHM 系统管理的能力，是 PHM 系统的另一个显著特征。

（7）接口。该部分主要包括人-机接口和机-机接口。人-机接口包括状态监测部分的警告信息显示，以及健康评估、故障预测和自动推理决策部分的数据信息表示等；机-机接口使上述各部分之间，以及 PHM 系统同其他系统之间的数据信息可以进行传递。

在此还需要指出，以上体系结构中的各部分之间并没有明显的界限，存在着数据信息的交叉反馈。美军对上述各部分中应用的一般技术（如传感器、数据采集、数据传输、数据处理等）和方法（如系统框架模型、状态监测、健康评估与预测推理算法等）进行了大量的研究，也进行了大量的工程实践活动。

### 3. 主要功能及关键技术

#### 1）PHM 主要功能

PHM 是一种全面的故障检测、隔离、预测及状态管理技术，它引入了故障预测能力，从整个装备系统的角度识别和管理故障，实现装备自主式维修保障，也为装备的退役与报废提供重要依据。PHM 的主要功能如下。

（1）故障检测：检测保障装备系统、子系统或部件/组件是否存在工作不正常现象。

（2）故障隔离：确定保障装备发生故障的部位。

（3）故障预测：根据对保障装备当前工作状态的描述，预测所有工作任务和关键部件/组件的健康情况（或退化程度）、故障的发生概率及发生时间等，使保障装备管理与维修人员可以预知故障发生，从而及时采取一系列维修或预防措施。故障预测能力是 PHM 的最重要特征之一。

（4）性能降级趋势和部件/组件寿命跟踪：在保障装备功能降级情况下，对其进行性能跟踪和管理，并预测在保障装备部件/组件由初始状态到最终失效过程中的寿命消耗情况。

（5）剩余寿命预测：对于保障装备新的部件/组件，其剩余寿命是当前保障装备定型鉴定中预先设定的数值，随着保障装备的部件/组件使用，预测算法将根据部件/组件使用情况计算其剩余寿命。

（6）故障选择性报告：只通知保障装备操作人员需要其马上知道的信息，将其余信息通报给维修人员。

（7）辅助决策和资源管理：综合所需要的所有信息，基于与保障装备健康相关的信息，为保障装备维修资源管理和其他健康管理过程提供支撑，也为保障装备维修提供建议等。

（8）信息融合和推理：综合多信息源、多参数、多传感器信息，以及历史与经验信息，并将其融合成有用的、有关保障装备健康的信息，以减少保障装备故障诊断与预测的差错，提高保障装备的性能及自主性。

（9）信息管理：将准确的信息在准确的时间通报给所有相关人员。

### 2）PHM 关键技术

（1）数据采集和传感器应用技术。

一是故障诊断级别定位与诊断信息完备性研究。由于征兆和故障并不是完全一一对应的，为了正确匹配征兆与故障，保障装备的诊断信息必须是完备的。对于不同的保障装备分系统而言，其完备性的内容是存在差别的。因此，开展保障装备 PHM 总体初步设计需求分析，就应先研究规划保障装备各分系统的故障诊断级别定位，然后根据各分系统故障诊断级别定位确定诊断信息的完备性。二是传感器选用与安装协调性研究。目前，市场上可供选用的传感器类型很多，除温度传感器、压力传感器和流量传感器等普通传感器外，还有一些专用的传感器，如压电传感器、腐蚀传感器和光纤传感器等，在具体应用时应根据相应的标准和大量的工程实践来指导各种类型传感器的选用。随着微电子技术和测量技术的发展，具有智能化、高精度等特点的先进传感器开始应用于各种 PHM 系统。为了便于实现保障装备待监测参数的采集，必须在保障装备总体设计之初就综合考虑结构设计与传感器安装和布局的协调性问题。三是信息容错性研究。待监测参数的真实性无论是对状态监测还是对故障诊断都是至关重要的，为了确保待监测参数的真实性，应根据可靠性的要求，在保障装备关键部位设置满足信息诊断要求且数量合理的传感器。

（2）数据传输技术。

目前，数据传输主要有无线数据传输和有线数据传输两种方式。无线数据传输系统是由一系列分布式布置的传感器组件构成的，这些传感器组件通过其内部的无线调制解调器进行数据通信。传感器组件一般由微处理器、无线传输器、数据采集电路、执行器、电池组、参数传感器等构成，组件本身具有独立的数据采集处理能力。有线数据传输是指通过各种有线数据总线和各种网络［如Internet、Ethern LAN（Local Area Network）等］进行数据传输。其传输过程为，首先通过各种线缆将传感器采集的数据存储在部件级的监测系统中，然后通过特定的有线网络将部件级的监测数据传输到中央级存储和监测处理系统中。

（3）数据预处理技术。

因为不同的状态监测、故障预测和健康评估方法需要不同类型的数据，所以需要对采集的原始数据信息进行各种预处理，以使数据格式满足后续处理的要求，同时也使数据信息易于传输和存储。数据预处理包括数据的模数转换、去噪声、高滤波、信号自相关和压缩等，数据预处理方式和技术应根据不同的目的进行选择，例如，特征信息提取技术是为了进行故障识别和故障隔离，数据简化是为了剔除不必要且冗余的原始数据以便于进一步处理，等等。

（4）状态监测、故障预测和健康评估方法。

状态监测、故障预测和健康评估是 PHM 系统的核心部分，而 PHM 系统的显著特征之一就是其具有故障预测能力。在实际构建 PHM 系统时，往往要根据系统的实际情况采用一种或多种技术和方法。状态监测和健康评估方法既包括简单的"阈值"判断方法，也包括基于规则、模型和案例等的推理算法。故障预测是指，综合利用各种数据信息，如监测的参数、当前的环境与工作条件、使用情况、以前的试验数据及历史经验等，并借助各种推理技术（如人工智能、数学物理模型和特征进化/统计趋势等）评估部件或系统的剩余寿命，预测其未来的健康状态。

（5）数据融合和自动推理决策技术。

数据（信息/知识）融合是指通过协作或者竞争过程来获得更准确的推论结果。使用数据融合技术，是为了提高状态监测、故障预测和健康评估推理的准确性，并能确定推理结果的置信水平。在 PHM 系统中，数据融合通常分 3 个层次：第 1 个层次是直接将来自多传感器的数据进行融合，以进行信号识别和特征提取；第 2 个层次是将提取的特征信息进一步融合，以获得故障诊断方面的信息；第 3 个层次是将基于经验的信息如历史故障率、物理模型的预测结果与基于信号的信息进行融合，通常用于系统级的预测推理和维修决策。常用的数据融合算法有贝叶斯推论、模糊逻辑推论、D-S 证据理论和神经网络融合算法等。在实际构建 PHM 系统时，上述各种方法通常综合应用。例如，美国 Impact 公司在针对燃气涡轮发动机、齿轮箱研制的 PHM 系统中应用了各种数据融合技术。

（6）接口技术。

PHM 系统是一个开放式的系统，其开放性体现在自身具有"即插即用"的功能。也就是说，一方面可以不断更新或加入新的模块，另一方面则具有与其他系统进行信息交换和集成的功能。美军的武器装备 PHM 系统与联合分布式信息系统（Joint Distributed Information System，JDIS）及其他装备维修计划系统构成综合自主式保障系统（Autonomic Logistics System，ALS）。

（7）维修决策技术。

在 PHM 系统中，维修决策技术有两个作用。一是评估故障对保障装备性能影响的严重程度。保障装备各部位的故障对装备系统性能的影响程度是不同的，其影响程度有轻重缓急之分，因此，PHM 系统应将故障部位及它们的影响程度呈现出来，使装备操作人员和管理人员能够掌握当前保障装备所处的技术状态。二是制定保障装备维修决策，提出装备维修规范。针对生成的故障诊断与预测结果，为了确保保障装备的维修质量，PHM 系统应能够制定装备维修标准，提出装备维修项目、内容及相应的维修规范和检验方法。

### 4. 剩余寿命预测典型模型及方法

剩余寿命是指保障装备从被检测的某一时刻起到该装备发生故障的时间长度。保障装备剩余寿命的预测依赖对保障装备检测时其服役年限，以及到该检测时刻保障装备的状态信息。由于保障装备本身的不确定性，采用概率预测模型描述保障装备状态信息与剩余寿命之间的关系，可以有效地获取保障装备在未来某一特定时期内故障率的大小及变化趋势，也可以获得保障装备在特定条件下继续运行的剩余寿命函数。

保障装备剩余寿命预测作为 PHM 研究的重要内容，是实施装备精确维修的前提和基础。准确、及时地预测剩余寿命，能够为保障装备维修的科学决策和精确化管理提供有效依据。

剩余寿命预测是根据装备系统状态做出的。从静态的观点来看，预测是从历史数据中获得失效分布；从动态的观点来看，剩余寿命是由当前装备状态（装备目前使用状态和健康状态）决定的，从装备当前状态点到装备功能失效点的这段时间就是装备的剩余寿命。保障装备健康管理的预测是指，检测和监控故障部件的先兆指示，并沿着从故障到失效的时间线不断进行精确的剩余寿命预测。当装备系统、分系统或部件出现小缺陷和早期故障，或逐渐降级到不能以最佳性能完成其功能时，选取相关检测方式，检测这些小缺陷、早期故障或降级程度。剩余寿命预测模型常见的输入和输出如图 2-3 所示。

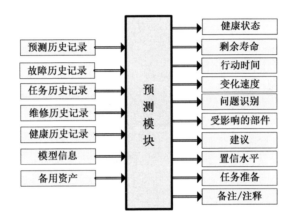

**图 2-3　剩余寿命预测模型常见的输入和输出**

随着保障装备健康退化程度的不断加剧，指示保障装备健康状态的特征参数变化趋势增强，关键部件剩余寿命不确定性逐渐降低。准确的剩余寿命预测模型，要根据环境条件、装备系统的运行情况和用途，以及装备系统的当前状态来描述故障随时间的变化趋势。加强混合预测算法和智能数据融合技术研究，加强经验数据与故障注入数据积累，可以提高保障装备故障诊断与预测置信水平。

1）神经网络预测模型

神经网络（Neural Network，NN）预测方法是指，利用网络的高度非线性映射特性来拟合数据，对网络进行训练，然后寻找历史数据与未来数据之间的关系，建立数学模型，从而达到预测目的。神经网络预测模型具有逼近任意非线性函数的能力和较强的泛化能力，在多变量预测领域显示出巨大的潜力和突出的优势。Werbos 最早将神经网络引入预测领域。Nagi 等通过对轴承振动信号进行分析，建立了基于神经网络的剩余寿命预测模型。Joly 将人工神经网络用于军用涡轮发动机的故障诊断及预测中。

### 2）隐马尔可夫模型

隐马尔可夫模型（Hidden Markov Model，HMM）是在马尔可夫模型的基础上发展而来的，它是一个双重随机过程，一是描述状态之间转移的马尔可夫链，二是描述状态和观测变量之间的统计对应关系。由于在处理实际问题过程中，观测到的事件并不与状态一一对应，而是通过一组观测概率分布反映状态，因此利用 HMM 就可以更好地处理这类问题。Bunks 等首先指出 HMM 能够应用于机械设备故障过程的预测。Kwan 等将 HMM 引入预测领域。

### 3）基于理化机理的剩余寿命预测模型

基于理化机理的剩余寿命预测模型是从装备自身损伤产生的物理化学机理（如腐蚀、裂纹、电阻值退化等）方面入手，建立的合理的退化模型。常见的物理模型包括描述裂纹增长过程的 Parissaga 模型，描述电子元件退化的 Power Law 模型等。Sean Marble 从轴承碎片产生及扩散的机理方面进行研究，给出了碎片积聚公式，并据此对轴承的剩余寿命进行预测。Ioannides 通过研究轴承磨损规律，给出了剩余寿命预测模型。

### 4）基于状态信息的剩余寿命预测方法

针对保障装备的系统、子系统或部件进行剩余寿命预测，其具体实施过程可以归纳为状态监测、状态信息（或信号）的处理、剩余寿命预测 3 个方面。

一是状态监测。状态监测是实施剩余寿命预测的前提和基础。通过状态监测可以实现对监测对象的某些特征参数（如噪声、振动、温度和油液等）的监测，并可实现对保障装备运行状态的初步评估。保障装备在运行过程中会产生各种各样表征其状态的物理现象，如温度、振动和噪声等，并引起相应参数如压力、力矩、应力及运动的位移、速度与加速度的变化等。在实际工程应用中，应选择最能反映保障装备运行状态的特征参数进行监测。在选择特征参数过程中，应遵循状态监测参数的稳定性、灵敏性、多能性，以及状态监测参数的物理意义等原则。在确定保障装备状态监测的特征参数后，需要选择合适的监测技术来获得相应的状态监测信息。目前可在实际工程中应用的状态监测技术种类很多，按照监测征兆（或潜在故障的效应）可以将状态监测技术分为动力学效应、物理效应、化学效应、电效应、温度效应、微粒效应等，其中，动力学效应和化学效应是目前应用最广泛的两种状态监测技术。

二是状态信息（或信号）的处理。对保障装备进行状态监测时，有时需要利用传感器和测量仪器仪表，将表征保障装备状态的特征参数转换成离散或连续的电信号（如测量声音、振动信号等），因为这些原始的信号蕴含了保障装备或部件状态的重要信息。通过状态监测将所获得的信号进行预处理，目的是去伪存真、去粗取精，最大限度地消除噪声影响，如去掉电漂移、剔除奇异项等，提高信噪比，突出有用信息。在保障装备状态监测中获得的信号，其类型很多，各种类型的信号都有其的特性，需要用不同的参数来描述它们，并且需要用不同的方法来获得描述这些特性的参数。常见的信号性质检验方法有轮次检验法、图表检验法、$X^2$拟合优度检验法和秩相关检验法等，其检验通常分为周期性检验和随机性检验、随机信号的平稳性和各态历经性检验、分布检验等。

三是剩余寿命预测。保障装备剩余寿命预测是进行基于状态的维修决策的关键，只有进行剩余寿命预测才能真正实现后续维修决策的定量化、科学化。首先，选择保障装备的寿命特征参数，如剩余寿命、可靠度和风险率等。其次，在确定了保障装备的寿命特征参数后，通过建立或选择合适的数学模型，精确描述状态信息与寿命特征参数之间的关系。合适的数学模型以保障装备运行时间及状态信息为自变量，以保障装备寿命特征参数为因变量，并通过数学表达式的方法准确描述二者之间的关系。目前，可供选择且比较成熟的剩余寿命预测模型有比例风险模型和滤波模型，二者分别以状态信息条件下的剩余寿命分布密度函数和风险率为寿命特征参数，构建相应的数学模型，实现状态信息与寿命特征参数之间的定量描述。最后，需要根据所获得的状态信息数据及保障装备寿命信息数据，对模型中的参数利用最小二乘估计、贝叶斯估计、极大似然估计等方法进行估计，参数估计完成后，还需要采用$X^2$拟合优度检验法、似然比检验法等检验方法对模型中估计的参数进行检验，以确认其是否处于可接受的水平。

## 2.3.2  应用实例

近年来，PHM 技术的成功应用，使其受到越来越多的重视。美国国防部在 2000 年将 PHM 技术列入《军用关键技术报告》，美国国防部最新的防务采办文件将嵌入式诊断和预测技术视为降低总拥有费用和实现最佳战备完好性的基础，进一步明确了 PHM 技术在实现美军装备战备完好性和经济可承受性方面的重要地位。目前，PHM 技术已成为美国国防部采购装备系统的一项需求。基于军方对 PHM 技术的迫切需求，美国多家机构和公司都研制了相关的系统和装置。美国陆军在大力发展 PHM 技术的同时，强制要求在所有装甲装备上使用 PHM 系统。目前，该系统已广泛应用于美国第三代装甲装备。M1A1、M1A2、M1A2SEP 主战坦克，"布雷德利"步兵战车、"斯特赖克"装甲战车，以及 LAV 轻型装甲车辆都安装了 PHM 系统。以下将对 PHM 技术在典型研究型项目——F-35 飞机中的应用进行介绍。

　　F-35 飞机采用的 PHM 系统是一种软件密集型系统，它在一定程度上涉及飞机的每个要素。其结构特点是：采用分层智能推理结构，综合多个设计层次上的多种类型的推理机软件，便于从部件级到整个系统级综合应用故障诊断和预测技术。F-35 飞机采用的 PHM 系统是由机上和机下两部分构成的一体化系统。机载 PHM 系统分为 3 个层次：底层是分布在飞机各分系统部件（称作成员系统）中的软硬件监控程序［传感器或机内测试/机内测试设备（BIT/BITE）］；中间层为区域管理器；顶层为飞机平台管理器。底层作为识别故障的信息源，借助传感器或机内测试设备、模型等检测故障，将有关信息直接提交给中间层的区域管理器。各区域管理器具有信号处理、信息融合和区域推理机的功能，是连续监控飞机相应分系统运行状况的实时执行机构。

　　机载 PHM 系统包括飞机系统、任务系统、机体、推进系统等几种区域管理器软件模块。除推进系统区域管理器外，其他区域管理器软件都宿驻在综合核心处理机或管理计算机中。各区域管理器将区域故障信息经过整理后传送给更高层的飞机管理器软件模块。飞机管理器也宿驻在综合核心处理机中，通过对所有系统的故障信息的相互关联，确认并隔离故障，最终形成维修信息和供飞行员使用的知识信息，传送给地面的自主式保障信息系统，据此来判断飞机的安全性、安排飞行任务、实施技术状态管理、更新飞机的状态记录、调整飞机使用计划、生成维修工作项目，以及分析整个机群的状况。上述区域管理器和飞机管理器利用基于模型的推理机、神经网络和模糊逻辑等人工智能技术开发的诊断推理、预测推理和异常推理 3 种推理机制，能够更好地消除虚警，并正确隔离故障。

F-35 飞机故障预测与健康管理工作流程是：首先在组件、分系统、系统 3 个层次对采集的状态信息进行处理；然后将状态信息实时或非实时传输到装备外部的 PHM 系统，PHM 系统将判断是否需要及何时需要维修，并在得到维修管理人员的批准后自动申请备件、保障装备，并在必要时为维修人员安排相应训练；最后由合格的维修人员在便携式维修辅助设备的协助下完成维修工作。据美军资料报道，采用 PHM 技术和自主式保障系统，可使飞机的故障不能复现率减小 82%，使维修人力减少 20%～40%，使后勤规模减小 50%，使出动架次率提高 25%，使飞机的使用与保障费用减少 50%以上，使飞机的使用寿命达 8000 飞行小时。

第3章

# 美军保障装备退役报废鉴定评估方法及策略

保障装备的退役报废受到装备的保障效能、使用维护费用、生存能力、最佳服役期、采购费用及体系配置等多个方面制约因素的影响。如果保障装备过早或过迟退役报废，其全寿命周期效能将不能有效地发挥，会造成不必要的损失和浪费，因此，对退役报废保障装备进行鉴定是个关键问题。鉴定的目的是确定当前技术状况与技术性能是否符合退役或报废条件，由装备管理部门组织有关专家对保障装备的技术状况和技术性能进行勘验、测试，并进行科学评价。鉴定是保障装备退役与报废的前提工作。本章分析美军保障装备退役报废的鉴定评估方法，梳理鉴定评估流程，归纳鉴定评估策略。

## 3.1 鉴定评估方法

鉴定评估主要针对保障装备的专项指标进行，也就是对各鉴定要素的定性和定量评估，包括寿命评估、技术效能评估、维修评估和安全风险评估。本节详细介绍各鉴定要素的评估方法。

### 3.1.1 **寿命评估**

在对保障装备进行寿命评估时，需要对使用寿命、技术寿命、经济寿命进行综合评估。

#### 1. 使用寿命评估

影响保障装备各部件使用（包含储存）的因素，以及保障装备中主要部件的故障模式存在很大差异，因此，确定保障装备使用寿命是一项很复杂的工作，不可能有统一的确定方法。因为使用寿命主要由保障装备的故障失效和使用存储可靠性决定，所以对于保障装备使用寿命的确定，实际上可以归结为对保障装备故障（失效）、可靠性的界定，进而评估剩余寿命。

1）故障（失效）规律

保障装备的性质不同，其故障（失效）的规律也不同，对于有损耗性故障的装备或零件部件，可根据耗损点位置确定其使用寿命。例如，机械产品的损坏或劣化从微观上看源于原子、分子的变化，常见的失效模式有磨损、疲劳断裂、腐蚀、蠕变等。美军对构成保障装备系统的分系统或部件，尤其是一些关键的分系统或部件进行试验、模拟及统计分析，获得了这些保障装备的使用或故障（失效）规律，从而确定保障装备的使用寿命。典型的保障装备故障率随时间的变化曲线如图 3-1 所示，该曲线称为浴盆曲线，描绘了保障装备故障率随时间变化的4 个阶段：早期故障阶段、偶然故障阶段、耗损故障阶段及次要耗损故障阶段。

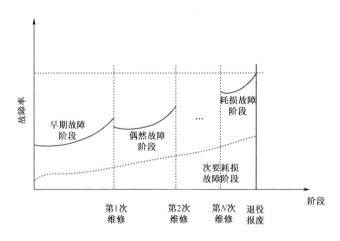

图 3-1　保障装备故障率随时间的变化曲线

偶然故障阶段是保障装备的主要工作阶段，决定其使用寿命的长短。进入耗损故障阶段，预示着保障装备即将到达使用寿命终点。若保障装备故障主要由其组成产品的耗损故障支配，则可通过对该保障装备的定期维修、部件更换等预防性维修措施延长保障装备的总寿命。除支配耗损故障外，保障装备也可能存在其他次要耗损故障，若定期维修仅更换支配故障耗损保障装备，则意味着每次维修后故障率较稳定期的故障率有所提高，直至故障率达到保障装备退役报废阈值，保障装备到达使用寿命终点。

### 2）可靠性评估

可靠性是美军保障装备使用寿命评估面临的一个重要问题。根据美国《国防采办术语和缩略语》，"可靠性"是指"系统在一定时间内、一定条件下无故障执行指定功能的可能性"。美军根据由美国陆军装备系统分析中心（Army Materiel System Analysis Activity，AMSAA）开发的可靠性记分卡进行可靠性评估。

开发可靠性记分卡的最初目的是提供一种长效稳定机制，能够有效实施基于工程实际的早期可靠性评估。当保障装备系统研制工作与可靠性要求存在偏差时，可靠性记分卡能提醒项目负责人尽早发现问题并进行纠正。具体来说，可靠性记分卡以计划中的和已经完成的与可靠性相关的工作为基础，评估整个项目的可靠性。当然，可靠性记分卡作为一种应用范围很广的评估工具，并不局限于早期可靠性评估，还可以在保障装备全寿命周期的所有阶段（如保障装备退役报废阶段）对各类型事件进行评估，这也使得可靠性记分卡成为一种有效的风险评估工具。

可靠性记分卡包含 8 个类别、4 个级别。8 个类别分别为可靠性要求和计划、培训和发展、可靠性分析、可靠性测试、供应链管理、故障跟踪和报告、验证和确认、可靠性改进。根据每个指标的评价准则，将风险划分为"高风险"（以红色表示）、"中风险"（以黄色表示）、"低风险"（以绿色表示）和"未评估"（以灰色表示）4 个级别。可靠性记分卡对元素进行加权，将分数标准化为 100 分制，并计算总体计划风险得分和 8 个类别的风险得分，进而确定整个项目的风险级别。"未评估"表示该指标并不适合某个项目评定，在最终评分中也应当除去。在对每个指标完成风险级别评估之后，分析人员将针对"中风险"和"高风险"指标提出降低风险的改进建议。另外，进行费用和日程评估，进一步确认实施这些改进建议的预期影响。

### 3）剩余寿命评估

剩余寿命是安全运行使用寿命减去迄今为止的实际运行时间而得出的剩余的可继续安全运行的时间。剩余寿命评估方法可分为基于状态的方法和基于物理的方法。例如，基于相似性的剩余寿命评估方法是基于状态的方法中的一类，其主要思想可表述为：若服役部件最近状态与参考部件在某时间的状态相似，则它们可能拥有相似的剩余寿命。其中，参考部件是指一组已失效的历史样本部件；服役部件是指待评估部件。服役部件的剩余寿命由各参考部件的剩余寿命进行加权组合构成，可根据监测状态直接计算相似性，也可根据估计值与实际值之间的误差计算相似性和权重值。该方法使用的历史信息来自同类已失效部件，这使得剩余寿命评估可在部件投入使用后的各阶段进行，同时，它继承了基于状态的方法中可实时更新预测值的优点，实现了部件全寿命周期的预测。下面介绍通过解析法、破坏性检测法和非破坏性检测法估算保障装备的剩余寿命。

（1）解析法是指根据描述装备系统效能指标与给定条件之间函数关系的解析表达式计算指标，以及通过数学方法求解建立的效能方程，主要包括指数法、ADC方法、兰彻斯特方程、SEA方法等。解析法属于间接进行寿命评估，根据保障装备在各种运行情况下的材质老化数据，以及使用的时间、温度、应力大小及其分布的状况、起停次数等工况，利用各种曲线、公式进行综合判断，然后评估部件的剩余寿命。解析法的关键在于正确收集部件运行的完整、真实的资料，如部件内部介质的温度、压力、金属的壁温等。解析法可以评价保障装备的任意部位，解析表达式透明性好、易于理解且可以进行变量间关系的分析，但也有很大局限性。例如，考虑因素少，对于复杂装备系统而言很难得到清晰的解析表达式，只能提供较为粗略的分析结构，难以得到细致的分析评估结果，无法实现因果分析。解析法能进行在线监测。

（2）破坏性检测法从保障装备有代表性的部位取得试样后，进行相应的性能试验，并进行组织断口状况分析、化学成分分析、碳化合物分析，而后进行综合判断，进而评估部件材料的剩余寿命。破坏性检测法预测损伤的精度高，但进行蠕变断裂试验、疲劳试验需要较长时间，而且在受到限制的部件和位置也不能使用，破坏性检测法不适宜进行定期监测。

（3）非破坏性检测法不破坏保障装备部件，通过外部测量、试验就可以定量掌握材质状况，因此也称为无损检测法。该方法不需要切割小型样品，仅在实物表面上测定，操作比较方便。但该方法也有局限性，材料的固有特性偏差较大，即使相同的部件，由于运行条件不同，材料老化程度也各不相同。非破坏性检测法能定期进行监测。

实际上，在对保障装备部件进行剩余寿命评估时，往往综合运用以上 3 种方法。

## 2. 技术寿命评估

评估保障装备的技术寿命有两种方法。第一种是历史经验法，比如在某一特定技术领域，过去技术更新的周期是 3～5 年，那么此保障装备的技术寿命就是 3～5 年。第二种是根据特定的技术保障装备，对影响保障装备技术寿命的主要因素进行分类、归纳和总结，根据专家经验值，结合历史典型保障装备案例确定并验证各因素的权重，突出重点部件和重点影响因素，最终形成不同的保障装备技术寿命模型。此处以电气保障装备断路器的技术寿命评估方法为例进行详细介绍。

技术寿命评估内容包括保障装备自然寿命、累积损耗寿命和评价损失寿命。评估方法如下：保障装备技术寿命取其自然寿命、累积损耗寿命、评价损失寿命三者的最大值。例如，某断路器理想化使用寿命为 40 年，本体电寿命是开断 50 次额定系统短路电流，机构机械寿命是操作 4000 次。当前，该断路器已经使用 10 年，在运行过程中开断了 15 次额定系统短路电流，操作了 800 次，则该断路器的自然寿命、累积损耗寿命、评价损失寿命如表 3-1 所示，技术寿命取三者的最大值，即 30 年。

表 3-1　断路器技术寿命评估计算模型

| 序　号 | 评价要素 | 计算公式 | 结　果 |
|---|---|---|---|
| 1 | 自然寿命 | 本体寿命：$10/40 \times 100 = 25$ | 25 年 |
| 2 | 累积损耗寿命 | 本体电寿命：$15/50 \times 100 = 30$ | 30 年 |
| | | 机构机械寿命：$800/4000 \times 100 = 20$ | 20 年 |
| 3 | 评价损失寿命 | 状态评价为注意状态 | 15 年 |

### 3. 经济寿命评估

从保障装备以全新的状况投入部队使用，到年均总费用最低的使用年限，就是保障装备的经济寿命。保障装备经济寿命评估的目的是确定保障装备年均总费用最低的服役年限，为保障装备退役报废工作提供决策依据。保障装备年均总费用包括保障装备购置费的年分摊额和保障装备的年平均运行维护费，其中，保障装备购置费的年分摊额随着使用年限的增加而逐年减少，保障装备的年平均运行维护费随着保障装备情况的日益劣化而逐年增加。保障装备年均总费用及各项费用与使用年限的关系变化情况如图 3-2 所示。

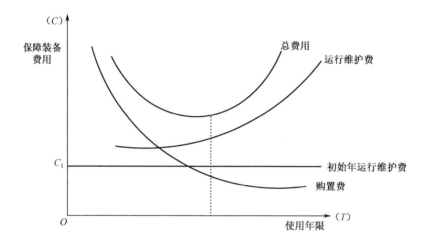

图 3-2  保障装备年均总费用及各项费用与使用年限的关系变化情况

为了发挥保障装备的使用价值，有必要对其经济寿命进行评估测算，为保障装备退役报废工作提供参考。在保障装备经济寿命分析中，建立保障装备的经济寿命数学分析模型。设保障装备的购置费为 $C_g$，保障装备退役时的残值为 $C_c$，保障装备的服役期为 $T$，则在考虑资金的时间价值的情况下，年均购置费为

$$C_{\mathrm{npg}} = C_{\mathrm{g}} \frac{i(1+i)^T}{(1+i)^T - 1} - C_{\mathrm{c}} \frac{i}{(1+i)^T - 1} \tag{3-1}$$

设 $C_1$ 为第一年的运行维护费，假设年均运行维护费以 $\lambda$ 逐年线性增加，则年均运行维护费为

$$C_{\mathrm{nsw}} = C_1 + \lambda \frac{(1+i)^T - iT - 1}{i[(1+i)^T - 1]} \tag{3-2}$$

则保障装备年均总费用为

$$C_A = C_{npg} + C_{nsw} \qquad (3-3)$$

$$C_A = C_g \frac{i(1+i)^T}{(1+i)^T - 1} - C_c \frac{i}{(1+i)^T - 1} + C_1 + \lambda \frac{(1+i)^T - iT - 1}{i[(1+i)^T - 1]} \qquad (3-4)$$

如果货币平均贬值率为 $p$，则在将购置费逐年分配时，贬值后的增加系数为

$$\eta = \frac{1 + (1+p) + (1+p)^2 + \cdots + (1+p)^T}{T} \qquad (3-5)$$

在考虑资金的时间价值和通货膨胀的情况下，年均总费用为

$$C_{AC} = \eta C_A \qquad (3-6)$$

当 $C_{AC}$ 最小时，对式（3-5）求解即可求出保障装备的最佳服役期 $T^*$。由于保障装备的年均总费用对资金的时间价值敏感性较小，因此在不考虑资金的时间价值的情况下，式（3-4）可简化为

$$C_A = \frac{C_g - C_c}{T} + C_1 \frac{T-1}{2} \lambda \qquad (3-7)$$

通过数学方法可求出最佳服役期为

$$T^* = \sqrt{\frac{2(C_g - C_c)}{\lambda}} \qquad (3-8)$$

需要说明的是，确定保障装备经济寿命的方法有多种。对于具体保障装备而言，应根据情况选用。例如，利用保障装备使用数据得出保障装备年均总费用的回归模型，并进行经济寿命确定等。某些保障装备经济寿命的确定，则是根据一次性修理费用占保障装备现行价格的百分比确定的，这种方法更简单可行。

### 3.1.2　技术效能评估

复杂的保障装备往往具有一系列表征各种特征的技术性能参数，对各个指标共同作用的效果进行评价的过程就是对装备保障系统技术效能评估的过程。技术效能评估包括技术状态评估和保障效能评估。

#### 1. 技术状态评估

美国在 20 世纪 50 年代首先提出技术状态的概念，其研究领域为大型复杂系统的全寿命周期中装备研制、生产阶段的技术状态。经过一系列更新完善，

1992 年美国颁布了标准 MIL-STD-973《技术状态管理》。至今，美国国防部在复杂制造过程中都沿用了技术状态管理的方法。在保障装备退役报废技术鉴定阶段，保障装备技术状态评估包括技术性能评估和质量状况评估。

技术性能评估需要解决的问题是对构成关键性能参数的关键可度量技术指标进行量化评估。基于保障装备的运行状态，在进行技术性能评估时需要预先在关键部件上安装传感器，测量部件的振动、温度、压力及其他状态指标，收集保障装备运行时的性能数据，然后进行深入的数据分析。利用专家评分法、性能指数法等方法综合描述其技术状态，最终预测保障装备或部件的剩余寿命，以及保障装备或部件可能出现故障的时间点，进而为保障装备退役报废鉴定提供参考。

质量状况评估是以评价保障装备质量为目的，运用数学方法计算经过统计处置的质量信息，进而对保障装备的质量等级进行定量描述的一种方法。质量状况评估依据的是保障装备的不同技术状况，包括储存年限、等效（全）服役年限、开机时间、等效（当量）大修次数、技术性能、无形磨损、老化程度、外观状态和齐套性等，通过层次分析法、灰色评估法、模糊综合评估法或多种方法结合等一系列方法确定保障装备的技术状态属于何种情况、何种等级，为保障装备的使用、维护、退役和报废决定提供参考。评估是一项系统性的工作，其指标体系建立与优化、指标权重体系设计、质量评估算法实现等各个主要环节相辅相成，共同影响质量状况评估的精度。为有效发挥质量状况评估的鉴定等功能，须综合运用系统论、信息论、控制论等理论，采用数据挖掘、信息融合、灰色理论、模糊原理等方法，以满足评估工作的需要。

在上述提到的多种评估方法中，没有一种评估方法是万能的，在对特定对象进行技术状态评估时，应根据实际情况选择最合适的评估方法，对基本假设和模型条件进行分析，并对其进行优化和改进，使评估方法不仅合适，而且更加实用。下面将对上述提到的几种评估方法的原理和特点进行简要介绍。

1）专家评分法

专家评分法是以专家作为获取信息的对象，依靠专家的知识和经验进行预测、评价的方法。专家评分法可分为专家个人调查法和专家会议调查法。专家个人调查法的最主要方法是德尔菲法，它是 20 世纪 50 年代由美国兰德公司首先提出的。这种方法本质上是一种匿名反馈函询法，其大致流程是对所要预测的问题征得专家的意见之后，进行整理、归纳、统计，再匿名反馈给各位专家，再次征求意见，再集中、再反馈，直至得到一致的意见，也就是确定预测题目、确定被征询专家组成人员、制定调查表进行轮询、反馈得出预测结论。专家会议调查法的调查对象大体与专家个人调查法一致，只是征询意见时采取会议方法。其优点是不同意见可以直接进行交流，有助于对重大问题达成共识，且时效性好。专家评分法常在缺乏数据的情况下使用，如对新技术项目的预测和评价、对非技术因素起主要作用的项目的预测和评价。另外，在复杂的社会、军事、经济、技术问题的预测、方案选择、相对重要性比较等方面，也经常使用专家评分法。

### 2）性能指数法

指数是以某一特定的分析对象为基础，把其他各类分析对象按照相同的条件与其相比较而求得的值。性能指数法是用相对数值简明地反映分析对象特性的一种量化方法，在军事问题研究中常用于描述作战装备、保障装备在各种不同战斗条件下的综合战斗潜力和作战保障效能，为作战模拟、对比评估及军事宏观决策论证提供基础数据。军事装备上常用的指数种类很多，如装备指数和综合战斗保障能力指数等。综合战斗保障能力指数除考虑装备的保障效能外，还要考虑保障对象、保障样式、使用装备的人员与指挥人员的素质、保障环境等诸多因素。综合战斗保障能力指数通常以装备指数为基础，乘以各种反映自然或人力因素的一系列修正系数来求得。这些修正系数一般来自 3 个方面：一是理论分析，二是战争经验，三是实战演习或靶场试验。应用性能指数法描述保障装备效能具有简单明了的特点，通常用于结构简单、规模较大的宏观模型，但对要求细致描述的结构问题一般不适用。

### 3）层次分析法

层次分析法（AHP）是 20 世纪 70 年代由美国匹兹堡大学的运筹学家 Saaty 教授提出的一种定性与定量分析相结合的实用的多准则决策分析方法（MCDA）。该方法具有定性与定量相结合处理各种决策因素的特点，以及系统、灵活、简洁的优点，在许多领域得到了广泛的重视和应用。它是建立在系统理论基础上的一种解决实际问题的方法，即根据问题的性质和要达到的目标分解出问题的组成因素，并按组成因素间的相互关系及隶属关系将因素层次化，组成一个层次结构模型，然后按层分析获得最低层因素对于最高层总目标的重要性权值。层次分析法的特点是在对复杂决策问题的本质、影响因素及其内在关系等进行深入分析之后，利用较少的定量信息，把评价的思维过程数学化，为解决多目标、多准则或无结构特性的复杂问题提供了一种简便的评价方法。运用层次分析法进行决策大体分为 4 个步骤：首先，分析系统中各因素之间的关系，建立系统的递阶层次结构；其次，对同一层的各元素关于上一层中某一准则的重要性进行比较，构造比较判断矩阵；再次，由判断矩阵计算被比较元素对于该准则的相对权重；最后，计算各层元素对系统目标的合成权重，并进行排序。

Saaty 教授在 1996 年对 AHP 的内涵和外延进行了拓展，得到了 ANP（网络分析法）。Saaty 教授认为，使用效用函数进行综合评价并不符合人类决策的思维过程。他通过深入研究做决策的机制，找到了最适合普通人决策的方法，即 AHP/ANP（层次分析法/网络分析法）。Saaty 教授认为，这种方法做决策的过程是最"自然且快捷"的，而且不需要掌握精深的跨学科理论知识。与其他各类复杂的定量分析方法不同，AHP/ANP 的应用不涉及任何复杂的数学公式，只需要掌握基本的矩阵知识，这种方法组织思考、形成判断的机理更符合人类与生俱来的思维方式。AHP 区别于其他评估方法的核心就是评估元素成对"两两比较"。判断矩阵是两两比较的工具。

AHP 和 ANP 这两种评价方法的本质是一样的：将影响决策的所有必要因素构建成一个指标体系；用数值化的成对比较判断表达评估者对成对比较对象的重要性或影响程度的理解；进行敏感度分析，确定结果的稳定性。AHP/ANP 可以有效地解决效用函数理论上存在的问题。AHP 和 ANP 的理论基础都是对定性与定量指标在绝对标度上的相对度量；两者的区别主要在于评估的指标体系构造不同。

AHP 使用简单，能进行基本矩阵运算的软件都可以用于 AHP 的计算。而使用 ANP 解决装备保障效能评估的问题，可以更全面地考虑不同因素对保障效能的影响，能够构建一个比 AHP 更接近现实的效能评价指标体系。此外，ANP 考虑了影响保障效能的各因素之间的相互影响，更完整地保留了复杂体系的特性，得到的结果更加客观。与 AHP 相比，ANP 的缺点主要表现在构造和计算超矩阵的复杂度较高，需要借助计算机辅助运算。

4）灰色评估法

灰色系统理论自 1982 年提出以来，目前已成功应用于医学、机器人、工业技术、图像处理、军事等领域，并取得了良好效果。灰色系统理论的主要内容包括灰色系统分析、灰色系统建模、灰色系统预测、灰色系统决策和灰色系统控制等问题。与其他评估方法相比，以灰色系统理论为基础发展起来的灰色评估法，在应对"部分信息已知，部分信息未知"的问题时具有良好的灰色评估能力，在处理保障装备这类"小样本、贫信息"不确定系统方面有独特的优势。所谓灰色评估就是基于灰色系统的理论和方法，对某个系统或所属因子在某一时段所处的状态，针对预定的目标，通过系统分析进行一种半定性半定量的评价与描述，以便在更高层次上对系统的综合效果与整体水平形成一个可供比较的概念与类别。也可以说，灰色评估是指对事物、方案、项目等对象，以不同的条件、要求、意向等为依据，按照定性的灰类进行评估，以获得这些事物、方案、项目等对象的所属灰类或序次态势。按评估的目的和要求，灰色评估通常又可细分为灰色统计评估、灰色聚类评估、灰色局势评估和灰色关联评估等，具体的分类如图 3-3 所示。

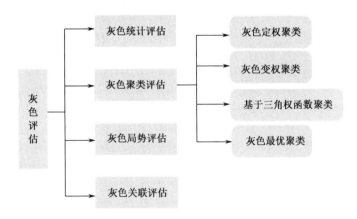

图 3-3　灰色评估分类

灰色评估法的步骤如下：首先，分析影响因素体系，利用层次分析法的思想，对影响所评判事物的各因素按属性进行分类，建立影响因素的递阶层次关系；其次，确定权重集，根据影响因素递阶层次关系，给出同一层中各因素关于上一层准则的权重及相应的点灰度，构成权重集；再次，建立评判矩阵，根据某一因素给出评判对象对备择集中各元素的隶属度，并根据信息的充分程度给出相应的灰度；最后，进行综合评判和评判指标的处理，并对各区间数进行排序。灰色评估法在处理信息量不是很充足的评判中得到了广泛的应用。

5）模糊综合评估法

模糊综合评估法应用模糊数学理论，结合系统工程中定性定量分析方法，把工程设计要素和模糊因素解析化、定量化，使设计方案或设计质量的比较、评估建立在科学的基础上，其关键技术是建立问题的层次结构模型，确定各设计因素的隶属度函数分布，并建立模糊关系。模糊综合评估法的基本思想是利用模糊线性变换或模糊关系合成的原理及最大隶属度原则，考虑与被评估事物相关的各个因素，将一些边界不清、不易定量的指标统一量化，并根据不同指标对评估对象的影响程度来分配权重，从而根据多个因素对各评估对象隶属等级情况做出合理的综合性评价。当评价涉及多指标的事物时，就应该综合各方面的要求做出更符合实际情况的总体评价。

模糊综合评估法的主要步骤如下：首先，建立被评价对象的因素（指标）集，即评价指标体系；其次，分别确定各个因素的权重集，即不同指标的相对重要性，并建立评价集，即参与评价的方案集；再次，进行单指标评价，即对指标集内部诸因素的评定，分别确定各个因素的隶属度向量，获得模糊评判矩阵，即把针对单因素评价的隶属度向量组合起来；最后，把模糊评判矩阵与因素的权向量进行模糊运算并进行归一化，得到最终的模糊综合评估结果。

模糊综合评估法的优点在于：模糊评估通过精确的数字手段处理模糊的评价对象，能对蕴藏信息呈现模糊性的资料，并做出比较科学、合理、贴近实际的量化评价；评价结果是一个向量，而不是一个点值，包含的信息比较丰富，既可以比较准确地刻画被评价对象，又可以对其进一步加工得到参考信息。模糊综合评估法是在模糊环境中，综合考虑多种因素对某事物关于某种目的的影响，并做出综合判断或决策的方法。其可以处理用其他方法无法处理的模糊性问题，而多级模糊综合评估本身就有分层的思想，非常适合进行多级评估。

## 2. 保障效能评估

美军保障装备的保障效能评估方法主要分为 3 类：性能参数法、解析法、对抗法。性能参数法是采集保障装备某些典型性能指标，并进行适当综合来描述系统的作战保障效能的方法，主要包括性能对比法、专家调查法、性能指数法等。解析法是数学中用解析式表示函数或任何数学对象的方法，其以排队论、对策论、军事运筹学、兰彻斯特方程等数学方法为基础，求解保障装备系统的作战保障效能，主要包括层次分析法、SEA 方法、模糊综合评估法、灰色评估法、WSEIAC 模型方法等。对抗法通过真实的或模拟的作战对抗来检验装备系统的作战保障效能，包括实战演习和计算机模拟仿真。装备系统效能评估的某些方法在前文中已经介绍了，在此只介绍典型的美国工业界武器装备系统效能咨询委员会（WSEIAC）的评估方法，由于度量保障效能的指标体系与武器装备系统的具体功能无关，因此，这种评估方法适用于各类保障装备系统。

20 世纪 60 年代中期，WSEIAC 提出了 ADC 模型，又称 WSEIAC 模型，认为"系统效能是预期一个系统满足一组特定任务要求程度的度量，是系统有效性、可信赖性与能力的函数"，把一般武器装备系统的作战保障效能看作给定装备系统的品质因数行向量。但对于大多数武器装备系统而言，其作战保障效能指该系统完成特定任务的概率，其效能公式可表示为

$$E = A \times D \times C \qquad (3\text{-}9)$$

式中，$E = [e_1, e_2, \cdots, e_m]$ 为装备系统效能指标向量，$e_i$（$i=1, 2, \cdots, m$）是对应于装备系统第 $i$ 项任务要求的效能指标；$A = [a_1, a_2, \cdots, a_n]$ 为 $1 \times n$ 维可用度（或有效性）向量，是装备系统在执行任务开始时刻可用程度的度量，反映保障装备的使用准备程度。$A$ 的任意分量 $a_j$（$j=1, 2, \cdots, n$）是开始执行任务时装备系统处于状态 $j$ 的概率，$j$ 是就可用程度而言保障装备的可能状态序号，一般来讲，保障装备的可能状态由各子系统的可工作状态、工作保障状态、定期维修状态、故障状态、等待备件状态等组合而成。显然，保障装备处于可工作状态的概率是可能工作时间与总时间的比值。可用度与装备系统可靠性、可维修性、维修管理水平、维修人员数量及其水平、器材供应水平等因素有关。$D$ 称为任务可信赖度或可信度，表示保障装备在使用过程中完成规定功能的概率。由于保障装备有 $n$ 个可能状态，则可信度 $D$ 是一个 $n \times n$ 矩阵（又称可信赖性）：

$$D = \begin{bmatrix} d_{11} & d_{12} & \cdots & d_{1n} \\ d_{21} & d_{22} & \cdots & d_{2n} \\ \vdots & \vdots & \ddots & \vdots \\ d_{n1} & d_{n2} & \cdots & d_{nn} \end{bmatrix} \qquad (3\text{-}10)$$

式中，$d_{ij}$（$i$=1, 2, $\cdots$, $n$；$j$=1, 2, $\cdots$, $n$）是使用开始时保障装备处于 $i$ 状态，而在使用过程中转移到 $j$ 状态的概率，显然有

$$\sum_{j=1}^{n} d_{ij} = 1 \qquad (3\text{-}11)$$

当保障装备在使用过程中不能修理时，开始处于故障状态的保障装备在使用过程中不可能再开始工作。任务可信度直接取决于保障装备可靠性和使用过程中的可修复性，也与人员素质、指挥因素等有关。

式（3-9）中，$C$ 代表保障装备运行或作战保障的能力，表示在保障装备处于可用及可信状态下，其能达到任务目标的概率。在一般情况下，保障装备运行能力 $C$ 是一个 $n \times m$ 矩阵，即

$$C = \begin{bmatrix} C_{11} & C_{12} & \cdots & C_{1m} \\ C_{21} & C_{22} & \cdots & C_{2m} \\ \vdots & \vdots & \ddots & \vdots \\ C_{n1} & C_{n2} & \cdots & C_{nm} \end{bmatrix} \qquad (3\text{-}12)$$

式中，$C_{ij}$（$i$=1, 2, $\cdots$, $n$；$j$=1, 2, $\cdots$, $m$）表示保障装备在可能状态 $i$ 下达到第 $j$ 项要求的概率。在操作正确、高效的情况下，它取决于保障装备的设计能力。

在特殊情况下，效能公式简化为 3 个量的乘积。此时，$A$ 表示保障装备在使用前处于规定保障准备状态且可靠投入使用的概率，$D$ 表示保障装备在使用中可靠工作的概率，而 $C$ 表示保障装备在使用可靠条件下完成保障任务的概率，因此，$E$ 实际上是考虑到保障装备使用可靠性及使用准备特性的保障效能指标。

这个指标体系是一种基于保障装备状态的度量方法，可用于对各类保障装备执行任务时的保障效能评估。美军主要采用 ADC 模型，基于平均故障间隔时间、平均修复时间、平均保障延误时间等特性参数，对维修保障装备等不同装备的保障效能进行评估。

### 3.1.3　维修评估

对待退役报废保障装备的维修评估，主要包括故障情况评估、维修情况评估和维修费用评估。本节阐述美军保障装备退役报废维修鉴定具体的评估模型及方式。

### 1. 故障情况评估

保障装备故障情况评估旨在以当前保障装备的使用状态为起点，结合已知对象的结构特性、参数、环境条件及历史数据，应用故障树分析法对保障装备现有故障进行主体分析，对未来的故障进行预测、分析和判断，确定故障性质、类别、程度、原因及位置，指出故障发展趋势及后果，以便预先消除故障，保障训练和作战任务的顺利完成。故障情况评估有多种方法，以下介绍具有很大应用潜力的故障树分析法。

故障树分析法（Fault Tree Analysis，FTA）是 1961 年由美国贝尔电报公司电话研究室的华特先生首先提出的。FTA 是由上往下的演绎式失效分析法，利用布林逻辑组合低阶事件，分析系统中不希望出现的状态。FTA 主要用在安全工程及可靠度工程领域，用来了解系统失效的原因，并且寻找最佳方式降低风险，或者确认某一安全事故或特定系统失效的发生概率。其后，FTA 也在航空航天设计、维修，以及原子反应堆、化工制药、大型装备及大型电子计算机系统中得到了广泛的应用，也应用于其他领域的风险识别。FTA 的目的是通过分析过程透彻了解系统故障与各部分故障之间的逻辑关系，找出薄弱环节，以便改进系统设计、运行和维修，从而提高系统的可靠性、可维修性和安全性，体现了以系统工程方法研究安全问题的系统性、准确性和预测性，是安全系统工程的主要分析方法之一。一般来讲，安全系统工程的发展也以故障树分析为主要标志。目前，在系统安全及可靠度分析中广泛使用 FTA，虽然 FTA 还处在不断完善发展阶段，但是其应用范围正在不断扩大，是一种很有前途的故障情况评估方法。

FTA 的基本思想是，将系统故障形成的原因由总体至部分按树枝状逐渐细化分析，即把所研究保障装备最不希望发生的故障状态作为故障分析的目标，然后寻找直接导致这一故障发生的全部因素，再找出造成下一级事件发生的全部因素，一直追查到那些原始的、无须再深究的因素为止。通常把最不希望发生的事件称为顶端事件，无须再深究的事件称为底端事件，介于顶端事件和底端事件之间的所有事件称为中间事件。用相应的符号代表这些事件，再用适当的逻辑门把顶端事件、中间事件和底端事件连接成树形图即故障树，用于表示保障装备或系统的特定事件与它的各子系统各部件故障事件之间的逻辑关系。

FTA 既可以用来对整个保障装备进行定性分析（应用数理逻辑找到故障树的结构函数），也可以用来对整个保障装备进行定量分析，即确定顶端事件发生的概率和底端事件的重要度。分析步骤通常因评价对象、分析目的、精细程度等的不同而不同，但一般按如下步骤进行：定义要探讨的最不希望发生的事件，获得保障装备的相关信息，建造故障树，建立故障树的数学模型，定性分析、定量计算，控制所识别的风险。

FTA 是演绎推理方法，采用的是从上到下的方式，分析复杂保障装备初始失效及事件的影响，与失效模式与影响分析（FMEA）相反。FMEA 是归纳推理方法，采用的是从下到上的方式，分析保障装备或子系统的单一元件失效或机能失效的影响。FTA 会考虑外部事件，FMEA 则不会。

在保障装备退役报废技术鉴定评估中，利用故障树理论对保障装备的故障进行分析研究，绘制故障树，可以找出事件的成因与形成过程、发现潜在问题，以利于整个保障装备故障的预防、预测控制，以及退役报废判定。

## 2. 维修情况评估

维修情况评估也就是判断保障装备的修复价值，是利用保障装备可修复性指标作为评价对象来确立退役报废标准。保障装备可修复性指标所体现的是保障装备的修复价值，这个指标的内涵是衡量修复后保障装备的平均故障间隔（MTBF）是否满足修复标准，也就是说当某种保障装备经过数次大修后的平均故障间隔达不到规定的可修复指标时，就认为这种保障装备不具有再次修复的价值，应当进行退役报废处置，反之就应该进行修复。

为了量化可修复性指标，须引入修复寿命系数概念，修复寿命系数定义为

$$修复寿命系数 = \frac{修复后寿命}{新品寿命} = \frac{修复后平均故障间隔}{新品平均故障间隔}$$

用公式表示为

$$\mu = \frac{\text{MTBF}_t}{\text{MTBF}_0} \tag{3-13}$$

式中，$\text{MTBF}_t$ 表示累计工作到时间 $t$ 时的修复后平均故障间隔，$\text{MTBF}_0$ 表示新品平均故障间隔。

根据可修复保障装备的修复效果，我们可将其分为 3 部分，即修复后 MTBF 逐减型、修复如新型（其 MTBF 基本保持不变）、修复后 MTBF 逐增型。对于后两者，从理论上讲其修复寿命系数 $\mu \geq 1$，即认为这种保障装备是值得进行修复的。

但是，实际上大量存在的可修复保障装备属于 MTBF 逐减型，当某种保障装备被判定为修复后 MTBF 逐减型时，进行以下讨论。假设这种保障装备在累计工作到时间 $t$ 时发生故障，其故障率 $\lambda(t)$ 在 $t$ 点是连续的，也就是说当工作到 $t$ 时刻时对应的故障率与修复之初的故障率是相等的，因此，其可靠度函数 $R(t)$ 也必然是连续的。修复后的平均故障间隔关于累计工作时间 $t$ 的函数 MTBF$(t)$ 为

$$\text{MTBF}(t) = \int_t^{+\infty} R(t)\mathrm{d}t = \int_t^{+\infty} \exp\left(-\int_0^t \lambda(\mu)\mathrm{d}\mu\right)\mathrm{d}t \qquad (3\text{-}14)$$

式中，$R(t)$、$\lambda(\mu)$ 分别表示其可靠度函数、故障率函数，由此可得寿命系数为

$$\mu(t) = \frac{\int_t^{+\infty} R(t)\mathrm{d}t}{\int_0^t R(t)\mathrm{d}t} = \frac{\int_t^{+\infty} \exp\left(-\int_0^t \lambda(\mu)\mathrm{d}\mu\right)\mathrm{d}t}{\int_0^t \exp\left(-\int_0^t \lambda(\mu)\mathrm{d}\mu\right)\mathrm{d}t} \qquad (3\text{-}15)$$

根据实际情况我们可以 $\mu_0$ 作为可修复性临界点，当 $\mu(t) \geq \mu_0$ 时认为这种保障装备是可修复的，反之应当进行退役报废处置。

### 3. 维修费用评估

根据美国国防部长办公厅颁布的《可靠性备忘录》，"在装备寿命周期中，使用维护费总数是'研究、开发、测试与试验鉴定'费用的 5～10 倍。较低的可靠性会引起多方面成本上升，包括备件、维修、设施和人力等，从而导致较高的维持费用。"保障装备的维修费用包括直接劳动费、直接材料费、不定期间接费及其他直接费，具体费用构成如图 3-4 所示。

直接劳动费是指在维修工作中能够明确识别的军事或民用劳动费用，包括军事/文职人员工资、基建费等。直接材料费是指已识别并直接应用于需要维修的项目或保障装备的所有材料的成本，包括弹药费、油料费、零部件费等。不定期间接费指维修活动的不确定性费用，包括大修费、中修费和小修费等。其他直接费包括与全部或部分特定维护工作相关或可识别的服务成本，包括通货膨胀和时间价值。

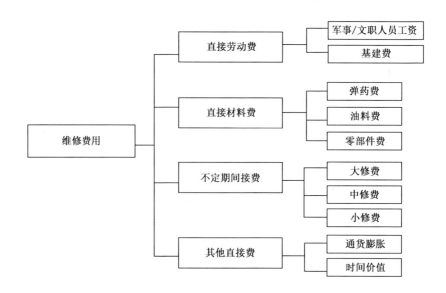

图 3-4　保障装备的维修费用构成

从全寿命周期来看，维修费用在不同的时期对不同类型的保障装备有所不同。从保障装备退役报废的角度来看，有些是相对动态费用，如弹药费、油料费等，对保障装备的退役报废影响较大；有些是相对静态费用，如军事/文职人员工资等，对保障装备的退役报废影响较小。

为简化维修费用评估模型，就需要主要考虑作战训练和维护修理这两项相对动态费用。这些费用中，有些是定期支付的，有些是不定期支付的，因此需要考虑资金的时间价值和通货膨胀因素的影响，这部分费用就是所谓的"附加费"，可以称这种只考虑相对动态费用的使用维护费为"相对使用维护费"。如果保障装备处于正常的使用状态，其劣化应随时间逐渐增加，在某个时间阶段内其相对动态使用维护费用应近似线性增加。如果在某个时间阶段内保障装备严重劣化，将造成相对动态使用维护费用变化较大，出现较严重的费用增加现象，则说明该保障装备应该进行现代化改装或退役报废。就影响保障装备退役报废的相对动态使用维护费而言，定期支付的费用有小修费和油料费，费用模型为

$$C_{\text{NZ}} = \sum_{j=1}^{N} \left[ (C_{\text{xx}} + C_{\text{y1}}) \left( \frac{1}{1+p} \right)^{Y_{\text{C}} - Y_0} \right] \left( \frac{1+p}{1+i} \right)^{Y_{\text{J}} - Y_0} \qquad (3\text{-}16)$$

式中，$C_{\text{xx}}$ 为年均小修费；$C_{\text{y1}}$ 为年均油料费；$i$ 为资金利率；$p$ 为通货膨胀指数；$Y_0$ 为费用折算的基础年；$Y_{\text{C}}$ 为资金支付年；$Y_{\text{J}}$ 为实际折算年。

不定期支付的费用有大修费、中修费、弹药费，模型分别为

$$C_{\mathrm{zdx}} = \sum_{j=1}^{N_{\mathrm{dx}}} \left[ C_{\mathrm{dx}} \left( \frac{1}{1+p} \right)^{Y_{\mathrm{C}}-Y_0} \right] \left( \frac{1+p}{1+i} \right)^{Y_{\mathrm{dx}j}-Y_0} \tag{3-17}$$

$$C_{\mathrm{zzx}} = \sum_{j=1}^{N_{\mathrm{zx}}} \left[ C_{\mathrm{zx}} \left( \frac{1}{1+p} \right)^{Y_{\mathrm{C}}-Y_0} \right] \left( \frac{1+p}{1+i} \right)^{Y_{\mathrm{zx}j}-Y_0} \tag{3-18}$$

$$C_{\mathrm{zdy}} = \sum_{j=1}^{N_{\mathrm{hd}}} \left[ C_{\mathrm{dy}} \left( \frac{1}{1+p} \right)^{Y_{\mathrm{C}}-Y_0} \right] \left( \frac{1+p}{1+i} \right)^{Y_{\mathrm{hd}j}-Y_0} \tag{3-19}$$

式中，$Y_{\mathrm{dx}j}$、$Y_{\mathrm{zx}j}$、$Y_{\mathrm{hd}j}$ 分别为第 $j$ 次大修、中修和耗弹的时间；$C_{\mathrm{dx}}$、$C_{\mathrm{zx}}$、$C_{\mathrm{dy}}$ 分别为每次的大修费、中修费和弹药费。因此，不定期支付费用为

$$C_{\mathrm{OZ}} = C_{\mathrm{zdx}} + C_{\mathrm{zzx}} + C_{\mathrm{zdy}} \tag{3-20}$$

所以，相对动态使用维护费用模型为

$$C_{\mathrm{XDSW}} = C_{\mathrm{NZ}} + C_{\mathrm{OZ}} \, (Y_0 \text{财年}) \tag{3-21}$$

对保障装备的全寿命周期的维修费用进行敏感性分析，从中可知保障装备维修费用影响因素依据敏感程度由大到小依次是通货膨胀指数、人员费（工资等）、弹药费、大修费、中修费、小修费。虽然人员费对整个使用维护费用有重要影响，但是这部分费用相对较固定且对保障装备的退役报废并不产生直接影响，因此可以不予考虑。

### 3.1.4　安全风险评估

对待退役报废保障装备的安全风险评估，主要包括安全风险评估一般方法、危险有害识别与分析、风险等级评估，本节阐述美军保障装备退役报废具体的安全风险评估方法。

#### 1. 安全风险评估一般方法

当保障装备存在危及人员、环境和装备本身的安全隐患，且不可控、无法排除时，应当进行退役报废处置。如何评估保障装备的安全隐患是关键，可以采用以下几种常用且简单易操作的安全风险评估方法。

##### 1）经验评估法

经验评估法主要按保障装备应用的技术规程，对过程中存在的各种危险、

危害因素进行定性分析、研究、评估，并得出定性评估结论。该方法通常采用安全评估表，根据经验将需要检查评估的内容以列表的方式逐项列出，现场逐项对应评估。根据项目危险程度，还可将项目评估内容划分为安全否决项（不可控危险）和安全可控项（中等或可控危险）两部分。当存在安全否决项时，评估即可停止；当不存在安全否决项时，对安全可控项进行赋值，根据得分情况评估保障装备的安全隐患。

2）专家评估法

专家评估法依靠行业专家的智慧，采用集体检查分析、专家综合评估或两者相结合的评估方式，根据现场条件、检测结果、临界指标等参考因素，对保障装备运行环境、相关技术条件等方面进行评估，从而得出评估结论。

3）危险与可操作性分析法

危险与可操作性分析法通过分析保障装备在使用过程中现场情况的变动和操作控制中可能出现的偏差，以及这些变动与偏差对维修作业的影响及可能导致的后果，找出出现变动及偏差的原因，明确潜在的主要危险、危害因素，并针对变动与偏差产生的后果提出应对措施。

4）故障假设分析法

故障假设分析法是指，由熟悉保障装备操作的人员对维修作业过程通过提问（故障假设）的方式发现潜在的事故隐患。实际上，根据保障装备现有技术状况，假设系统中会发生某种事故，找出导致事故的潜在因素，并预测在最恶劣的条件下这些因素导致事故发生的可能性。

## 2. 危险有害识别与分析

危险有害识别与分析是风险评估过程中重要的工作，可以在保障装备全寿命周期的任何阶段进行，包括需求立项论证、研发设计、生产部署、运行与保障、退役报废。这项工作的目的是识别和分析危害，分析导致危害的事件顺序及与危害事件相关的风险，从简单的定性方法到高级定量方法，许多技术都可以用来帮助识别与分析危害。用于简单危害识别或定性风险分析的工具包括危害和可操作性分析、清单分析、故障模式和影响分析，用于简单风险分析的工具包括故障模式、影响和严重性分析及保护层分析，用于详细的定量风险分析的工具包括故障树分析法（FTA）和事件树分析法（ETA）。

FTA 是一种结构化的演绎技术，用来分析一个系统，以识别和描述一个特定的不希望发生事件发生的根本原因和可能性。采用 FTA 对动态复杂系统进行评价，可以了解和预防潜在问题。故障树的开发是一个迭代过程，可以预防性或反应性地使用（在发生故障之后）。故障树是一个基于顶端事件（也称为不想要的事件）构建的图形模型，其能够识别和判断与顶端事件相关联事件所有可能的相关原因（根本原因），可用于预防（缓解）和纠正事件发生。消除事件发生所有的根本原因就能避免顶端事件发生，同样，消除一些事件发生的根本原因也能减小顶端事件发生的可能性。

ETA 是一种分析技术，用来识别和评估初始事件发生后可能发生的事故场景中的事件序列。事件树分析称为事件树（ET）的逻辑树结构。事件树分析的目的是确定最初的事件是否会以一系列不理想的事件展开，或者事件是否受到在系统设计阶段建立的安全系统和程序的充分控制。事件树分析可以从一个初始事件中产生多个不同的结果，从而为每个结果提供特定的可能性。

例如，应用故障模式分析法对应急抢修类装备起重机械进行危险有害识别与分析，为了得到起重机械的安全状况，必须对起重机械进行安全检测。起重机械常见的安全隐患包括安全装置隐患、电气装置隐患、机械隐患、金属结构隐患、主要零部件隐患等，应针对这些安全隐患相应地采取各种安全检测方法，包括常规检测方法和特殊检测方法。一般来说，起重机械的金属结构的故障具有全局性，并在相当程度上决定了整机的工作能力。

在起重机械金属结构安全分析中，以门桥式起重机为例，通过对其金属结构（钢结构）的检测，对起重机安全状况做出综合评价。根据起重机的结构形式和工作状态，其检测项目包括钢结构的强度和剩余寿命、钢结构的塑性变形和刚度、钢结构的腐蚀测量、钢结构的裂纹检测等。

门桥式起重机结构安全分析步骤如下：

（1）利用应变片测量钢结构危险截面在最危险情况下的动态应力幅值，据此可以知道钢结构的应力水平和强度储备。

（2）根据应力幅值和起重机的工作历程可以计算起重机的剩余寿命。

（3）利用水准仪可以测量钢结构主梁在空载和额定荷载时的拱翘度，据此可以得知钢结构的塑性变形程度、是否安全及安全等级。

（4）根据空载与额定荷载时拱翘度的差值可以得到钢结构的静刚度。

（5）根据额定载荷、额定起升高度时主梁的自振频率可以得到钢结构的动刚度。

（6）根据目测或利用测厚仪可以观察和检测出钢结构（特别是主要受力构件）的腐蚀情况。

（7）通过目测或利用磁力探伤仪等可以观察和检测出钢结构的裂纹情况。

### 3. 风险等级评估

风险等级评估针对已识别风险进行估计，并衡量风险大小，从而给出风险等级水平。进行风险等级评估的依据包括风险管理规划和风险识别结果，首先对已识别的风险进行分析研究，采用收集相关信息、与类似系统比较和专家判断等定性和定量的方法，建立风险系统评价仿真模型，综合分析风险因素影响，估算事件发生的概率及后果，然后按照潜在危险的大小，将预测结果转化为对应的风险等级。一旦确定了某保障装备具有安全危害性，就必须评估它们可能造成的风险。通过这种方式，可以确定风险的度量标准，并确定纠正措施应具有的优先级。风险评估的主要模型之一可以在 ISO/IEC 指南 51—2014《安全方面：标准中安全问题导则》中找到。在 ISO/IEC 指南 51—2014 中，风险评估是一个广泛的评估和分析过程。在 ISO/IEC 指南 51—2014 中，风险分析被定义为系统地使用信息来识别风险和评估风险，风险评估被定义为确定风险是否可容忍的过程。因此，在 ISO/IEC 指南 51—2014 中的模型通过迭代过程降低定性和定量评估的风险。在 ISO/IEC 指南 51—2014 中，显然需要定义一些公差标准，然而，它并没有提供任何方法来处理关于限制的问题，或者在考虑到多重风险维度时，如何在非主导的备选方案中进行选择。这个迭代过程认为每个危害都必须被考虑，并且必须满足一个可容忍的风险水平。根据 ISO/IEC 指南 51—2014，通过预测系统所处的阶段和环境（包括安装、操作、维护、修理和销毁/处置）识别每个危险情况或事件是必要的。这个迭代过程考虑了整个风险等级评估过程。在风险等级评估过程中，ISO/IEC 指南 51—2014 已经给出了很多典型的定量风险分析方法。它将风险定义为一个概率或一个预期频率，并要求定义一个风险接受标准，该风险接受标准应考虑相关后果的概率或频率，从而确立一个风险指数和一个可接受的风险上限。风险评估是评估已确定危害的可能性和后果的过程的一部分。一旦估计了每种危害的可能性和后果，便可以为其分配纠正措施的优先级。一般而言，风险评估需要估计的内容包括：事故发生的机会（概率），如果事故发生了，有人受伤的概率；装备或环境被破坏的程度；风险的严重程度。风险级别取决于危害的程度，以及事件发生的可能性和后果。

风险等级评估是对风险的综合分析，在单个风险评估分析的基础上，对风险进行系统和整体的评价，目的是确定整体风险等级，为风险应对和监控提供依据。风险评估的最简单形式之一是将剩余风险的等级评定为高、中或低，具体取决于保障装备造成损害的可能性及损害的严重程度。通常，高风险是指对结果有很大影响，需要采取重大行动缓解事态，决策者应当引起高度重视；中风险是指对结果有影响，需要采取某些措施缓解事态，决策者应当对此多加关注；低风险是指对结果影响较小，决策者可以忽视。

风险等级评估的方法很多，通常根据实际情况和数据可靠性选择风险的定性评估或定量评估方法。常用的定性评估法包括主观评分法和风险图法等。风险定性评估可以将风险事件的发生概率和后果与风险映射矩阵结合，并划分风险等级。风险定量评估包括期望值理论、决策树分析、蒙特卡罗模拟法等。风险评估的输出包括按照风险等级排序的风险列表、达不到预期的概率、失败的影响及趋势分析，以及整体风险等级水平、风险关键要素等。为了进行风险等级评估，通常使用矩阵评分系统，如表 3-2 所示。对风险的不同要素（如严重性、可能性）给予数字评分，并将这些评分相加或相乘以获得风险等级。

表 3-2  矩阵评分系统

|  | 非常严重 | 危急 | 轻微 | 忽略 |
|---|---|---|---|---|
| 经常 | 高 | 高 | 严重 | 中 |
| 可能 | 高 | 高 | 严重 | 中 |
| 偶尔 | 高 | 严重 | 中 | 低 |
| 几乎不 | 严重 | 中 | 中 | 低 |
| 不可能 | 中 | 中 | 中 | 低 |
| 消除 | 消除 | | | |

## 3.2 鉴定评估流程

### 3.2.1 鉴定评估一般步骤

任何问题的分析和研究，都有一定的逻辑推理流程，因此，根据一般保障装备鉴定分析的步骤，应用系统工程的研究方法，总结出美军对待退役报废保障装备进行鉴定评估遵循的步骤，如图 3-5 所示。

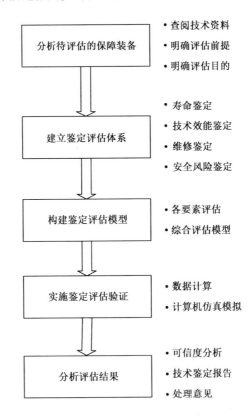

图 3-5　鉴定评估遵循的步骤

### 1. 分析待评估的保障装备

首先，查阅与待鉴定保障装备有关的技术资料，包括户籍档案、维修记录、使用登记等；然后，对所要评估的保障装备进行分析，明确评估的前提、条件及应遵循的规则、要求；最后，明确评估所要达到的目的及对评估结果的处置。

### 2. 建立鉴定评估体系

在确定研究的保障装备并进行较为深入的研究和分析后，应着手建立合理的鉴定评估体系，该体系包括的评估要素有寿命鉴定、技术效能鉴定、维修鉴定和安全风险鉴定。该体系既能反映所要评估的装备系统的性能特点，又能在简化的基础上得出一般抽象结果，因此，必须满足科学性、独立性、可行性和全面性原则等。

### 3. 构建鉴定评估模型

在鉴定要素已经确定的基础上，根据保障装备的具体特征，确定评估对象的使用寿命、技术寿命、经济寿命、技术状态、保障效能、故障情况、维修情况、维修费用、安全风险各要素的量化、计量或分级方法，也就是对每个要素的评估构建合适的模型，并采用适当的算法；然后将所有要素纳入一个数学或逻辑体系，形成定量的、综合的评估要素体系，即形成综合评估模型。模型在构造时应采取结构化和模块化的方法，按合理的层次结构组织。需要注意的是，虽然从理论上来说，按照综合评估体系建立的计算模型考虑的因素越多越好，但有时并非如此。综合评估模型本身是对装备系统总体性能的一种抽象描述，允许假设和简化，模型建立得过分复杂反而可能导致评估不准确。作为装备系统的评估模型，应侧重于研究对装备系统效能有重要影响的因素，应该"掌握全面，抓住重点"。

### 4. 实施鉴定评估验证

输入一定的数据，通过模型计算得出评估结果。对于计算机仿真模拟系统，首先将数学模型转化为可运行的程序。在程序运行过程中，可能会发现一些问题而需要对指标体系和评估模型进行一些修改。一般先编制一个可实现预定功能的简化程序，通过不断运行、检验，并提出修改意见，最后生成完整的程序。对照保障装备总技术条件所列的基本项目，计算保障装备的剩余寿命、评估保障装备的主要战术技术性能、鉴定保障装备的质量状况，判断保障装备的损坏程度、修复的可能性，并计算维修费用。

## 5. 分析评估结果

得出各项评估结果后，首先对结果的可信度进行分析。确定结果后，再以此为依据撰写技术鉴定分析报告，其主要内容包括：保障装备使用的情况摘要；查阅的主要技术资料；用何种方法、何种手段查验了保障装备的哪些技术性能，主要性能指标的下降程度；保障装备曾经出现哪些事故、战损，或是否存在严重的质量问题；保障装备当前的综合技术状况如何，符合退役或报废的哪些条件；保障装备退役或报废处置意见。

## 3.2.2  应用实例

美军十分重视保障装备的维修鉴定评估，其中维修费用评估是其主要考虑因素。技术手册《维修资产的维修过程和维修资产控制系统》规定了用于进行维修决策的维修费用评估的实例。某电路板的维修费用评估如表 3-3 所示。

表 3-3  某电路板的维修费用评估

| 所需数据 | |
|---|---|
| 装备名称 | 电路板 |
| 库存价格 | 842.00 美元 |
| 库存价格的 75% | 631.50 美元 |
| 工作时间 | 33 小时 |
| 工作中心文职人员工资 | 12.00 美元/小时 |
| 其他直接费用 | 3.48 美元/小时 |
| 工资标准 | 15.48 美元/小时 |
| 直接劳动费用 | 15.48 美元/小时×33 小时=510.84 美元 |
| 直接材料费用 | 38.60 美元 |
| 间接费用率 | 33% |
| 计算 | |
| 直接劳动费用 | 510.84 美元 |
| 直接材料费用 | 38.60 美元 |
| 材料总费用和劳动费用 | 549.44 美元 |
| 不定期间接费用 | ×1.33 |
| 维修总费用 | 730.76 美元 |

（1）直接劳动费用根据维修的工资标准和所需的平均工作时间计算。如果没有工资标准或平均工时，则根据经验估算维修时间，然后将军事或民用劳动率应用于维修所需工时。军事人员的人工费率是所涉及工作中心的加权平均军事工资率。文职人员的人工费率应根据维修活动所在地区适用的工作技能和水平确定。

（2）直接材料费用包括：承包商在执行全部或部分维护工作中消耗的政府提供的材料；从供应存货中获得的消耗品，以存货清单价格计价；当地采购的项目以最新发票或报价为准，包括运输费用。

（3）不定期间接费用通过将间接费用率应用于估计的直接费用来确定。估计的维修总费用是直接费用总估计值乘以 1.33 所得。

经计算，估计维修总费用超过当前库存标价的 75%。因此，如果其他维修决定因素（故障评估和维修情况评估）支持报废决定，此项目可能会在基地级报废。

# 3.3　鉴定评估策略

实施保障装备退役报废鉴定评估方法与技术的前提是进行一系列的试验鉴定。近年来，美军试验鉴定体系策略已经日趋成熟，适用于保障装备全寿命周期的任何阶段，包括保障装备退役报废的鉴定评估策略。鉴定评估策略包括一体化试验鉴定模式、建模与仿真式鉴定手段、联合分布式鉴定设施和规范体系式鉴定过程，为未来战争中美军保障装备鉴定的发展夯实了基础，也为美军军事力量的增长提供了保障。

## 3.3.1　一体化试验鉴定模式

从试验鉴定模式来看，美军保障装备试验鉴定发展历程可分为 3 个阶段：独立试验鉴定阶段、联合试验鉴定阶段及一体化试验鉴定阶段。一体化试验鉴定是指，所有利益相关方，尤其是研制和作战试验鉴定机构，协作规划并实施各阶段试验和各类试验，为支持各方的独立分析、鉴定和报告提供共享数据。此模式也适用于保障装备退役报废鉴定策略，具体由各军种项目管理办公室下设的计划、合同、质量、财务、系统工程、成本价格、试验鉴定、维修保障、系统集成等一体化产品小组实施。

一体化试验鉴定模式是美军在近年的国防采办及试验鉴定政策指导文件中明确提出的试验鉴定模式。2008年12月，美国国防部在5000.01《国防采办系统》中指出，一体化试验鉴定的核心是将研制试验鉴定与作战试验鉴定无缝结合。具体做法是，在研制试验阶段尽可能考虑到后续作战试验所需的实战背景，在作战试验鉴定中充分利用研制试验鉴定中的试验数据。美国国防部在2015年1月7日发布的5000.02《国防采办系统的运行》从规划、执行等方面，对一体化试验鉴定提出了更为详细的管理要求。例如，一旦做出新装备开发决策，项目主任要负责组建一个一体化试验鉴定小组，小组成员包括经授权的试验数据提供方代表和使用方代表，如研制试验鉴定、作战试验鉴定、用户等，以确保各方通力合作。由作战试验鉴定机构牵头，与项目主任协同规划作战试验鉴定，以确保研制试验鉴定活动能更好地理解作战目标及作战试验鉴定的相关要求。

近年来，美军面临国防预算紧缩和多样化军事威胁增加的双重挑战，其不得不在成本控制和军事发展之间寻找平衡点。保障装备体系试验，是一个成本高、风险大的复杂系统工程。采用一体化试验鉴定模式，加强研制试验鉴定与作战试验鉴定的有机结合，一方面，便于尽早发现保障装备系统存在的不足，降低保障装备系统的研制成本和研发风险；另一方面，可以有效推动美军保障装备体系试验鉴定进程的发展。一体化试验鉴定已成为美军提高试验效率及使试验效益最大化的重要手段。

### 3.3.2 建模与仿真式鉴定手段

美国国防部将建模与仿真列为重要的国防关键技术，其同样适用于保障装备退役报废的鉴定，主要表现为以下两个方面。

#### 1. 以建模与仿真技术为核心，构建分布式体系结构

从20世纪90年代开始，美军以建模与仿真技术为核心，致力于构建分布式体系结构，并将其列为发展装备体系试验能力的首要任务。经过20多年的发展，主要使用的分布式体系结构有以下3种。

（1）分布式交互仿真（Distributed Interactive Simulation，DIS），在1983年美国国防部高级研究局与美国陆军共同制定的网络仿真研究计划基础上研制的分布式交互仿真技术。其主要功能是，定义一种连接不同地理位置的、不同类型的仿真对象的基本框架，为高度交互的仿真活动提供一个逼真的虚拟环境。

（2）高层体系结构（High Level Architecture，HLA），在分布式交互仿真发展和应用的基础上，建立的一个解决各种类型的仿真系统间的互操作性、可重用性问题的仿真体系结构，真正实现将构造仿真、虚拟仿真和实况仿真集成到一个综合环境里，满足各种类型仿真的需要。

（3）试验与训练使能体系结构（Test and Training Enabling Architecture，TENA），于20世纪90年代开始开发，是FI 2010（Foundation Initiative 2010）工程的主要产品，旨在定义未来靶场软件开发、集成与互操作的总体结构，将一系列可重组、可互操作、地理位置分散的试验训练靶场资源组合起来，建立符合需要的逻辑靶场，以逼真的方式完成各种试验与训练任务。

### 2. 以装备互联互通为重点，加强装备互操作性

试验鉴定互联、互通、互操作是装备体系构成的核心要素。其中，互联是基础，互通是手段，互操作是目的。利用系统的互联和信息的互通，实现功能的互操作，使装备体系内各构成要素之间的关联性发生非线性的跃升，产生作战效能整体涌现性和结构力。推行互操作试验，有助于美军获取适应联合作战要求的装备体系。美国国防部目前开展互操作试验能力建设的主要手段有：①发展互操作试验设施设备，例如，美国国防部联合互操作试验司令部开发的试验设施，因其配套完备、技术手段先进，在美军武器装备互操作试验认证中发挥了至关重要的作用；②强化具有互操作试验能力的重点靶场，如美国陆军的瓦丘卡堡电子靶场和美国空军的埃格林第46试验联队等；③重点建设具备互操作能力的实验室，例如，美国陆军最大的系统集成实验室的中央技术保障设施，可以完成200个网络中心系统的集成与试验。

随着保障装备复杂性的提高，保障装备试验越来越多地依靠仿真来弥补真实试验数据的不足，建模与仿真在美军的多个项目试验中已经得到广泛应用，特别是在F-35项目中，应用建模与仿真的比例远超过其他项目。建模与仿真的

应用有助于降低试验成本、提高试验效率，但同时也要求采办和试验团队不断地提高当前的建模与仿真能力，包括建模与仿真的验证、确认和鉴定。

### 3.3.3 联合分布式鉴定设施

装备试验靶场是开展装备试验鉴定所依托的环境，是装备战斗力有效生成的可靠保障，是装备试验体系建设的核心内容。面对整个装备体系中所有平台无法全部进入试验靶场进行试验的现实难题，美军在联合作战思想的牵引下，提出从个体靶场向体系靶场的转型，体系靶场的建设突出体现了联合、互操作理念，强调联合试验和联合训练能力的提升。为加快靶场信息化改造和试验能力建设，美军主要采取了以下两项措施。

#### 1. 制定联合任务环境试验路线图，指导装备试验鉴定发展

2004 年 3 月，美国国防部在《转型规划指南》中指出，美军不仅要能"像作战一样训练"，而且要实现"像作战一样试验"，需要在联合任务环境下开展充分的、逼真的试验鉴定，美国国防部应为此提供新的试验能力。据此，美国国防部作战试验鉴定局于 2004 年 11 月发布了《联合任务环境试验路线图》（以下简称《路线图》）。《路线图》明确要求，"在战场实验室、研制试验设施及部队的作战装备之间建立稳固的连接，形成 LVC（Live——实装的、Virtual——模拟的、Constructive——结构的）联合任务环境，在此环境中进行实验、研制、试验或训练。"也就是说，《路线图》明确提出了两个方面的建议：①必须针对联合系统和装备体系的作战评估和作战试验鉴定，开发开放式、分布式网络基础结构；②必须在联合任务环境下充分、逼真地验证装备、装备体系完成特定任务的能力。

#### 2. 整合分布式试验基础设施，提供永久性装备体系试验能力

根据《路线图》的要求，美国国防部于 2005 年 12 月启动了联合使命环境试验能力（Joint Mission Environmental Testing Capability，JMETC）计划。JMETC 计划旨在建立分布式网络基础结构，为美军开展体系试验提供核心支撑。JMETC 计划指出，利用现代网络和仿真技术，将分布式的试验资源、设施有效连接，使远程的靶场和试验设施实现跨域融合，综合集成各种体系要素，构建一体化真

实、虚拟、结构化的联合分布式任务环境，为体系试验提供持久、强健的现代化联网核心基础设施，供用户在联合任务环境下对体系作战保障能力进行充分、逼真的试验鉴定。到目前为止，JMETC 计划已为联合任务环境下的试验做了大量基础性工作，在美国国防部范围内建立了"真实、虚拟和结构化分布式环境"，为美军开展装备体系试验鉴定提供基于标准网络的、可用的、持久的、低成本的试验资源与数据连通共享能力。

美国已初步建成具有联合任务环境试验能力的基础设施，美军已经连接了近百个试验站点，分布全美境内的陆军、海军、空军重点靶场，有力地支撑了美军"综合火力 2007""联合战斗空间动态冲突排解"等分布式试验鉴定。未来，美军将建立连接全部试验靶场、试验基地的永久性试验鉴定基础设施，所制定的方法规程将写入试验鉴定政策制度中，为在联合任务环境下对装备体系效能进行全面试验鉴定提供有力支撑。

### 3.3.4　规范体系式鉴定过程

当今世界高新技术装备发展日新月异，为了保证装备的保障效能和适用性，必须大力发展装备试验鉴定，首先就要建立一个完善的组织管理体系。美国作为世界上最早开展试验鉴定的国家之一，拥有一套成熟的管理机制，由美国国防部直接领导，下设办公厅、作战试验与鉴定局、试验资源管理中心等相关机构，为美军的保障装备试验提供了有力的保障，为美军高新技术保障装备的发展提供了有力的支撑。

美国《联合任务环境试验路线图》明确指出，要实现在联合任务环境下的试验鉴定能力，全面评估装备体系效能或在预期的联合任务环境下的能力，必须更新和拓展当前试验鉴定的规程。根据这一指示，美国国防部作战试验与鉴定局于 2006 年 2 月启动了"联合试验鉴定方法"工程，于 2009 年 12 月交付了《能力试验方法（3.0 版）》，并发布了试验和采办组织的"能力试验方法"用户手册，提出了在联合任务环境下对装备体系的联合任务效能进行试验鉴定的方法和程序。《能力试验方法（3.0 版）》以真实、虚拟、结构化的联合分布式任务环境为基础，可灵活应用于各种类型的试验鉴定活动，不仅适用于单个系统的试验，也适用于体系试验或针对非装备解决方案开展试验。该方法包括一套完整的试验程序和步骤，用户可根据自身需要选取最合适的步骤开展试验。《能力试验方法（3.0 版）》提供了大量分析工具来支持能力试验，帮助用户对复杂的试验环境进行定义、确定试验指标、设计试验具体事件，并通过试验得出评估结果。需要指出的是，此方法并未替代美军现有的规程，而是对现有的试验方法与程序进行补充和拓展，是一种以适应未来一体化联合作战为目的的、灵活的试验鉴定方法。

《能力试验方法（3.0 版）》围绕联合任务环境，通过 6 个步骤来规划和实施装备体系的联合环境试验，提出了从确认试验需求到鉴定试验结果的循环过程，具体实施步骤如下。

（1）制定试验与鉴定策略：制定能力/体系说明文件、制定鉴定策略、制定试验体系对抗背景、制定细化能力交叉对照表。

（2）描述试验：建立试验概念、提出任务需求、细化鉴定策略、进行技术评估。

（3）规划试验：进行试验设计，完成真实、虚拟和结构化分布式环境分析，制定试验规划。

（4）实现真实、虚拟和结构化分布式环境：设计真实、虚拟和结构化分布式环境布局，配置真实、虚拟和结构化分布式环境组件。

（5）管理试验执行：制定试验事件管理计划、管理试验事件的执行。

（6）鉴定能力：分析数据、鉴定系统对体系的贡献率、鉴定体系效能。

《能力试验方法（3.0 版）》对用户如何采用能力试验方法进行试验的规划、设计、管理和实施提供了详细的指导，以规范试验人员在各阶段任务的实施。《能力试验方法（3.0 版）》作为"联合试验鉴定方法"工程的重要成果，成为开展联合任务环境下保障装备体系试验鉴定的方法指南。

# 第 4 章

# 美军保障装备退役报废实施规程

美军将由美国国防部或联邦政府拥有，但是不再需要的财产称为超额个人财产，当财产被交到美国国防后勤局处置服务部时，就被称为"超额财产"。因此，根据此定义可知，退役报废保障装备可统称为美军超额财产。退役报废实施规程是指，从军事机构将退役报废保障装备上交至美国国防后勤局处置服务部的全过程，在此期间上交的保障装备最少需要 21 天供美国国防部其他活动和联邦机构选择使用，确定无用才能定为"剩余财产"。美军规定了超额财产标准化的上交流程及文件，保证退役报废保障装备实施规程井然有序、高效运行。本章总结美军退役报废文件规程、退役报废保障装备上交、具体实施规程，以及处置规程。

## 4.1 退役报废文件规程

美国国防部发布的 5000.02《国防采办系统的运行》中规定：在装备系统使用寿命结束时应按照法定要求、管理要求，以及关于安全、保密和环境的政策进行非军事化处置。美军的保障装备退役报废计划贯穿于保障装备全寿命周期管理过程，由项目经理负责制定和执行退役报废规程，要求各系统的项目经理之间达成紧密合作和共识。如图 4-1 所示，退役报废文件规程包括三大阶段：

早期退役报废计划制订阶段、中期退役报废计划审查与更新阶段、后期退役报废执行阶段。

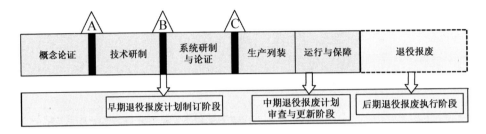

图 4-1　退役报废文件规程

## 1. 早期退役报废计划制订阶段

综合保障装备寿命周期包括概念论证阶段、技术研制阶段、系统研制与论证阶段、生产列装阶段、运行与保障阶段。其中，里程碑 A 阶段指概念论证阶段到技术研制阶段的转段；里程碑 B 阶段指技术研制阶段到系统研制与论证阶段的转段；里程碑 C 阶段指系统研制与论证阶段到生产列装阶段的转段。

退役报废计划草稿最初在里程碑 B 阶段开始制订，并随着装备系统及其保障能力的发展不断完善。项目经理在技术成熟度和降低风险设计早期阶段，对装备系统退役报废的各种注意事项和方法进行初步检查和确定，并考虑以下内容：

（1）退役报废设计；

（2）非军事化需求；

（3）可行的处置方法；

（4）环境、安全和职业健康（Environmental, Safety and Occupational Health, ESOH）。

在这个阶段，保障装备退役报废方式的确定可以为装备系统设计提供有效输入。当项目成熟时，退役报废计划会生成用来说明退役报废情况的文件。

## 2. 中期退役报废计划审查与更新阶段

退役报废计划是一份实时的文件，在整个运行与保障阶段，会根据情况不断对其进行审查与更新。项目经理应在保障装备使用寿命结束之前的 6～8 年对退役报废计划进行详细审查，对寿命周期较短的保障装备来说是 3～5 年（短寿命周期指使用寿命少于 8 年），以及在做出退役报废决定时应该在装备系统的整个寿命周期审查与更新退役报废计划。审查与更新适用于以下情况：

（1）设计更改；

（2）后勤保障更改；

（3）联合服务更改；

（4）改变最终产品（如修改、强化、升级等）；

（5）环境、安全和职业健康条例；

（6）选择新型退役报废方法（如资产变更、对国外军事销售等）；

（7）非军事化和报废费用估算。

这时，项目经理需要为必要的资金需求进行规划和预算，对于寿命周期较短的保障装备，在部署系统之前项目经理应先确认并规划退役报废需要的资金，并向特殊服务审批机构（Service Specific Approval Authority，SSAA）提交保障装备退役报废申请。

### 3. 后期退役报废执行阶段

每个部队都有特定的指南说明其组织结构和权级，以便发布保障装备上交决定。后期退役报废执行阶段的流程如图 4-2 所示。

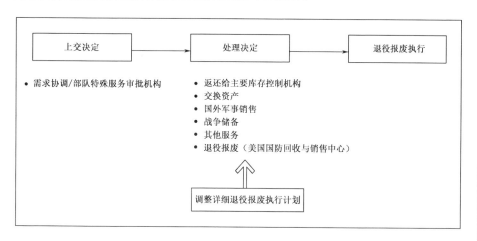

图 4-2　后期退役报废执行阶段的流程

一旦特殊服务审批机构做出上交决定，如美国国际项目办公室、美国安全办公室、美国后勤司令部等机构就可以协助项目经理做出退役报废处置决定，重新审查和完善计划以保证执行。例如：

（1）计划是否依然可执行？

（2）该装备是否可以被另一个装备替代？

（3）是否有新的处置选项（如国外军事销售、变更资产、回收利用等）可供选择？

（4）对于退役报废是否有新的环境、职业或危险注意事项？

（5）是否有新的安全注意事项？

（6）计划是否能完全反映当前形势？

（7）预计的非军事化和退役报废费用是否需要增加？

一旦保障装备退役报废的处置申请被批准，这项资产就被认定为过剩资产，项目经理就会执行退役报废计划。过剩资产可以被封存、再利用、捐赠或转卖，在某种情况下过剩资产必须进行非军事化处置。最终，退役报废标志着保障装备在美国国防部内使用寿命的结束。

# 4.2　退役报废保障装备上交

美军退役报废保障装备上交需要填写标准化的上交处置文件。本节详细介绍上交文件中必要的填写项目，以及文件中两个重要代码（非军事化代码和补给状态代码）。

## 4.2.1　上交文件

美国国防部各单位和美国国防后勤局须遵守适用的环保、安全及其他相关法律法规，退役报废保障装备上交时要严格填写表格 1348-1A《退役报废上交文件》，如图 4-3 所示为上交处置文件样本，上交时包括原始文件和 3 份副本。

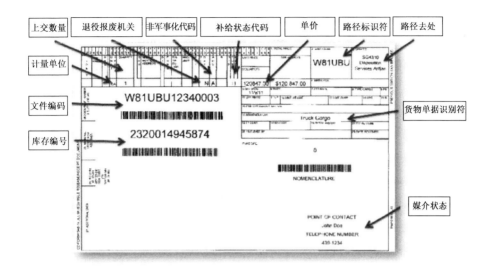

图 4-3　上交处置文件样本

如表 4-1 所示为上交处置文件的必要填写项目及各项目的填写说明。

表 4-1　上交处置文件的必要填写项目及各项目的填写说明

| 名　　称 | 记录位置 | 填写说明 |
| --- | --- | --- |
| 货物单据识别符 | 1～3 | 使用源头文件的信息，将存档的货物单据识别符固定化。按照运输行动的规程，对于在基地、营区、营地或驻地生成的，并且就地确定为超额财产，为其分配一个货物单据识别符 |
| 路径标识符 | 4～6 | 填写运输行动的记录指示符（Record Indicator，RI）。当未给运输行动分配记录指示符时，填写时留白 |
| 媒介状态 | 7 | 填写时留白 |
| 库存编号（National Stock Number，NSN） | 8～22 | 输入要上交的库存编号。至少应包含一个库存编号，该编号由 4 位联邦供应分类号（Federal Supply Classification，FSC）和 9 位国家物品标识号组成。附录 A 中列出了美国联邦供应分类号（部分）。弹药控制/商业控制清单和危险财产也需要官方的库存编号 |
| 计量单位 | 23～24 | 填写需要上交的物资或部件编号的物品的计量单位 |
| 上交数量 | 25～29 | 输入上交至美国国防后勤局处置服务部的退役报废保障装备数量。属性为非军事化的装备数量必须以易于核实的数量向处置服务站点报告，以保持该项目审计跟踪的完整性 |

| 名　称 | 记录位置 | 填写说明 |
|---|---|---|
| 文件编码 | 30～43 | 延续源文件。文件编码不能与用于接收物料的文件编号相同。对于在基地、哨所、营地或车站产生的超额财产，请按照服务/机构程序确定分配 |
| 退役报废机关 | 64 | 查询本地后勤处置服务联络点 |
| 非军事化代码 | 65 | 按要求分配的代码。注意：当非军事化处置在装备转移到美国国防后勤局处置服务部之前已经完成时，必须在记录位置 27 中反映出 4160.21-M-1 要求的适当的非军事化认证，或将表格作为附件 |
| 补给状态代码 | 71 | 输入适用代码 |
| 单价 | 74～80 | 填写在记录位置 8～22 的库存编号财产的单价 |

## 4.2.2　非军事化代码

美国的每个军事部门都会为美国国防部库存中拥有的每个装备设置非军事化代码，即"DEMIL"代码。如果代码出现错误，美国国防后勤局可以对装备上的非军事化代码提出质疑，但每个军事部门保留对其装备上非军事化代码的最终决策权。非军事化代码表示装备所需的物理销毁程度，标识需要特殊功能或程序的项目，以及不需要非军事化处置但可能需要贸易安全控制的项目。本节介绍非军事化代码的含义及分配过程。

### 1. 非军事化代码的含义

根据该项目是属于美国弹药清单项目（USMLI），还是属于商业控制清单项目（CCLI），非军事化代码共有 9 种，如表 4-2 所示。代码所表示的物理销毁程度不同，其中，代码为"A"的项目表示无须进行非军事化处置，而代码为"D"的项目则要求彻底销毁。美国国防部非军事化编码计划办公室每 5 年对代码进行一次审查和重新验证。

表 4-2　非军事化代码的类别及要求

| 代　码 | 非军事化要求 |
|---|---|
| G | 属于 USMLI 或 CCLI 的军事物品，要求非军事化处置弹药和爆炸物。此代码适用于未分类的弹药和爆炸物项目 |
| P | 属于 USMLI，需要非军事化处置。此代码适用于安全分类项目 |

续表

| 代　码 | 非军事化要求 |
|---|---|
| F | 属于 USMLI 或 CCLI 的军事装备，需要非军事化处置。项目经理、装备专家或产品专家必须提供特殊的非军事化说明 |
| D | 属于 USMLI 或 CCLI 的军事装备，需要非军事化处置。彻底销毁物品所有组件，以防止其恢复或修理成可用状态 |
| C | 属于 USMLI 或 CCLI 的军事装备，需要非军事化处置。以非军事化代码"D"的形式删除或取消安装关键点的非军事化 |
| E | 美国国防部非军事化编码计划办公室保留此代码仅供其使用。非军事化说明必须由美国国防部非军事化编码计划办公室提供 |
| B | 属于 USMLI 的军事装备，致残程度严重，需要在全球范围内报废 |
| Q | 属于 CCLI 的军事装备，需要运送到美国境外的报废点。在美国内部，非军事化完整性代码要求使用致残 |
| A | 受美国联邦法规第 15 篇第 773～774 部分中出口管理条例约束的装备，由美国国防部确定，如果其不在美国国防部控制之内，则风险较低，不需要非军事化处置或要求最终使用证书 |

## 2. 非军事化代码的分配过程

保障装备是否需要非军事化处置需要进行一定的评估，评估通过后再分配非军事化代码，非军事化代码的分配过程如图 4-4 所示。图 4-4 还说明了部分非军事化处置后的剩余物料的非军事化代码分配过程。

**第 1 步：确定该保障装备是否属于 USMLI?**

（1）查看美国联邦法规，确定该保障装备是否属于 USMLI；

（2）如果该保障装备属于 USMLI，转到第 2 步；否则，执行第 7 步。

**第 2 步：确定该保障装备是否需要非军事化处置?**

（1）查看附录 B 给保障装备分配的非军事化代码；

（2）确定是否用 C、D、E、F、P、G 标识该保障装备；

（3）如果是，执行第 3 步；如果不是，分配非军事化代码"B"。

**第 3 步：确定该保障装备是否属于弹药和爆炸物?**

（1）根据保障装备技术和物流信息确定保障装备是否属于弹药和爆炸物；

（2）如果保障装备属于弹药和爆炸物，则分配非军事化代码"G"，非军事化处置后的剩余物料的代码为"D"；如果不是弹药和爆炸物，则转到第 4 步。

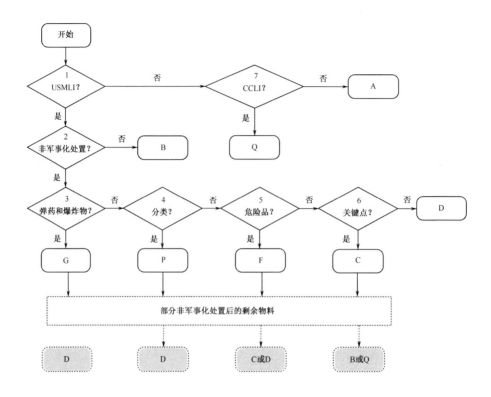

图 4-4　非军事化代码的分配过程

**第 4 步：保障装备是否进行了分类?**

（1）从系统的原始分类机构发布的安全分类准则或其他派生的技术和物流信息中确定物品的安全分类;

（2）如果保障装备的分类级别是机密或更高，则分配非军事化代码"P"，剩余物料的非军事化代码为"D"；否则，执行第 5 步。

**第 5 步：确定保障装备是否存在危害（如环境危害、安全健康危害），是否存在特殊规定?**

（1）评估保障装备在非军事化处置期间是否包含会引起环境或人员安全问题的危险成分;

（2）评估该保障装备在非军事化处置期间是否存在人身安全隐患;

（3）如果该保障装备包含危险成分，或存在人身安全隐患，或需要专业装备知识，分配非军事化代码"F"，剩余物料的非军事化代码为"C"或"D"；否则，执行第 6 步。

**第 6 步：确定非军事化处置关键点是否合适?**

（1）明确对于非军事化处置关键点的定义（关键点包括保障装备的零件、主要组件、固定配件；如果非军事化处置，则这些部分和区域无法进行维修，并且是下一个更高的组件恢复设计能力的必要因素，如装甲套件等）；

（2）确定非军事化处置要求是针对可移除部分还是针对整个保障装备；

（3）如果非军事化处置的关键点合适，则分配非军事化代码"C"，剩余物料的非军事化代码为"B"或"Q"；如果不是，则分配非军事化代码"D"。

**第 7 步：确定该保障装备是否属于 CCLI?**

（1）查看美国联邦法规，确定该保障装备是否受到 CCLI 控制；

（2）确定是否在特定出口管制下的 CCLI 中指定了出口管制分类号（ECCN）；

（3）如果使用特定的出口管制分类号，则分配非军事化代码"Q"；如果没有，则分配非军事化代码"A"。

## 4.2.3　补给状态代码

超额财产可以供美国国防部其他活动使用，经过验证可以继续使用的超额财产还可以销售给其他国家（前提是这些国家负担得起），超额财产为美国政府提供了潜在的获得投资回报的机会。准确的补给状态代码（Supply Condition Code，SCC）和属性描述使处置服务能够通过保障装备销售或再利用获得最大化超额/盈余的回报，如表 4-3 所示。

表 4-3　补给状态代码

| 代　码 | 含　义 | 条　件 |
|---|---|---|
| A | 可无条件使用 | 可用于所有不受限制的保障装备，或受限制的新的、二手的、已修理的、翻新的保障装备，包括剩余保质期超过 6 个月的器材 |
| B | 合格后可用 | 可以按预期目的维修或提供的新的、二手的、已修理的、翻新的保障装备，但由于其用途有限或使用寿命短只能提供到特定的单元、活动或区域，包括剩余保质期在 3～6 个月的器材 |

| 代 码 | 含 义 | 条 件 |
|---|---|---|
| C | 可优先提供 | 客户选定可用且可提供的保障装备，但必须在保障装备条件 A 和 B 之前提供，以免损失可用资产，包括剩余保质期少于 3 个月的器材 |
| D | 测试修改后可用 | 需要测试、更改、修改、转换或拆卸的可维修保障装备，不包括必须在提供前立即进行检查或测试的保障装备 |
| E | 有限恢复后不可使用 | 仅涉及有限的费用或恢复到可使用状态的保障装备，并且该保障装备在库存所在地的存储活动中完成恢复 |
| F | 无法维修 | 需要维修、大修或翻新的可修复性保障装备，包括被放射性污染的可修复性装备 |
| G | 因不完整无法使用 | 需要其他零件或组件才能实现最终产品可用 |
| H | 不能使用 | 已确定无法维修且不符合维修标准的保障装备，包括：受放射性污染的装备，已过期的Ⅰ型保质材料，已过期且无法拓展的Ⅱ型保质材料 |
| S | 暂停使用 | 有潜在的质量缺陷或已确认质量缺陷的不可维修的保障装备，处置服务将该保障装备降级为废品 |

设备上交时必须为保障装备的可用属性分配 A~H 补给状态代码。通过美国国防后勤局处置服务部进行重新利用/转让/捐赠的筛选过程，具有 H 补给状态代码的保障装备可能仍具有被重新利用的潜力。

## 4.3　具体实施规程

《美国国防部装备处置：报废指南与规程》系列手册第 1 卷规定了处置美国国防部过剩个人财产的统一程序，下面对各步骤的具体内容及要点进行详细阐述。

**步骤 1：识别上交财产**

保障装备上交部门进行准确识别和属性分类是上交过程中最重要的步骤，主要的基本材料或内容将在处置上交凭证的项目命名框中显示。上交的保障装备通常可以分为以下 3 类。

（1）可用财产：除废料和废物外的商业和军事类财产。可用属性可以是补给状态代码 A～H 的任何多余/剩余属性，但非军事化代码 G 或 P 中的属性除外。

（2）废料：源自因无法修复而无用的保障装备所产生的可回收废物和废弃材料，该保障装备的原始功能已被破坏。

（3）危险保障装备（HP）：可能对人体健康、人类安全或环境造成危害的保障装备。

**步骤 2：美国国防后勤局处置服务部的退役报废登记**

（1）使用美国国防部自动信息系统，在可行的范围内准备超额财产、剩余财产、国防部财产废料或海外超额个人财产的登记。优先使用这种提交信息的方式，尤其对于危险废料。除通过自动信息系统提交信息外，在装备退役报废过程中必须生成并保留复印件。

（2）生成员需要向美国国防后勤局处置服务部站点提供一份美国国防部表格 1348-1A《退役报废上交文件》，或美国国防部表格 1348-2A《配有地址标签的发放/接收文件》。

**步骤 3：财产保管决定**

（1）保障装备上交部门妥善保管要上交的过剩保障装备，并向美国国防后勤局处置服务部站点汇报。

（2）美国国防后勤局处置服务部站点和生成单位之间签订谅解备忘录。谅解备忘录中需要明确保管责任和问责责任。只有谅解备忘录双方许可签字、开始执行以后，美国国防后勤局处置服务部站点才承担责任。

（3）在适当的情况下，美国国防后勤局处置服务部站点需要进行检查。如果美国国防后勤局处置服务部站点未完成检查工作，将分配双方共同批准的退役报废情况代码。

（4）在美国国防后勤局处置服务部站点接受财产前，生成单位负责所有产生的费用。在美国国防后勤局处置服务部站点接受财产后，费用（如封装、装箱、搬运和运输非危险的超额财产、剩余财产和海外超额个人财产的费用）由美国国防后勤局处置服务部承担。免责条款由与美国国防后勤局处置服务部部长同级别的美国国防部某单位或联邦机构的代表（高级行政人员级别）商定。

（5）美国国防后勤局处置服务部站点需要向生成单位提供条形码标签，并粘贴在财产上。该标签上的内容包括退役报废上交文件编号、非军事化代码和补给状态代码。该标签能够清楚地表示该财产责任已经转移至美国国防后勤局处置服务部（如在美国国防后勤局处置服务部站点库存处）。该财产应在指定位置整理和保护，拥有保管权的单位应该负责财产的保养和保护，直到财产被处置或转移至美国国防后勤局处置服务部站点。

（6）上交。当保障装备上交部门决定将保障装备运输到美国国防后勤局处置服务部站点时，美国国防后勤局处置服务部站点将在实际收货时对保障装备财产进行照看和保管。

**步骤 4：退役报废财产转移至美国国防后勤局处置服务部站点**

（1）当生成单位准备转移、报废财产时，需要遵守美国国防后勤手册4000.25-1《军事标准申请与发布规程》（修订版）及其他部队或单位的保管和退役报废政策与规程。生成单位需要按照美国国防部指示5000.64《美国国防部装备和其他财产的核算与管理》对其所负责的财产进行责任登记，并保留记录，直到美国国防后勤局处置服务部正式解除了该职责。

（2）生成单位需要以提前通知的形式（如使用退役报废上交文件或废物上交文件清单）对所有的转移制订计划（就地接收或实物接收）。

（3）按照基本材料目录，确定废料适合的供应等级并分类，必须利用退役报废上交文件转移至美国国防后勤局处置服务部站点。

（4）包含有可能溢出或泄漏液体的财产不能通过开放式的、受损的或泄漏的集装箱转移至美国国防后勤局处置服务部站点。所有财产需要确保不泄漏、安全地运输。

（5）在实物转移时，生成单位负责将财产或废料移运至最近的美国国防后勤局处置服务部站点。

（6）库存控制点或综合财产管理员需要提供非军事化处置说明。属于非军事化代码 F 的财产必须具有有效的、经核实的国际物资编号。如果没有相关的说明，美国国防后勤局处置服务部站点不接收非军事化代码为 F 的财产。

**步骤 5：接收退役报废财产**

（1）美国国防后勤局处置服务部站点负责确保所有保障装备和废料的正确接收、分类、处置、维护、存储和随后的运输。

（2）美国国防后勤局处置服务部站点将在收货前通过准备文件和收货过程，以及保障装备的实际转移情况来验证保障装备。

（3）验证过程包括验证属性描述和数量，并确保上交的保障装备分配了经过授权的适当补给状态代码。美国国防后勤局处置服务部站点和保障装备上交部门将一起工作，以确认和验证要求，并获得适当的证明等。

（4）当美国国防后勤局处置服务部站点完成了正确的属性描述和有效的代码分配，以及数量验证时，其才做出接收的最终决定。

（5）美国国防后勤局处置服务部站点将在上交凭证的记录位置 22 中使用完整的签名作为收据。

### 步骤 6：标识编码和存储保障装备

（1）转移至美国国防后勤局处置服务部站点或在原地接收的可用财产必须使用条形码标签，以便明确地识别。在接收（实物接收或现场接收）财产时，条形码标签必须贴放于财产上，直到财产最后移出，而且标签上的信息需要与责任记录一致。在美国国防后勤局处置服务部站点储存的财产，会将标签放在适当的地方，以识别财产的状态（再利用、转让或捐赠、非军事化等），从而减少用户的困惑。

（2）转移至美国国防后勤局处置服务部站点或在原地接收的废料，需要积累并分离，避免基本材料目录的混杂。

（3）为了提供基本的材料目录信息，需要利用分发标准系统（Distribution Standard System，DSS）代码包含的标准废物和废料分类代码（Scrap Classification Code，SCL），以及美国国防后勤局处置服务部的网页术语参考资料，对废料进行识别。

（4）废料积累时，不需要粘贴条形码标签。但是，生成单位和美国国防后勤局处置服务部的会计记录必须与废料识别信息一致，质量也必须相同。美国国防后勤局处置服务部必须在其分发标准系统的会计记录中，使用废料分类代码。

（5）在存储阶段，美国国防后勤局处置服务部需要粘贴适当的标志以识别废料的类型，提高用户的可视性。

### 步骤 7：财产核算

（1）装备上交部门和美国国防后勤局处置服务部站点正确核算所有上交保

障装备，正确的核算处置有助于作出正确的资源配置（金钱、设备和人员）决策。

（2）问责记录始终保持在可审核状态，这样可以从收货阶段到最终处置阶段持续追踪财产。

（3）可用和退役报废的确定方法如下：

① 如果为不需要非军事化处置的财产分配了补给状态代码 F、G 或 H，则处置服务部站点会确定该保障装备仅具有废品价值，并将其分类和处置为"收到时为废料"。

② 被处置服务部站点确定为仅具有基本物资含量值的其他补给状态码分配的保障装备，可以在筛选日期结束并完成所有必需的非军事化处置之后降级为废品。

③ 如果某保障装备已通过竞争性方式销售，但没有收到任何投标书，或者收到的出价低于该保障装备的废品价值，则该保障装备可能会被降级为废品，然后作为废品重新进行出售。

④ 当保障装备最终以废料形式上交，并回收或拆卸其可用组件时，处置服务部站点的记录将进行调整，以反映被删除组件的购置成本。

（4）按质量进行废料核算。

① 必须权衡待售或拆解的废料处置，以提供准确的会计核算，并与处置服务部站点的责任记录进行核对。

② 合理的估计准确度是：按吨处置的财产为 25%，按磅处置的财产为 10%。

③ 收货时必须对高价值的废料进行称重。

**步骤 8：实物库存准确性检查**

（1）美国国防后勤局处置服务部站点需要进行实物盘存。美国国防后勤局处置服务部站点至少每年进行一次样本盘存。所有的可用财产（非军事化要求的财产、危险财产和易失窃的或敏感的财产除外）盘存的正确率须维持在 90% 以上。

（2）对于非军事化要求的财产、危险财产和易失窃的或敏感的财产，每年至少进行一次实物盘存，应保持库存正确率为 100%。如果库存正确率低于100%，那么美国国防后勤局处置服务部站点需要按照美国国防部 7000.14-R《美国国防部财政管理条例》的规程，汇报不符之处。

（3）在美国国防后勤局处置服务部站点留存超过 6 个月的可用财产，需要每月盘存、核实。

（4）清点偏差需要作为盘存过程的一部分被调查，并且作为盘存调整，登记更正的信息。

（5）美国国防后勤局处置服务部需要为美国国防后勤局处置服务部站点提供关于保留、核对废料积累和责任记录的指导，并至少每月进行一次核对。

**步骤 9：财产处置**

（1）封装、装箱与搬运（Packing, Crating, and Handling，PCH）。在多数情况下，美国国防后勤局处置服务部站点负责安排美国国防部订单的封装、装箱与搬运。在现场接收财产时，生成单位需要提供财产的运输服务。美国国防后勤局处置服务部需要按照已有的军种间保障协议，或者根据美国国防后勤局处置服务部军事跨部门采购要求，为这些服务付款。

（2）运输。在财产运输过程中，与可重复使用财产相关的运输费用由美国国防后勤局处置服务部进行直接资助。但是，这些费用会作为军兵种级别的年度账单的一部分得到返还，包括年内所有的运输费用。也就是说，美国国防部的独立单位不会单独为每个独立的运输支付费用，这些独立单位的军事服务部会按年支付这些费用。

**步骤 10：审核**

（1）外部指挥参与。当需要获取或确认转入或转出报废账户的保障装备数据，并涉及美国国防部各部门间的交叉指令时，需要遵循美国国防部指示 DoDI 7600.02《审计政策》中的规定。

（2）用于审计过程中的联合勤务与美国国防后勤局指示。美国国防部各部门需要按照本部门内部的审计准则，对财产处置的文件进行审计追踪。

# 4.4　处置规程

美国国防部通过美国国防后勤局下属的销售服务处实现对过剩国防物资的处置，包括再利用、转让、捐赠、销售及退役报废销毁等。美国国防后勤局处置服务部负责制定并更新处置保障装备的指南和程序，包括美国国防后勤局标准操作程序和美国国防后勤局桌面指南。以下介绍处置标准规定，并以美国国防后勤局处置服务部科威特站点为实例介绍处置流程。

### 4.4.1 处置标准规定

本节主要阐述美国国防部规定的剩余物资处置标准规定，包括再利用、转让、捐赠和销售（Reutilization, Transfer, Donation, or Sale，RTDS），以及回收利用、废料销毁、危险废物及需要特殊处置的保障装备等相关标准处置规定。

#### 1. 再利用、转让、捐赠和销售

根据《美国联邦法规》第41卷，美国国防部应在进行新的保障装备采购或维修之前，最大限度地对美国国防部超额财产和海外超额个人财产进行再利用，以满足当前的需要。美国国防后勤局处置服务部需要对有非军事化处置要求的保障装备进行重新筛查，并通过前端筛查每天为库存控制点提供保障装备推荐意见，直到保障装备被再利用、转让、捐赠和销售，或者直至检查结束。关于各级再利用、转让、捐赠和销售之前的筛查规定如下。

（1）积存期。美国国防后勤局处置服务部在保障装备经检查添加到库存系统的一周内积存保障装备，该积存期于每周五和42天的官方筛查时间开始之前结束。

（2）美国国防部和特殊项目筛查周期（14天）。美国国防部和特殊项目在筛查时间前14天内享有独家订购权。在该筛查周期内应优先满足美国国防部的再利用需求，在该筛查周期结束后保障装备才能发放给特殊项目。

（3）美国联邦民事机构和受赠者筛查周期（21天）。美国联邦民事机构和经美国总务管理局授权的受赠者在21天内对保障装备进行筛查。该筛查周期内应优先满足美国联邦民事机构的需求，在该筛查周期结束后保障装备才能发放给受赠者。

（4）美国总务管理局对受赠者的分配（5天）。在该周期内，由美国总务管理局对保障装备进行分配，来满足受赠者的申请。

（5）最终再利用、转让、捐赠筛查（2天）。在筛查的最后2天，按"先到

先服务"的原则，任何剩余保障装备对所有再利用、转让、捐赠客户可用。

表 4-4 总结按发放优先级排列的保障装备筛查和发放时间。

其他国家和国际组织可在美国国防后勤局处置服务部的再利用筛查期内对美国国防后勤局处置服务部保障装备进行筛查和申请。上述再利用、转让、捐赠和销售阶段完成之后，剩余的保障装备可提供给安全援助客户，同时应向美国国防安全合作局证明其没有缺陷，并且已经按要求执行了所有超额财产程序。

表 4-4　按发放优先级排列的保障装备筛查和发放时间

| 再利用、转让、捐赠和销售方法 | 资　　格 | 筛　查　期 | 发　放　期 |
|---|---|---|---|
| 再利用 | 美国国防部 | 第 1～14 天 | 第 1～42 天 |
| | 特殊项目 | 第 1～14 天 | 第 15～42 天 |
| 转让 | 所有美国联邦民事机构 | 第 15～35 天 | 第 15～42 天 |
| 捐赠 | 经美国总务管理局授权的受赠者 | 第 15～35 天 | 第 36～42 天 |
| 再利用、转让、捐赠 | 所有再利用、转让和捐赠客户 | 第 41～42 天 | 第 41～42 天 |
| 销售 | 一般公众 | 不适用 | 不适用 |

## 2. 回收利用

美国国防部手册 DoD Manual 4160.21《国防部装备处置》系列手册第 2 卷明确规定了拥有单位或者其他美国国防部机构对不再需要的某一完整的成品中的零件回收利用的统一的指导程序。

（1）回收用于从超额或剩余的保障装备，或者成品中获得可使用的和经济上可修复的部件，以便在时效上或经济上满足当前的需求。

（2）在确定要回收的保障装备及其数量时，必须仔细考虑存货中现有的可维修保障装备的总数。有必要进行充分的审查，以确保设施、能力和备件能够通过回收将现有保障装备和预期的维修能力恢复到可使用的状态。

（3）在回收能满足对急需保障装备的需求，或者新品的生产和采购不现实的情况下，不再考虑经济方面对回收的限制。

（4）如果正在恢复的保障装备不可用，零部件管理员一般不回收在检修期间更换率高的零件，也不回收从保障装备中拆卸的不可用的零件。

（5）根据军用标准业务报告和统计程序，即美国国防后勤手册 DLM 4000.25-2

《军标征用及发放程序》，确定无法维修的不可用保障装备的补给状态代码应设为 P，替代之前的补给状态代码 H，可以防止将其进行退役报废处置。

（6）存储和分配单位须每月生成补给状态代码为 P 的保障装备清单，并向管理库存控制点或综合装备管理员报送，包括保障装备的接收日期和序列号，在可能的情况下还应包括独特产品标识。

（7）管理库存控制点或综合装备管理员将审查补给状态代码为 P 的保障装备清单，并对每个保障装备的处置方式进行注释（不管是退役报废还是继续保存），并在收到清单后 7 天内返回存储和分配单位。

（8）存储和分配单位将对回收行动进行审查，并执行管理库存控制点或综合装备管理员的指导和指令。不应归为补给状态代码 P 的保障装备，不能向任务部队发布。

（9）存储和分配单位须确保补给状态代码为 P 的保障装备中主要保障装备的可见性，并且要向适当的任务部队发布。

（10）根据回收单位的要求，所属军种的管理库存控制点负责提供所有相关的技术数据。

（11）回收应加以控制，以确保拆卸最少量的保障装备，获得所需的零部件。

（12）计划回收的保障装备须在美国国防部和承包商的回收站点进行妥善管理，并在完成回收项目和重新利用筛选后进行退役报废处置。

（13）从回收工程中获得的零部件，由美国国防部和承包商在回收站点妥善保管，并由管理库存控制点或综合装备管理员决定抵消预计的购买、预算和维修需求。

（14）管理库存控制点在确定从回收工程中获取保障装备零部件项目需求时，一旦确定了回收保障装备对零部件项目的要求，管理库存控制点将确定是否需要针对再利用和市场采购计划进行质询。

## 3. 废料销毁

非危险剩余物资通过废弃、销毁或捐赠方式报废处置。废弃与销毁将以一种对公共卫生、安全及环境无害且无危险的方式完成。美国国防部手册 DoD Manual 4160.21《国防部装备处置》系列手册第 2 卷明确规定了废弃与销毁的应用情况。

（1）根据美国或东道国法律、国防部政策，或者军种部的规定，确定保障装备已不具备再利用、转让、捐赠或销售的资格。

（2）若项目包括涉密保障装备、放射性废物、热电池、国防部检验的压印机和设备，生成机构应根据有关法律和指令，进行可控的销毁或处置。

（3）若需要采用其他退役报废方法，如再利用、转让、捐赠或销售，或试图通过美国国防后勤局处置服务部返还至制造商或合格回收项目进行循环，并未成功的，应正式记录在案。

（4）用捐赠代替废弃或销毁，将合格的保障装备列入回收计划返还至制造商，并拆解被认为不合格的保障装备的。废弃或销毁军官出具的书面决定必须表明捐赠没有被授权、没有经认定的潜在接受者，或者该保障装备没有市场潜力和商业销售价值等。碎玻璃、破碎的玻璃瓷器，以及如空气过滤器和灰尘布之类是不具备商业价值的财产。

（5）保障装备不值得销售的情况包括，对其持续保养和处置的预计费用超过销售的预计收益，并且通过废弃或销毁处置的预计成本低于净销售成本。

此外，如果该保障装备符合项目或系统标准，则可以将废弃或销毁替换成拆解、捐赠、返还至制造商（Return To Manufacturer，RTM）或适当的美国国防后勤局处置服务部项目，以实现可持续、绿色或循环利用。返还至制造商是对不能进行再利用、转让、捐赠或销售处置的超额财产的一种替代处置方法，此程序由美国国防后勤局处置服务部管理，鼓励对产品进行资源化再利用，尽量减少废物处置，并显著降低成本。

### 4. 危险废物及需要特殊处置的保障装备

一些含有大量可回收的战略和关键材料的保障装备，对公共卫生、安全、环境或私营企业存在潜在影响，需要超出标准退役报废（再利用、转让、捐赠、销售和回收）方法进行特殊处置。美国国防部手册 DoD Manual 4160.21《国防部装备处置》系列手册第 4 卷明确规定了 149 种危险及其他需要特殊处置的保障装备的处置程序。以下以通信保密或受控加密保障装备、有毒有害物质保障装备、含放射性物质保障装备的处置规定为例进行介绍。

1）通信保密或受控加密保障装备处置规定

（1）根据美国国家安全通信与信息系统安全委员会 NSTISS Instruction 4004

号《通信安全装备的常规销毁和应急保护》指示，在保障装备移交到美国国防后勤局处置服务部站点之前，生成机构负责对通信保密或受控加密的保障装备进行妥善处置。

（2）美国联邦供应分类5810（通信保密）或5811（密码逻辑）中被认定为属于受控库存产品代码第9类的通信保密或受控加密保障装备，将根据规定拒绝接收并退回美国国防部进行处置。

（3）除受控库存产品代码第9类，以及被认定为通信保密或受控加密保障装备外的其他所有保障装备，都可以根据标准处置程序移交给美国国防后勤局处置服务部站点进行处置（如支架、表盘、检修面板、固定器等）。美国国防后勤局处置服务部站点必须对疑似通信保密或受控加密保障装备进行核查，以防止美国联邦后勤（Federal Logistics，FEDLOG）违反受控库存产品代码规定。必须对具有当地库存号的疑似保障装备进行核查，确定其是否具有美国国家安全局或通信保密的金属识别标签，或其他任何能够认定其为通信保密或受控加密保障装备的标记。

（4）美国国防后勤局处置服务部站点将对错误接收的美国联邦供应分类5810/5811中的受控加密保障装备进行管理，不会通过生成机构回收，也不会联系设施的通信保密保管人员，并要求其对保障装备进行保管。相应的情况报告在完成后，将通过美国国防后勤局处置服务部提交给美国国防后勤局。

（5）根据美国国家安全局条例和美国海军海上系统司令部 NAVSEAINST C5511.32B《保护海军核推进信息》指示，美国国防后勤局处置服务部站点仅限接收通信保密或受控加密保障装备处置后的废品，并且移除证明该装备曾经是通信保密或受控加密装备的全部贴纸、参数铭牌和其他标识。

（6）非受控库存产品代码第9类的保障装备，以及不能进行再利用、转让、捐赠和销售的通信保密或受控加密保障装备废品，要求进行废弃或销毁。虽然保障装备不是完整的最终产品，但是在进行最终的废弃或销毁之前，美国国防后勤局处置服务部站点需要确定当地州是否允许将其作为通用废物进行处置。

2）有毒有害物质保障装备处置规定

针对有毒有害物质的处置，以下以石棉的处置规定为例进行介绍。由于石棉广泛用于军用保障装备，以及配电盘、配电板、仪表板等，还可用作各种保障装备的密封、衬垫，但是处于空气中或易碎状态下的任何含石棉材料会对人类健康构成风险。石棉吸入有毒，是一种活性致癌物质，因此在处置时必须特别小心。

（1）含石棉产品、含石棉材料，以及不易碎和易碎的石棉废物，必须按照《美国法典》第 15 卷第 2601～2629 节、《美国联邦法规》第 29 卷第 1926 节、《美国联邦法规》第 40 卷第 61 节，以及部分州的规定进行使用和处置。

（2）含有（或包装有）易碎石棉的物品不会被实物移交到美国国防后勤局处置服务部站点。相反，美国国防后勤局处置服务部站点只承担最终报废目的的责任。生成机构在等待处置的同时，负责对易碎石棉进行妥善管理，包括进行适当包装、粘贴职业安全与卫生条例标签、储存，以及所有其他监管和安全要求。

（3）不易碎的含石棉材料，可在满足以下条件时，以实物移交到美国国防后勤局处置服务部站点：

① 生成机构确认报废上交文件中第 27 个记录位置中的不易碎含石棉材料是"含石棉材料，但不易碎"。

② 生成机构和美国国防后勤局处置服务部站点，对可利用和废弃的含石棉材料与其他不含石棉材料资产实施分离管理。由于废品分解程序可能导致含石棉材料变得易碎，因此含石棉材料的废品资产不应经过该程序。

③ 处于不良状况中（物料捆绑正在失去其完整性，如剥落、拆卸、撕裂、变形、开裂或破碎）的含石棉材料均被视为易碎石棉进行处置。同样地，已经或将要打磨或研磨的不易碎含石棉材料也将被视为易碎石棉进行处置和包装。

④ 包装上包括职业安全与卫生管理局在不透水容器上的警告标签，该标签应标明如下内容："危险！含有石棉纤维！避免产生灰尘！具有癌症和肺部疾病的危害！"

⑤ 非现场运输石棉的包装、标签和运输文件必须符合美国交通部和美国环境保护署在《美国联邦法规》第 49 卷第 61 章中的相关要求。

（4）易碎石棉废物不可用于再利用、转让、捐赠和销售，也不可降级为废品。处置措施必须符合石棉废物处置标准。

### 3）含放射性物质保障装备处置规定

根据美国核管理委员会的要求、美国国防部政策及美国国防机构和联合军种部门的指令和政策，管理和处置包含放射性物质的保障装备。

（1）出于再利用的目的，美国国防后勤局处置服务部站点可接受其责任，但不能在仅有清洗的基础上对许可豁免保障装备进行实物保管。未能进行再利用、转让、捐赠和销售发布的放射性保障装备，必须由生成机构处置。处置将由美国国防部各单位负责。

（2）根据美国国防部政策及美国国防机构和联合军种部门的指令和政策，电子管和具有放射性物质许可豁免的主要保障装备，可按照正常的转让、捐赠或销售程序进行处置。

（3）所有放射性保障装备，必须由其所属机构、相应的保障装备管理人员或管理库存控制点进行正确识别。任何试图出售这些保障装备的机构，都必须让买家明确知晓美国核管理委员会的相关规定。任何此类保障装备的销售对象，只能是"经美国核管理委员会或互惠协议州许可证授权的人员"。销售条件中将包含相关的警示条款。

（4）放射性保障装备不得作为销售条件进行损毁。如果放射性保障装备需要进行非军事化处置，生成机构将被要求完成对可销售残余物的非军事化处置。如果生成机构不能安全地完成非军事化处置，或者不能完成残余物的销售，则该保障装备将作为放射性废物进行处置。如果放射性保障装备需要进行非军事化处置，则要求生成机构、拥有机构、保障装备管理人员或管理库存控制点来完成以上行动。如果可销售残余物不能完成出售，放射性保障装备将被作为放射性废物进行处置，并由负责任的拥有机构完成。

（5）任何由于生成机构的错误或遗漏而被错误转移到美国国防后勤局处置服务部站点的、没有正确标记或标识的、不能正确识别的、编码错误的，或包含尚未更新保障装备数据的放射性物品，将会被拒绝装运，并返还给生成机构或保障装备管理人员。美国国防后勤局处置服务部站点将通知生成机构、保障装备管理人员或管理库存控制点，以上保障装备禁止由美国国防后勤局处置服务部站点接收和处置。如果生成机构、保障装备管理人员或管理库存控制点不启动保障装备回收程序，美国国防后勤局处置服务部站点作为低放射性废物处置的国防部领导部门，将申请陆军的运输指令并通知生成机构、保障装备管理人员或管理库存控制点，由拥有机构对材料退运或对最终报废产生的所有费用负责。

（6）提供给美国国防后勤局处置服务部站点的、可被安全警报潜在缺陷系统、联邦后勤信息系统、联邦后勤系统、军种自动化数据系统或任何其他自动化数据系统正确识别为包含放射性物质的材料，均要求生成机构进行一项由合格专家（如辐射安全官员、健康物理学家）执行的放射性调查，以验证放射性物质存在与否。生成机构将记录放射性调查的结果，包括进行调查的个人签名，在美国国防部表格 DoD 1348-1A《退役报废上交文件》中声明，"没有或有放射性材料。"

### 4.4.2　处置流程实例

在美国国防后勤局处置服务部科威特站点的处置流程以预收收据流程开始，在此流程中，美国国防后勤局处置服务部科威特站点的官员前往预览保障装备，并确保客户充分准备好所有必要的上交文件，如图 4-5 所示。7 名美国国防后勤局官员向客户提供美国国防后勤局内部处置服务参考编号，以安排预约。当客户或协助单位到达场地时，承包商对保障装备进行称重，并为客户分配一个收据控制号。然后，美国国防后勤局处置服务部官员审查转入文件，并与承包商协调，核实保障装备的种类、保障装备到达时的状况及保障装备的数量。审查完成后，美国国防后勤局处置服务部官员在转入文件上签字，并将信息录入问责系统。

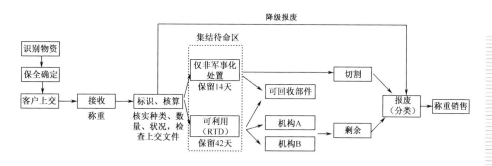

**图 4-5　美国国防后勤局处置服务部科威特站点的处置流程**

**美军保障装备退役报废处置**

保障装备一旦上交就被归类为仅非军事化处置、可利用或报废。非军事化保障装备保留 14 天，可再利用、转让、捐赠的保障装备保留 42 天，方可报废。在 14 天和 42 天的等待期内，各单位可申请保障装备，美国国防后勤局处置服务部官员将把保障装备移交给要求单位。如果这些保障装备未被再利用，则将其非军事化处置或报废，并根据其废料重量进行销售。

# 第 5 章

# 美军保障装备退役报废处置方式

　　美军十分重视退役报废保障装备的处置。美国《国防采办系统》指令中明确要求，在保障装备达到使用寿命终点后，要确保装备"处于受控状态并保证以一种使美国国防部对环境、安全、保密和人体健康所担负的责任最少的方式实施退役报废处置"。美国国防部每年识别并处置大约 200 亿美元（购置价值）的过剩资产，部分保障装备在美国国防部内部重新分配或转让到其他联邦机构，未转让或重新分配的财产被视为过剩资产，可再利用、回收、转化、转让、捐赠、销售、非军事化处置等。本章主要梳理归纳美军保障装备退役报废处置的方式，并以美军处置退役报废舰船为例进行较为详细的剖析。

## 5.1　处置方式

　　目前，世界上许多国家都十分重视保障装备的退役报废处置，已形成了多种多样、行之有效、相对稳定的处置方式，可以说把保障装备的功能价值挖掘利用到了极致，也符合环境保护、节约资源的时代要求。在技术制胜与绝对优势的战略思维下，美军一直在开展先进技术装备研制，在众多的退役保障装备中，大多数保障装备往往是由于技术属性落后而被退役的。所谓技术属性落后也是相对于其强大的国防工业技术水平而言的，实际上其对比世界平均水平仍有一定的优势。退役报废保障装备蕴藏巨大的经济价值，因此美军非常重视退役报废保障装备的处置。美军在处置退役报废保障装备时，将退役报废保障装备作为美国国防部过剩资产的一部分，也是至关重要的一部分进行统一处置。美国陆军采用一种较常用的计算经济寿命的方法——低劣化法，即根据一次性修理费用占装备现行价格的百分比来确定装备是否退役报废。例如，美国陆军规定，若一次性修理费用超过装备现行价格的 35%，则此装备予以退役报废。在退役报废保障装备处置过程中，美军主要采取了改型利用、军转民用、封存备用和再制造等方法与措施，实现美国国防部过剩资产的再利用、再循环。

另外，Stock 于 1992 年提出逆向物流的思路，即产品或包装废弃物退回、物料替代、物品再利用、维修与再制造等流程的物流活动。Linda S. Beltran 于 2002 年阐释了逆向物流管理要素在美国的实际应用情况。Mutha 于 2009 年建立了逆向物流网络设计数学模型，解决了只考虑回收产品数量而没有考虑再造产品和部分已使用产品的需求问题，并用一个数值实例对模型进行了验证。美国陆军将其逆向物流管理流程分为回收、衡量、分类和处理 4 个步骤。

（1）回收：军品回收可分为废弃物回收和不合格品回收，废弃物回收主要指退役和报废的军用物资或武器装备的回收，不合格品回收主要指退货。

（2）衡量：对回收的物品进行衡量和价值评估，为下一步工作做好准备。

（3）分类：回收的军用物品的种类繁多，价值也不相同，必须进行有效分类才能进行后续处理。根据回收的价值进行分类，确定回收的原因，以便进行分流处理。

（4）处理：对于不同类型的回收物品，采取不同的措施进行相应处理。

美军在保障装备使用寿命结束时按照美国国防部 DoD 5000.02《国防采办系统的运行》的法定要求、管理要求，以及关于安全、保密和环境的政策进行处置。按照处置方式分类，处置主要分为非军事化处置、战略储备利用、再制造及转让、捐赠、销售等。

### 5.1.1 非军事化处置

根据美国国防部的说法，军事装备非军事化是指破坏其固有的军事进攻或防御能力。过剩的军事装备非军事化可以追溯到第二次世界大战结束时，当时美国拥有价值大约 340 亿美元的过剩武器装备、设备和用品。为了减少装备库存及增加用于维修/更换陈旧装备和购买现代武器装备的资金，美国联邦政府扩大了国防盈余计划的规模和范围，并向个人和团体出售或赠送了武器和设备。个人和团体可获得的剩余武器和设备越多，装备非军事化的需求就越大。非军事化处置过程包括切割、撕扯、刮擦、压碎、破碎、穿孔、剪切、燃烧、中和等，以防止个人或团体进一步使用武器装备最初的军事或致命功能。一旦正确地实现了非军事化处置，装备或物资可能就无法使用。

以下介绍军事电子保障装备，测距仪、光学和制导及控制保障装备，军用车辆的非军事化处置，并介绍安全销毁的知识。

### 1. 军事电子保障装备非军事化处置

（1）非军事化代码"D"项目。

所有非军事化代码"D"的装备均应通过切割、燃烧、折断、压碎等方式加以销毁，以防止将其恢复进一步用作装备或相关部件，最好将所有装备处置至废品水平。包含电磁安防（Transient Electromagnetic Pulse Emanation Surveillance Technology，TEMPEST）应用程序且专门设计用于军事用途的物品，应完全销毁，防止其恢复原始功能（包括整个最终物品和单个组件等）。

（2）非军事化代码"C"项目。

所有非军事化代码"C"的装备均应将非军事化处置所需的关键点移除或销毁。这些关键点本身被分配或视为非军事化代码"D"项目。

（3）非军事化代码"B"项目。

所有非军事化代码"B"的装备均应通过切割、撕裂、刮擦、压碎、破碎、打孔、剪切等方式加以销毁，在全部范围内必须确保将废料切成碎片。

### 2. 测距仪、光学和制导及控制保障装备非军事化处置

此类别中的任何电子组件均应按照上面介绍的"军事电子保障装备非军事化处置"的方法进行处理。

（1）非军事化代码"D"项目。

确保所有镜头或其他光学组件被完全破坏，应通过切割、燃烧、折断、压碎等方式加以销毁，防止将其恢复并进一步用作军事装备或相关部件，最好将所

有装备处置至废品水平。

（2）非军事化代码"C"项目。

将夜视和观察保障装备切割、压碎、破坏或熔化，以防止对原始预期用途进行修理或恢复。从事这类材料的非军事化处置的工作人员应注意某些光学装置上可能存在自发光放射性瞄准具和涂层，只能根据当地安全人员批准的程序执行非军事化处置。所有非军事化代码"C"装备均应将非军事化所需的关键点移除或销毁。

（3）非军事化代码"B"项目。

所有非军事化代码"B"的装备，确保通过切割、撕裂、刮擦、压碎、破碎、打孔、剪切、燃烧、中和等方式使物料不符合其预期目的，将废料全部切成碎片。

### 3. 军用车辆非军事化处置

人员运输车的非军事化切割如图 5-1 所示。

图 5-1　人员运输车的非军事化切割

在切割车体之前，应将所有铰链安装的物品（如门、坡道或舱口盖）从车辆上移开；将炮塔和/或冲天炉切成两部分，并在切割车体之前将其拆除。对于车体和底盘按以下步骤进行非军事化处置：

（1）所有车辆的车体顶部在不影响悬架的前提下应切成 4 部分。要完成车体切割，应在轨道或车轮高度处进行完整的周向切割，应从车体顶部的前部中心到后部中心（纵向），以及从左侧中心到右侧中心（横向）进行完整的切割。

（2）车体前装甲板的矩形切割从周向切口处开始，一直延伸到地板线，并应予以拆除。该部分的宽度应在不影响悬架的情况下尽可能扩大。

（3）包括机箱在内的底部应切成 4 部分。

（4）军用装甲车（集成式而不是固定式）应完全销毁，包括涡轮增压器和增压器；护甲应切成宽度为 14～16 英寸的碎片。

### 4. 安全销毁

将退役报废保障装备经过安全处理后作为废物送入熔炉彻底销毁，轮回形成新金属产品的原材料，这是几乎所有保障装备的最后归宿，也是最常见的保障装备退役报废处理方式。针对诸如核潜艇等在役时战斗力强、退役后危害性大的装备，应进行整体或部分安全埋藏，以期消除隐患。例如，俄罗斯建立"核潜艇坟场"集中安全处置核潜艇，西伯利亚港就埋藏着俄罗斯海军 100 多艘核潜艇。美国海军将退役报废的核动力舰船和核潜艇在卸出燃料和去污作业后，将反应堆舱尾部拆解密封运往核基地埋藏，要求确保安全 600 年。美国海军第一艘核动力航母"企业"号于 2017 年退役，美国政府表示可能要花费 10 亿美元和 10 年时间将其拆解埋藏。

## 5.1.2　战略储备利用

### 1. 成立国防物资再利用和销售服务处

美军尤其重视退役报废装备资源的管理与资源化利用，早在第二次世界大战结束后，美军就致力于将多余的军事装备民用化以削减居高不下的库存。美军设立了专职机构进行退役报废保障装备的回收管理，即美国国防后勤局（DLA）下属的国防物资再利用和销售服务处（Defense Reutilization and Marketing Service，DRMS）。其总部设在美国密歇根州巴特尔克里克市，雇有军职人员和文职人员共 1500 名，在美国东部和西部的 39 个州，以及包括阿富汗和伊拉克在内的 14 个国家设有办公室，这些办公室设在美军军事基地或其附近，负责资产再利用（含转售）、贵金属回收、再循环、危险物品处置、军事装备去军事化等工作，实现对美国国防物资的再利用。其资产管理的范围大、覆盖面广，为美军在全球范围内的主要军事基地提供保障支援。DRMS 能够在更高的层次和更大的范围内对退役报废保障装备进行统一管理，避免了相关设施的重复建设、处置的技术信息共享不及时而造成的诸多问题，实现了相应的退役报废保障装备处置资源的集约化利用，确保了退役报废保障装备处置的规模效益。2006 年，DRMS 处理与再利用了价值约 200 亿美元的过剩军事资产，这些资产包括武器装备、桌椅等。

在美军看来，资产处置是指再分配、转运、捐赠、销售、去军事化（解除武装）、销毁等国防资产在最后寿命阶段的活动，是资产离开美国国防部前的最后一道程序。当军方特定的机构认为某项资产不能再为其所用时，这项资产就被认定为过剩，21 天后即被送至 DRMS，过剩资产可以被再利用、捐赠或销售。大约有 50%的过剩资产被用于对外军售项目，其余资产潜在的接收单位包括执法机构、院校系统、医疗机构、民间团体组织、图书馆、流浪人口救助站、政府机构等。除军火、炸药和战略项目外，没有被再利用、转移或捐赠的资产可以通过公开拍卖或竞价向公众销售。

## 2. 建立装备维护与再生中心

装备服役的需求是由国家安全环境、军事战略决定的，平时封存部分退役装备、战时重上战场，是世界许多国家军事装备保障的通用做法。建立装备维护与再生中心，对退役报废保障装备进行集中处置是美军的典型做法。美国在亚利桑那州图森市附近建立的航空航天维护与再生中心，毗连美国空军戴维斯蒙山基地，是负责为美国陆军、海军、空军，以及海军陆战队储存和维护军事装备的重要基地。一旦军事需要，该中心能够在短时间内恢复部分装备的作战保障能力并用于作战，其他无法再使用的装备则作为配件提供，以继续为军队服务。典型的做法是，对退役报废保障装备进行集中处置，包括维护封存和改型翻新。

（1）将退役报废装备作为战略储备进行维护和封存。

美军退役飞机大都会被运往号称"飞机坟场"的航空航天维护与再生中心（以下简称"维护中心"）进行处理，如图 5-2 所示。退役飞机运抵这里后，维护与再生中心将为飞机进行全面"体检"，飞机上的火炮、弹射装置等比较重要和容易发生危险的部件会被拆除并保存。飞机内的燃料将被抽尽，飞机的发动机入口、尾喷管等都会被封住。机身还要喷上保护膜，以防止机体及飞机上的电子部件遭到腐蚀和动物的破坏。在经过一系列的技术措施后，将飞机封存处理。这个标准程序一般可将飞机封存 4 年，4 年后再启封重新封存。在维护与再生中心的所有飞机被分为 4 种类型进行处理：第 1 种是飞机保持良好状态，随时可以起飞执行任务；第 2 种是飞机经过短时间的维护可重新使用；第 3 种是飞机上具有价值的部件可被回收使用；第 4 种是即将进行销毁的飞机。也就是说，这些飞机中有相当一部分仍然保持着良好的状态，如果需要，在短时间内就可以重新启用。美军保护这些退役飞机的原因是将其作为装备战略储备。据美国媒体报道，维护与再生中心所管理的飞机是美军一项重要的装备战略储备，目前保存了约 4200 架飞机，总价值达 270 亿美元，维护与再生中心所封存的飞机装备相当于一个世界中等发达国家的空军装备水平。

**图 5-2　号称"飞机坟场"的美国航空航天维护与再生中心**

　　美国海军拥有一支实力不容小觑的"影子舰队"，也被看作美军的"国防后备役舰队"。这支舰队编列了大量的海军退役舰船，平时封存在美国各地港口，其主要任务是，在战时或者国家遭遇紧急情况时为美军提供支援，可以在 10～120 天转换成现役海军军事力量。"影子舰队"在第二次世界大战、美苏冷战时期、越南战争中多次被启用，为美国缓解了输送压力。

（2）将退役报废装备进行改型翻新后对外供应。

装备建设是一个继承发展的过程，改造升级是加强军事装备建设的有效途径。枪上装刺刀是冷热兵器的复合物，信息化兵器则是机械化兵器与信息系统的融合品。装备退役不等于报废，通过改造升级可以再利用。美军的保障装备，在其寿命周期内通常要进行至少一次改型，典型的战术飞机在装备部队使用后，要进行 4～5 次改型。存放在这里的飞机常被翻新，2003 年美国航空航天维护与再生中心共收存了 131 架飞机，但翻新出厂了 112 架飞机，并对外供应近 18000件飞机零部件，总价值达 10 亿美元。由维护与再生中心翻新的飞机，主要提供给美国国防部使用，据有关资料报道，美国空军为了弥补因 F-35 战斗机生产计划延迟而导致的 185 架战斗机缺口，已经开始一项翻修 F-15 战斗机和 F-16 战斗机的计划。美军的 QF-16 战斗机是在 2013 年退役的 F-16 战斗机上加载无人驾驶系统的改型飞机。随着海军、空军地位的提升，美国海军原来装备的 F-14舰载多用途战斗机已经被 F/A-18E/F "超级大黄蜂" 战斗机取代，美国空军现役的 F-15 战斗机和 F-16 战斗机也将逐渐被新的 F-22 战斗机和 F-35 战斗机取代。美军的不少退役飞机经过改装处理后，又被推向国际军火市场。美国于 2006 年出售给巴基斯坦的 F-16 战斗机，就是美国退役飞机改装后的产物。此外，退役报废装备有些虽然已不再具备整体作战保障能力，但是有些零部件仍然具有使用价值。维护与再生中心存放着价值 350 亿美元的飞机，这些飞机的零部件也常被拆作它用，多数被送到这里的飞机最终成为 "配件供应者"，向美国各航空兵部队提供了型号繁多、数量惊人的飞机零部件和设备，为美国军方节省了大量经费。

### 5.1.3　再制造

再制造在美国经济中占有重要地位。美国十分重视汽车的回收与再制造，美国汽车工程师协会还对发动机、离合器、变速箱等零部件的再制造制定了标准，福特汽车公司建立了一个旧部件交流中心。美国的福特、通用、克莱斯勒等大型汽车公司还结成回收联盟，在密歇根州建立汽车拆卸中心，专门研究开发汽车零部件的拆卸、再制造和循环利用。

目前，对军事装备实施再制造，已成为美军装备退役报废处置的重要手段之一，也是美军为维持其庞大军事系统的运转而采取的战略性措施。对军事装备实施再制造，是美国国会及军方经过周密分析论证达成的共识。早在 1989 年 6 月，美国参众两院就通过了一项不经总统签署即可获得执行的共同决议案，要求美国国防部将更多的精力放在对现有军事装备的再制造上，以在财政预算有限、新装备配备时间延迟，以及新装备费用高昂的情况下维持装备的战备完好率，特别是用来延长美军现有装备的服役寿命。

美军目前已成为军事装备再制造技术最大的受益者，再制造能够在最大限度节约军费开支的前提下，使大量废旧装备"起死回生"，有的甚至超过了新装备的战术技术性能。一方面，美军进行再制造，使大量接近或已经报废的装备重新利用，花费较低的费用维持了装备的战备完好率。美军的武器和车辆通常都使用再制造部件，这样不仅节约了装备的制造费用，而且提高了装备寿命和装备维修能力。另一方面，美军将再制造作为在新型装备无法及时装备部队的情况下仍保持军事优势的一种过渡手段。更重要的是，美军通过再制造吸收了大量先进的科技成果，大大提高了现有武器装备的战术技术性能，再制造为这些先进技术的应用和检验提供了一个新的机会，美军的装备再制造常常伴随着装备性能的大幅提升。再制造工程的研究已引起美国国防决策部门的高度重视，隶属于美国国家科学研究委员会的"2010 年及其以后国防制造工业委员会"制定了 2010 年美国国防工业制造技术框架，提出了达到未来所需制造能力的战略，并将系统性能升级、延寿技术和再制造技术列为当前和未来美国国防制造重要的研究领域，体现了美国对再制造技术重要作用的认识。美国波士顿大学的防御武器研究部门，专门研究用于从航天飞机到运行武器系统和军用装备再制造产品的成本节约情况。

### 5.1.4　转让、捐赠、销售

美军在处置退役报废保障装备时，除了采取储备利用和装备再制造，还可进行转让、捐赠、销售等处置方式，实现美国国防部过剩资产的再利用、再循环，力求实现对保障装备资源的综合利用。根据退役报废保障装备的种类、密级和质量状况，主要采取以下做法。

一是在军事部门内重新利用多余的保障装备，防止美国国防部体系内的浪费。例如，在美国海军陆战队内，单位内部转移的主要装备，在单位一级通过美国国防后勤局处置服务部运营站点进行再利用，通常被用于降级使用及采购消耗品、维修部件及其他备用品等。

二是对外捐赠或销售。一国军队的装备性能是根据本国实际情况确定的，某国某型性能尚好的装备虽然不适合本国军队需要被退役，但对于其他一些国家的军队则可能有很大的利用价值。在装备退役处理阶段，适时地抓住对外销售机遇，是创造价值的最佳途径，其效益也是最高的。军用品的出口盈利历来十分丰厚，西方发达国家都将军用品出口作为对外贸易的重要内容。美国在军事技术上的优势，使得其部分退役的保障装备在世界其他国家和地区仍有许多求购者，因此，美国常将这些退役的保障装备销售或赠予其他国家，有的甚至在军火市场上公开销售。同时，美国国防再利用和市场服务部拥有一个跨国销售网络，在 10 多个国家和美国本土的 39 个州设有专门的国防再利用和市场服务网点，负责对废旧军用物资进行接收分类、非军事化处置，之后根据废旧军用物资清单进行销售。美国在第二次世界大战时期的"坎衣"级驱逐舰退役后销售给了日本，后来日本又将其转卖给了菲律宾，前后经历了"三手"买卖。美国也曾一次性购买 72 架英国"鹞"式退役战机装备其海军陆战队。

三是对内训练教育。将退役报废装备作为教学训练、部队演习、国民军训和武器试验的道具和靶标，继续接受"战火"洗礼，以提高军事训练的实战化程度，或者将退役报废装备投放到博物馆、公共场所（公园）或国家教育基地，加强国家安全观念。例如，美军曾将退役军舰作为靶船，作为核武器打击目标。美军退役的 32 艘"斯普鲁恩斯"导弹驱逐舰，已有 50%作为靶船在其海军部队的训练中被击沉。近两年，美军还将退役封存了 25 年的"拉辛"号坦克登陆舰作为靶船，接受参演部队的轮番攻击，最后被击沉。美国将"无畏"号、"约克城"号、"莱克星顿"号、"大黄蜂"号和"中途岛"号 5 艘航母都改装成了海上航母博物馆，供游人参观。

四是对内军用转民用。军用技术的要求高、更新快，有不少退役装备的技术水平在民用生产领域仍然具有先进性。例如，某些制控仪器、通信设备和机电加工装备等可直接转为民用；导弹去掉战斗部，它的弹体本身是运载工具，可以用来发射多种人造卫星；用火箭为客商发射通信卫星、完成科学试验搭载任务。

### 5.1.5　合同商保障

美军为了谋求退役报废装备处置的军事效益和经济效益，依托合同商保障成为美军退役报废装备处置的主要途径，在过剩资产的处置方面也不例外。合同商保障是指，通过签订合同，使地方公司拥有军队过剩资产的销售权。同时，美军采取多种多样的方式对退役报废装备进行处置，从通用物资和去军事化的军事装备转为民用装备，从军事装备的储备利用到翻新后推向国际军火市场，从备件的拆解利用到充分运用再制造工程，形成了覆盖全面的处置方法及途径，销售渠道多种多样，买方市场遍布全国各大机构，实现了退役报废装备处置的差异化，深度挖掘了退役报废装备的价值。2001 年 6 月，DRMS 与流动资产服务公司（Liquidity Service Inc., LSI）签订了一份有效期长达 7 年的合同，使该公司拥有军队过剩资产的独家销售权。该公司成立了政府清算子公司，收购并转售飞机零部件、汽车、服装及纺织品、医疗用品、家具、商用厨房设备和其他物品。LSI 在美国建立"财产集中控制中心"，以强化对库存的控制，防止受限制的资产被出售给公众。截至 2007 年 6 月 1 日，LSI 与美国国防部的合同范围扩大到包括监督、审计，以及核查向公众出售的美国国防部报废资产毁型程序等。2008 年 8 月，LSI 与 DRMS 续签了为期 3 年的合同，并且拥有两次 1 年的续约权，合同规定在此期间由 LSI 负责接收、储存、营销由美国国防部产生的所有可用的过剩资产。根据新的合同条款，LSI 将支付所收购的可用剩余资产原始采购价的 3.26%给美国国防部，同时承担销售和转售过程中发生的费用，但相关收入 100%归自身所有。美国国防部的剩余资产将继续通过 LSI 的在线拍卖市场出售。

## 5.2　实例分析

美国海军的作战保障舰船报废计划包括用作人工礁石、勤务船退役报废、舰船拆解、舰船捐赠给博物馆或纪念馆向公众展览、舰船退役和维修，以及作为海军舰队训练的演习靶舰等多种途径。

### 1. 用作人工礁石

2004 年，美国国会通过由美国总统签署的法案，授权将从海军舰船登记中剔除的舰船交由州政府，用作人工礁石。美国海军第一艘舰船礁石是沉没于 2006 年 5 月 17 日的 "ORISKANY" 号。它也是最大的专门沉没的人工礁石，为了补贴环保预处理的支出，铝制上层建筑、有色金属材料和机械部件的大部分被拆下回收利用。"ORISKANY" 号礁石已经成为休闲潜水胜地之一，每年为佛罗里达州彭萨科拉地区带来约 300 万美元的收入。人工礁石有很多好处，如通过增加富饶的硬底栖息地增加生态资源，使用人工礁石作为海洋保护区，以及偶尔为休闲捕捞和潜水者提供保护自然珊瑚礁的替代礁石。人工礁石也可以通过发展娱乐化和商业化的捕鱼项目为当地社区带来经济效益。

### 2. 勤务船退役报废

自 1999 年以来，美国海军船只退役办公室已指导销售、转让或销毁超过 300 艘海军退役勤务船。勤务船是为战斗部队和岸上机构提供常规支援的非战斗船只。美国海军勤务船在世界各地到处可见，包括小型船、吊装船及停泊驳船。勤务船被确定退役并指定报废后，美国海军船只退役办公室就开始开展工作以促进其销售或者被恰当报废。如果一艘勤务船在私营部门具有很高的商业价值，那么美国海军船只退役办公室就根据 40USC503 规定的 "置换/出售许可"，与美国总务管理局（General Services Administration，GSA）一起公开出售这艘勤务船。勤务船的销售收入退还给美国海军，用于购买新勤务船，或者用于其他报废船只的环保处理工作。其他勤务船可以移交给美国联邦或州机构，或者捐赠给一个合格的非营利性组织。一些勤务船也被沉海作为人工礁石。

### 3. 舰船拆解

一旦一艘舰船被从海军舰船登记中剔除，并且没有作为外军销售（Foreign Military Sales，FMS）对象或博物馆/纪念馆捐赠的候选对象，美国海军作战部长办公室将指定其通过拆解的方式报废。自 1990 年以来，美国海军每年平均拆解 5 艘舰船，其中，2003 年拆解 11 艘，2004 年拆解 13 艘。由于美国海军已经大幅减少了退役舰船库存，预计今后每年拆除舰船的数量将为 1～3 艘。从历史上看，美国海军一直在美国本土拆解其舰船，以实现船体非军事化，并且美国海军今后没有出口到国外拆解舰船的计划。

美国海军与拆船公司签订合同，拆解全程由美国海军人员负责监督。在一般情况下，拆船公司将每艘舰船拆分成较小的部分，出售各种部件及废金属，并将诸如多氯联苯或石棉的废料运送到获得销毁许可的设施处。在舰船被提请拆解或用其他方法进行报废时，美国海军会清除所有必要且能经济地拆除的设备和器材，以满足现役舰队需要。从一艘舰船被确定要拆解，到完全做好拆解准备，船上设备器材的剥离过程可能要花费一两年甚至更长时间。

### 4. 舰船捐赠

海军舰船捐赠是美国海军处理退役报废舰船的传统方式。1948 年，美国海军的"舰船捐赠计划"成立，至今美国海军的"舰船捐赠计划"已经为美国各地的非营利性组织和国家博物馆或纪念馆捐赠了 48 艘舰船。例如，"Edson"号驱逐舰（DD946）于 2012 年 5 月在美国密歇根州海湾市萨吉诺河谷被改造成为海军舰艇博物馆。《美国国防部国防材料处置手册》（4160.21-M）第 6 章要求，根据《美国法典》第 7306 章第 10 条，授权捐赠的所有舰船都被用作静态展览、博物馆或纪念馆，不能用于航行或由自身动力驱动的移动。

舰船捐赠由美国海军部部长签署合同，当合同签署后，舰船的所有权即被转让给受赠人。受赠人获得舰船所有权，并负责其维修、保存、维护，以及作为一个静态舰船博物馆或纪念馆展览运营、定期的干坞，并最终报废的所有费用。如有需要，美国海军可以在国家出现紧急情况下，或者当受赠人不能履行捐赠合同规定的义务时，或者该舰船成为航行、公共卫生或财产的隐患时收回已捐出的舰船的所有权。

### 5. 舰船退役和维修

退役是一个过程，它将舰船长期封存，或者妥善放置到报废。一旦舰船退役，退役舰船维修场将对舰船进行常规的定期维护和检查，以发现如腐蚀或漏水等问题。有些舰船被维持在较好的保存状态，称为"动员 B"状态，在国家出现紧急情况时可以重新服役。海军退役舰船计划也与装备产品管理部门、现役工程兵代表处、NAVICP 等合作，从退役舰船上拆除选定的设备器材，以便在其他在役舰船上重新使用。退役舰船的维护费取决于各种因素，包括船的大小、年龄和保护要求。据有关资料报道，美军每年维护所有退役舰船和退役舰船设施的费用（包括人工费用）约为 1000 万美元。

## 6. 用作靶舰

美国海军使用退役舰船进行武器开发测试和舰队训练的历史由来已久。SINKEX 计划，意为下沉训练，美国海军为此受益良多。SINKEX 计划的目的是，评估舰船生存能力或武器杀伤力、重要联合或多国演习，或评估关键新型多单元战术或战技术结合能力的需要。美国海军船只退役办公室根据美国环境保护署的指导方针将退役舰船用作现役舰队实弹射击演习的靶舰，支持舰队战备和海军现役人员的训练。自 2007 年以来，海军平均每年有 4 艘退役舰船用作靶船。2012 年，前康科德号（TAFS5）、前科罗纳多号（AGF11）、前基拉韦亚号（TAE26）和前尼亚加拉大瀑布号（TAFS3）在演习中被击沉。

# 第 6 章

# 美军保障装备退役报废处置技术

保障装备退役报废处置技术按结构可分为 3 个主要层次，即产品层、零部件层、材料层，如图 6-1 所示。退役报废的保障装备优先进行产品层（见图 6-1 中整件装备）处置，也就是将退役报废的保障装备直接封存保留，或经过不断的升级维护，得以重新使用或作为军援军贸赠予或售予他国。由于保障装备均由很多零部件构成，退役报废的保障装备在被拆解后进行零部件层（见图 6-1 中电路板、大型金属部件、拆卸零部件）处置，部分零部件经再制造或直接作为零配件进入使用领域。对于无法再利用或在服役保障的装备中已经不需要该零部件时，才将保障装备进行材料层（见图 6-1 中玻璃、塑料、电子元件、含有毒有害物、含放射性物质、含易燃易爆物、涉密设备）处置。根据材料特性，通过毁形、分选、熔炉等废弃销毁回收提取可用材料，剩下的一部分材料中的可燃物通过焚烧获取能量，其余的残渣将在考虑环保的前提下通过填埋等方式进行处置。但是，对于有毒有害物、放射性物质、易燃易爆物等危险物的处置，需要采取环保方式。本章重点介绍美军保障装备退役报废处置技术，主要包括美军先进的装备封存技术、再制造技术、回收处置技术和危险废物特殊处置技术等。

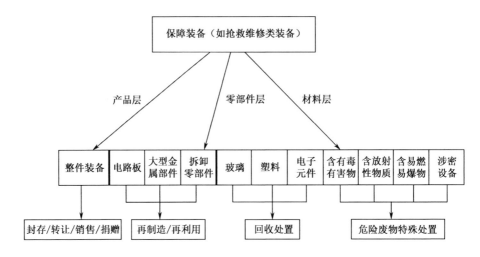

图 6-1　保障装备退役报废处置技术

# 6.1　装备封存技术

美军要求军事装备的封存包装，在世界任何地方、任何时候，以及面临各种可能的恶劣环境条件下，解封后应随时处于可用状态。军事装备封存，是将暂时或长期不用的军事装备进行科学化的包装和储存，避免因为与水、空气、湿气、臭氧、酸碱等外在环境接触后，造成锈蚀、损坏及零件的不正常损耗，以降低军事装备的维护成本，延长军事装备的使用寿命，确保军事装备随时处于战备可用状态。目前，美军有两种封存技术标准，即联邦标准和军用标准，并据此建立起防护包装等级，规定了相应的防护包装方法，以及包括清洁、干燥、涂覆防护剂、包装在内的封存方法。结构简单、不易腐蚀损坏的普通装备，如果没有特殊要求，按照联邦标准进行封存包装；易腐蚀装备则采用军用标准进行封存包装，封存质量更高、要求更严。本节梳理了装备封存的主要技术及应用实例。

## 6.1.1　主要技术

美军对于军事装备的封存技术与材料，多年来一直不断地进行研究和改良，以期降低成本，强化其实用性及效率。无论是作战装备还是保障装备都是封存技术发展应用的对象，目前已经开发出多种效果十分显著的装备封存技术。以下主要介绍封套封存技术、充氮包装封存技术、气相封存防锈技术、动态除湿封存技术、防锈油脂封存技术、真空封存技术。

### 1. 封套封存技术

封套封存技术是保障装备封存技术的一种重要形式，具有适应性广、使用方便、封存可靠、费用低廉、便于对保障装备单独封存等优点，已成为美军保障装备封存的主要技术手段之一。其中，封套材料性能的优劣是封套封存技术成败的关键。

近年来，美军开发了多种封套材料，从单一的塑料发展到先进的复合材料，从具有防水、防潮和密封等基本功能的材料发展到具有"三防"和隐身等特殊功能的材料。封套一般包括基材、阻隔层和热封层。基材能够给封套材料提供良好的机械性能，弥补塑料膜材机械强度较低的缺点，基材通常采用如聚酯或尼龙网格布等质量较轻、强度较高的织物；阻隔层由对水蒸气和气体阻隔能力都比较强的材料构成，采用如 PVDC、真空镀铝膜等；热封层的主要作用是使封套材料、密封拉锁等各部分能够采用热合的方法封合在一起，制成所需封套，其还兼有保护阻隔层的功能。美军用于封装主战坦克的封套材料有聚氯乙烯/聚酯网布、PVDC/PVC/PET 网布等多种。图 6-2 列举了封套的真空镀铝封套复合材料设计结构。该种材料最突出的特点是阻隔性能优异、机械性能较好。真空镀铝膜结构多选用 PET/真空镀铝膜/PE。采用干法复合将网格布复合在 PET 薄膜上，然后用压延法将 CPE 复合在网格布上；另一侧用流涎法将 CPE 复合在 PE 上，最后材料两侧双面迷彩转移印花。CPE 是封合层，网格布是封套材料的基材，PET/

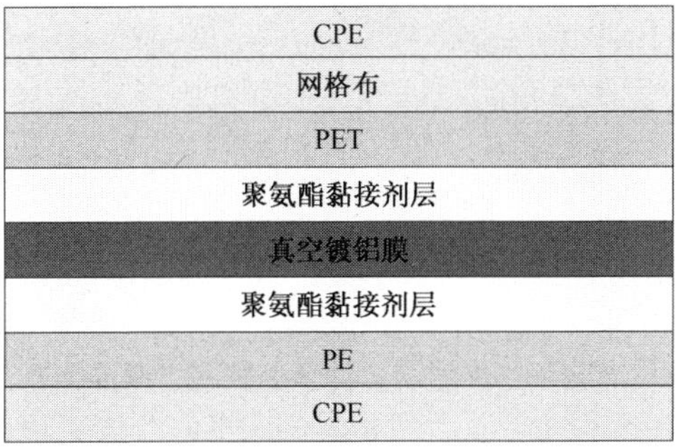

| CPE |
|---|
| 网格布 |
| PET |
| 聚氨酯黏接剂层 |
| 真空镀铝膜 |
| 聚氨酯黏接剂层 |
| PE |
| CPE |

图 6-2　封套的真空镀铝封套复合材料设计结构

真空镀铝膜/PE 起到阻隔层的作用，用聚氨酯黏接剂将网格布与 PET 复合在一起。真空镀铝膜的镀层很薄，非常柔软，不易因揉曲产生龟裂、裂纹和气孔，弥补了铝箔耐折性差、有针孔的缺点，显著改善了材料的阻隔性能和使用性能。

## 2. 充氮包装封存技术

保障装备中的精密光学及电子器件在长期存储过程中，受到外界温度、湿度、盐分等因素的影响，会引起金属件的锈蚀、电子件的失效、高分子材料件的老化和霉变、光学器件的生霉和生雾等，造成器材性能劣变。目前，充氮包装封存技术实现了精密光电器材的长效封存和快速启封，它通过营造储备器件的"微环境"来实现长效优质的包装封存功能。

军用光电器件充氮包装封存技术的基本原理是，利用氮气的惰性性质，将密封包装体内的潮湿空气抽出，再充入干燥的氮气，从而使包装容器内的水汽分压和氧气分压大大降低，减少它们对器件的腐蚀。同时，充满氮气的"微环境"还可以有效抑制器件生霉和生雾，阻止外界潮湿大气透过容器对器件产生影响，达到对器件的防护作用。如图 6-3 所示为装备器件充氮包装的工艺流程。

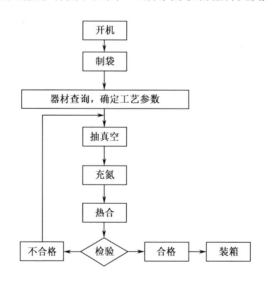

图 6-3　装备器件充氮包装的工艺流程

充氮包装封存技术具有以下特点：采用氮气作为封存介质，节能减排，对环境无污染；封存包装与启封速度快，直接装袋封存，拆封直接使用，无须清

洗、除油，可满足应急保障要求；包装材料（袋）可循环再利用；封存期限长达
10 年，效果好、成本低、适用范围广、防护性能优。目前，充氮包装封存技术
已在电路板、瞄准镜、计算机、坦克帽等上得到广泛应用，取得了良好的防护
效果。

### 3. 气相封存防锈技术

气相封存防锈技术是最先由美军开发出来的一种军事装备封存技术。当封
存各种军事装备时，可依据封存条件、需求、时限等，放置或添加不同量的缓蚀
剂，并以特制包装材料包裹，以保护军事装备中金属类、非金属类及各种合金类
的零部件，即使包装破损或处于高潮湿环境中，仍可以达到良好的防腐蚀效果。
气相封存防锈技术的最大优点为干式封存，不需要使用传统的防锈油，解封后
无须清理油脂，可立即恢复战备状态。相较其他封存技术，该技术操作简单迅
速，节省人力。

气相封存防锈技术的原理是，在密闭的封存空间内，放置一定量的气相缓
蚀剂（Volatile Corrosion Inhibitor，VCI），或涂有气相缓蚀剂的气相缓蚀纸和气
相塑料防锈薄膜，其在常温下缓慢挥发出防锈气体，并使得空气中含有一定浓
度的气相缓蚀剂，形成一定蒸气压，充满整个密闭空间内部（甚至装备的缝隙），
防锈气体与装备金属表面结合生成保护层，阻隔金属与大气中腐蚀介质的接触，
从而有效地抑制装备金属部件锈蚀，如图 6-4 所示。气相缓蚀剂可直接使用，但
更多的是使其附于载体上制成气相防锈材料，包括气相防锈纸、气相防锈油、气
相防锈塑料薄膜等。气相防锈材料的使用与去除都很方便，特别适用于忌油产
品的防锈。气相缓蚀剂按照用途可分为黑色金属气相缓蚀剂、有色金属气相缓
蚀剂和多效能气相缓蚀剂 3 种。例如，亚硝酸二环己胺对钢铁防锈最为有效，
适用于炮膛等钢铁表面的防锈；苯并三氮唑对铜与铜合金的保护作用十分有效，
但对钢铁无缓蚀作用。气相缓蚀剂与合适的防锈油、防潮密封内包装配合使用
时，可以解决保障装备的长期储存问题。缓蚀剂与金属结合的方式分为氧化、螯
合、吸附。因此，缓蚀剂在金属表面生成的保护膜也可以分为 3 种：氧化膜、沉
淀膜、吸附膜。

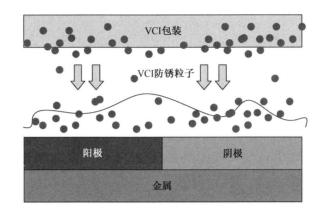

**图 6-4　气相封存防锈技术原理**

气相封存防锈技术的优点有：适用范围广，工艺简单，使用和维护方便，储存条件要求低，适应战备需要，防锈期长，经济效益和军事效益好。此外，气相封存防锈技术的特殊优点是，可以针对不同的防锈对象和不同的防锈期限要求，采取不同的方法实现弹性作业。例如，对于防锈期限要求在1~2年的器件，可以进行一般的密封包装；对于防锈期限长达10年的器件，则可以采用特殊的防锈剂配方，并加之铝箔复合膜袋密封包装。用传统方法防锈处置的材料在需要使用时，要先去除材料表面的防锈油；而用气相封存防锈技术处置的材料，无论采用上述何种方式处置，均可去除包装后立即使用，并且简便洁净、安全、无污染，用后还可重复进行防锈包装。

### 4. 动态除湿封存技术

空气中的湿度是金属和非金属材料腐蚀、霉变的重要条件，也是影响保障装备电子部件性能的重要因素。金属部件锈蚀和非金属部件霉变、老化都与空气中的相对湿度、氧气含量、其他带有腐蚀性的气体、杂质和温度等有直接关系。动态除湿封存技术就是利用干燥剂干燥空气、去除或减少封存设备空间内的水分，使空气湿度在规定范围内的封存技术。这种技术广泛应用于各种装备，如电子设备、光学元件等的封存保管，成本较低，工艺简单。

目前，广泛使用的动态除湿封存技术主要通过空气除湿机对密封体内的水分进行实时除湿。空气除湿机通过传感器感知外界环境湿度，根据设定的湿度标准，自动控制密封体内的空气湿度。常用的空气除湿机为转轮吸附式除湿机，采用蜂窝式结构的除湿转轮进行除湿。转轮吸附式除湿机内部有吸湿区和再生区，空气中的水分在吸湿区被去除后，鼓风机将干燥的空气送入室内，吸收了水分的转轮移动到再生区，这时从逆方向送入的再生空气将驱除水分，使转轮继续工作。转轮吸附式除湿机的工作原理如图 6-5 所示。

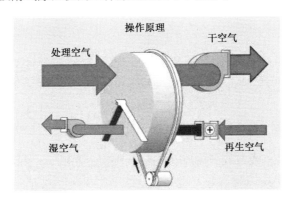

**图 6-5　转轮吸附式除湿机的工作原理**

转轮吸附式除湿机适用范围广、可靠性高，维护简单方便，在封闭式环境和开放式环境下均能有效工作，能够满足各种野战环境的存储需要。由于转轮吸附式除湿机采用的是可再生除湿转轮，在保养时仅须清洗除湿转轮前的过滤网。此外，转轮吸附式除湿机低耗节能，在相同条件下转轮吸附式除湿机消耗的电能约为加热式除湿机的 5%。

### 5. 防锈油脂封存技术

防锈油脂封存技术包括防锈脂封存和防锈油封存两种主要形式。防锈脂封存是把润滑油热熔后，涂覆在保障装备的金属表面，形成 1～3mm 厚的油脂层，使装备金属表面与腐蚀介质隔离，从而达到防锈目的。其防锈能力取决于油脂层的厚度和致密性，采用此技术封存的保障装备在高温（30～400℃）、高湿（相对湿度 80%）条件下，不能起到长期可靠的防锈作用，且封存有效期短，不能快速启封。防锈油封存是在防锈脂封存基础上发展起来的新方法。防锈油封存将防锈油涂在保障装备的金属表面，利用其与金属表面的吸附作用，共同形成一层排列紧密的吸附膜，阻缓腐蚀介质对保障装备表面的侵蚀，从而防止或延缓保障装备生锈。封存保障装备表面有薄薄的油层，其膜层厚度通常为 10～

20μm，与防锈脂封存方法相比防锈效果有了明显的提高。在沿海地区，保障装备产生锈蚀的主要原因是，装备表面吸附了一层几纳米厚的含盐水膜，而防锈油封存是防止保障装备外露部件锈蚀的最有效方法之一。但是，采用防锈油封存的保障装备在战时启封时，仍需要时间除油，会影响部队的快速反应能力。

### 6. 真空封存技术

真空封存技术是装备封存技术的新形式，广泛应用于封存武器、弹药、车辆等装备，可有效改善潮湿环境对装备储存的不利影响。其原理是，将真空护罩覆盖于装备器材上，加入干燥剂并加压密封保存，阻止水汽进入包装内，形成的装备储存环境的相对湿度为 40%左右。真空封存技术简单、所需人员非常少，装备解封后 40 分钟内可完成作战准备。但采用真空封存技术时，如果干燥剂失效，须打开真空袋更换干燥剂，因此延长了工作时间、增加了工作难度。另外，真空护罩材料通常不具有抗臭氧、抗紫外线与润滑的功能，故抽真空后放置于室外时真空护罩材料容易因压力差而疲软、龟裂，进而破坏原真空效果。

### 7. 其他技术

其他常用的保障装备封存技术还有除氧封存技术、抽真空封存技术等。除氧封存技术是在封存空间内采用除氧剂和氧浓度指示剂，使氧气浓度减小到腐蚀、霉变、老化进行极为缓慢的程度以达到封存预期目的的封存技术，特别适用于精密光学镜头和精密仪器等。抽真空封存技术是用抽空泵抽取封存空间内的空气的封存技术，主要适用于较小型保障装备和无真空膜盒的保障装备。

装备封存是一项复杂的综合技术，尤其是大型装备，如坦克、军用车辆、导弹等，它们不仅包含机械设备、电气设备，还包含电子设备和光学仪器等。这些不同类型的保障装备，对自然环境的适应性有较大差异，因此，对于不同类型的保障装备在不同地区的封存，应当采取不同的封存技术，才能达到封存的预期目的。对于同一种大型保障装备，甚至要综合运用多种封存技术。

## 6.1.2　应用实例

米弗拉姆（Mifram）公司成立于 1962 年，至今还在为武装部队、执法机构、联邦组织等设计和提供高质量解决方案,积累了多年的经验。美国陆军和海军陆战队使用米弗拉姆公司的湿度控制干式存储设施系列,在存储可随时投入运行的军用车辆、坦克、导弹、弹药、雷达和电子设备时,可提供全面保护,防止装备腐蚀、退化和潮湿引起的功能故障。这些设施大大降低了维护成本,使车辆和设备无须定期维护即可在干燥的仓库中保存长达两年的时间。

内置的除湿机可确保装备有效隔离湿气和灰尘,而先进的保温系统可确保恒定的温度控制。电池水平、湿度水平和温度水平可以从干燥存储设施外部和更远的距离进行远程监控。通过消除存储环境下的紫外线、湿气、污垢和灰尘,使存储的机械保持清洁,使油漆和橡胶零件得到保护,使盘式制动器保持无锈等。

## 6.2　再制造技术

保障装备再制造是修复、改造废旧保障装备的一系列技术措施或工程活动的总称,以优质、高效、节能、节材、环保为准则,在保障装备全寿命周期中的位置如图 6-6 所示。

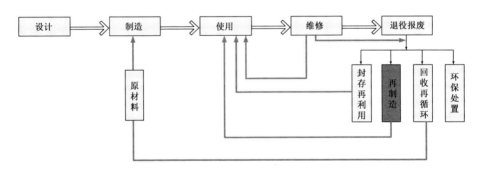

图 6-6　再制造在保障装备全寿命周期中的位置

退役报废的保障装备虽然整体性能下降了,但一些零部件仍可以继续使用或通过再制造进行使用,这样可以给现役保障装备提供大量的零部件。美军是再制造的最大受益者,其装备大量使用了再制造零部件,不仅节约了军费、资源和能源,而且大大延长了保障装备的使用寿命。通过保障装备再制造技术,可用最低的成本将蕴藏于废旧资源中的价值最大限度地开发利用。再制造技术不仅是一种使老旧保障装备维修成本降低、实现高效率发展的重要手段，也将在废旧汽车、机床、工程机械等民用领域起到重要作用，甚至可能成为战略性新兴产业中的"节能环保能手"。

再制造以退役报废保障装备零部件作为毛坯，修旧利废，变废为宝。拆解得到的废旧机电类零部件根据技术状态可分为 4 类：一是可继续使用的，二是通过再制造加工可修复或改进的，三是因目前无法修复或经济上不合算而通过再循环变成原材料的，四是目前只能进行环保处理的。前两类零部件可以经整机再制造制成合格产品重新投入使用，开始新的寿命周期。

再制造包括 2 个层面的含义。一是失效或损失功能的恢复，即对达到使用寿命的保障装备，在失效分析和寿命评估的基础上，把有剩余寿命的废旧零部件作为再制造毛坯，采用先进表面技术、复合表面技术和其他加工技术，使其恢复或超过原技术性能。二是过时保障装备的性能升级，即通过局部技术改造、更新，特别是通过使用新材料、新技术、新工艺等，提升保障装备的技术性能。例如，重载车辆零件"行星框架"，制造时合金钢坯料质量为 71.3kg，经过十几道加工工序消耗大量的原材料和能源，制成的零件质量只有 19.5kg，新零件的使用寿命一般不超过 10～12 年，损坏的部位只是密封环配合面，采用等离子喷涂对损坏表面进行修复强化，只需要 3 道工序，消耗 0.25kg 铁基合金粉末，使用寿命是新零件的 2.5 倍。本节着重介绍美军再制造的主要技术及应用实例。

## 6.2.1 主要技术

退役报废保障装备的再制造是通过各种高新技术实现的。目前，在这些再制造技术中，有很多是及时吸收最新科学技术成果的关键技术，主要有增材再制造技术、纳米电刷镀技术、高速电弧喷涂技术、等离子熔覆技术、纳米自修复添加剂技术、修复热处理技术等。

### 1. 增材再制造技术

增材制造技术就是当下流行的 3D 打印技术，与传统制造方法相比，增材制造技术具有节材、节能，以及成形不受零件复杂程度限制等优势，因此受到了国内外的广泛关注。目前，无论是国内还是国外，增材制造技术在再制造领域的应用都主要集中在军队装备零部件再制造及高端产品再制造修复方面，即航空航天方面高附加值零部件的再制造修复。

增材再制造就是利用增材制造技术对保障装备损伤零部件（包括战损和正常服役中出现的损伤）进行再制造或修复：首先，利用三维扫描仪对损伤零部件进行扫描，获取损伤零部件的数字化模型；其次，对数字模型进行处置，进而生成损伤零部件的 CAD 模型，并通过与标准模型进行比对生成再制造修复模型；再次，对再制造模型进行分层和路径规划处置；最后，3D 打印系统按照规划路径对损伤零部件进行再制造修复。增材再制造技术流程如图 6-7 所示。

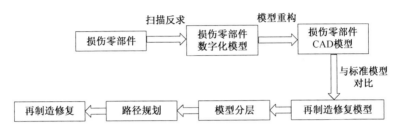

**图 6-7　增材再制造技术流程**

增材再制造技术的高度柔性、快速性特点十分符合现代战争中的快速、精确保障要求，因此，其早就引起了美国国防决策部门的重视，并将武器装备系统的性能升级、延寿技术和再制造技术列为目前和未来美国国防制造重要的研究领域。美军一直是增材再制造技术应用的先行者，自 20 世纪起美国军方就采用各种技术对 B-52 轰炸机、阿帕奇直升机及 M1 坦克等的某些军事装备进行了再制造，F-22 等战斗机上许多零部件的生产都采用增材再制造技术，并且已经研制了用于战场使用的高柔性现场零部件制造系统。装备零部件的精确保障要求不仅包含装备零部件的快速"无中生有"，而且包含快速实现损伤零部件的"坏中修好"。

### 2. 纳米电刷镀技术

纳米电刷镀技术是美军一种广泛应用于机械零部件表面修复与强化的表面工程技术，是再制造的关键技术之一。该技术具有设备轻便、工艺灵活、镀覆速度快、镀层种类多等优点，特别是镀覆表面无热影响区、镀层厚度可精确控制，对于薄壁零部件和损伤量较小零部件的修复和再制造具有其他技术（如堆焊、激光、喷涂等）无法比拟的优势，在坦克、舰船、飞机、重载车辆和机床等军事装备，以及矿山机械和石化设备等的修复和再制造中得到了广泛应用。

纳米电刷镀技术是指采用刷镀的方法，通过把具有特定性能的纳米颗粒加入到电刷镀溶液中得到含纳米颗粒的复合电刷镀溶液，在刷镀过程中，复合电刷镀溶液中的纳米颗粒在电场力作用下或在络合离子作用下与金属离子共同沉积在基体表面，获得纳米颗粒弥散分布的复合电刷镀层，进而提高装备零部件表面性能。纳米电刷镀的工作原理如图 6-8 所示。电刷镀工作时，工件与专用直流电源的负极相连，刷镀笔与电源正极连接。刷镀笔上的阳极包裹着棉花和棉纱布，蘸上电刷镀专用电解液，与工件待镀表面接触并相对运动。接通电源后，电解液中的金属离子在电场作用下向工件表面迁移，从工件表面获得电子后还原成金属离子，结晶沉积在工件表面形成金属镀层。

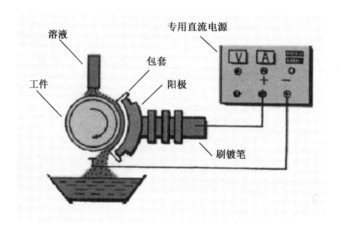

图 6-8　纳米电刷镀的工作原理

由于不溶性固体微粒在复合电刷镀层中的强化作用，纳米复合电刷镀层表现出耐磨、耐蚀等优异的综合性能。与新品相比，再制造的零部件具有显著的节能、节材、减排效果，是一种绿色的表面工程技术。随着各种高性能镀层（液）的开发和自动化刷镀专用设备的研制，纳米电刷镀技术在再制造工程中将发挥越来越重要的作用。

### 3. 高速电弧喷涂技术

高速电弧喷涂技术是在普通电弧喷涂技术基础上发展起来的新技术。与普通电弧喷涂技术相比，高速电弧喷涂技术具有沉积效率高、涂层组织致密、电弧稳定性好、通用性强、经济性好等特点。作为美军再制造工程的关键技术之一，其可以赋予美军军事装备零部件耐高温、防腐蚀、耐磨损、抗疲劳、防辐射等性能。

高速电弧喷涂技术是利用两根连续送进的金属丝之间产生的电弧熔化金属，采用压缩气流将其雾化并喷射至待加工的工件表面形成涂层的一种工艺。它利用气体动力学原理，将高压气体通过特殊设计的喷管加速后，作为高速气流来雾化和加速熔融金属的动力来源，将雾化粒子高速喷射到待加工的工件表面形成致密涂层。高速电弧喷涂技术原理如图 6-9 所示。

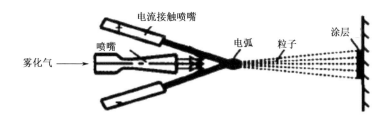

**图 6-9　高速电弧喷涂技术原理**

高速电弧喷涂技术的关键是根据零部件的失效特征设计合适的喷涂材料和自动化喷涂工艺，并且结合工业机器人的高精度、高灵活性，以及优质高效的高速电弧喷涂设备，有效地保证了再制造产品的质量。其主要用于重载汽车发动机缸体、曲轴箱体等重要零部件的再制造。

### 4. 等离子熔覆技术

等离子熔覆技术是借助水冷系统针对喷嘴电弧约束控制，通过转移弧作为热源获得高能量密度的等离子弧，利用各种合金粉末针对机械表面修复再制造的手段。等离子熔覆技术作为先进的表面工程技术之一，可以根据工件的实际工作状况，有针对性地设计合金粉末的成分配比，在工件需要强化的部位方便、灵活地制备具备耐磨损、耐腐蚀和抗高温氧化等不同性能的先进金属基陶瓷基复合材料涂层，从而以最经济、最合理的手段大幅度提高工件的使用寿命。

将设备阳极喷嘴和阴极等离子炬被分别连接电源正负极，工作时的气体通过等离子炬，高频火花被用来点火，气体温度被加热到约 15000K，这时在磁压缩、热压缩和机械压缩综合作用下从喷嘴射出一个温度极高、速度极大的等离子射流。合金粉末进入等离子束后被瞬时加热，再加速形成粒子射线，粒子的状态为熔融或半熔融状态，喷射到待加工的工件表面，在工件表面发生熔融、混合、凝固等物理和化学变化，最终与工件表面结合。等离子熔覆技术原理如图 6-10 所示。

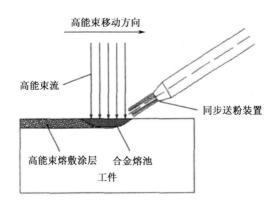

**图 6-10　等离子熔覆技术原理**

等离子熔覆过程中热影响区相对较小，工件变形小，显微组织和性能也无改变，特别适合高强度钢、薄壁件、细长零件的表面处置。喷焊形成的涂层黏结强度高、孔隙率低，在军事装备、机械设备和其他方面有广泛的应用。

### 5. 纳米自修复添加剂技术

磨损是造成材料与保障装备报废的主要原因之一，因此对磨损表面进行原位动态自修复一直是维修领域追求的目标。纳米材料的发展应用，为摩擦磨损的原位动态自修复提供了新的途径，成为美军重点研究的再制造技术之一。纳米粒子有比表面积大、扩散性产高、易烧结、熔点低等特性，以纳米材料为基础制备的新型润滑材料应用于摩擦系统，不但具有良好的减摩抗磨作用，对自修复效应也有非常积极的作用。利用纳米技术促进自修复润滑添加剂的研发，已经成为纳米润滑研究的重要内容。

纳米自修复添加剂技术的基础是纳米离子尺寸较小，可以近似认为球形，在摩擦副间可像滚珠一样自由滚动，起到微轴承作用，对摩擦表面进行抛光和强化并支撑负荷，使承载能力提高、摩擦因数降低，如图 6-11 所示。另外，纳米微粒具有较高的扩散能力和自扩散能力，容易在金属表面形成具有较好抗磨性能的渗透层或扩散层，表现出原位摩擦化学原理。因此，纳米自修复添加剂技术具有突出的抗极压性能和优异的减摩抗磨性能，以及较好的自修复性能，适合在重载、低速、高温的条件下工作。

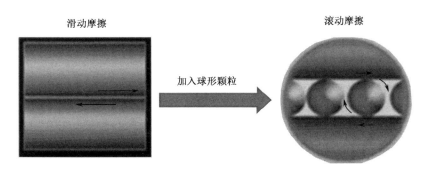

图 6-11　纳米自修复添加剂技术的基础

纳米自修复添加剂技术被称为运行中的再制造技术，目前已开始在各国部队中广泛应用，例如，在零部件老化、发动机经常出现故障的重载车辆中使用纳米自修复添加剂技术，可有效提高重载车辆的动力性，并减少机油消耗量。

### 6. 修复热处理技术

修复热处理技术是解决长期运转的大型保障装备零部件内部损伤问题的再制造技术之一。有些重要零部件（如各种转子、发动机曲轴等）的制造过程耗资巨大、价格昂贵，其失效后往往只能作为炼钢废料回收，浪费严重。修复热处理技术在允许受热变形范围内，通过恢复内部显微组织结构，恢复零部件整体使用性能。例如，采用重新奥氏体化，并辅以适当的冷却，使显微组织得以恢复；采用合理的重新回火工艺，使绝大部分已有微裂纹被碳化物颗粒通过"搭桥"而自愈合等。

## 6.2.2　应用实例

美国陆军研发与工程司令部（RDECOM）与陆军快速装备部队合作管理并提供人员支持，建设了一种可在全球范围内部署的远征实验室（或称"EX 实验室"），快速为前线士兵提供创新的装备。目前，美国已有两个远征实验室服役，一个位于阿富汗巴格拉姆机场，另一个位于美军驻科威特基地。

远征实验室安装在一个规格为 6.1m×2.44m 的集装箱和两个 ISU90 集装箱中，包含一台 3D 打印机和配套设备，以及用于创建虚拟模型的计算机辅助设计工作站。远征实验室还配备传统的软件、设备、工具来设计与制造金属和塑料部件。虚拟设计一旦完成定型，将被储存在一个由 RDECOM 和陆军装备司令部共同开发的企业级产品数据管理系统中。为促进数据共享、避免重复设计，其他机构也可以访问这个产品数据管理系统。

远征实验室现场团队负责研发战地制造解决方案，例如，使用的纺织物、电子器件、减材制造和增材制造技术等，生产机械加工难度较高的零件，或通常使用注射成型工艺（制造成本高昂，需要专用设备）制造的零件，以及其他采用切割、研磨、铣削等传统减材制造工艺的零件。

### 1. 现役装备再制造升级

利用新技术，再制造升级现役装备，以提升性能、拓展功能、延长使用寿命，这是美国武器装备普遍且常见的再制造形式。例如，美国对 F-16 战斗机、"布雷德利"步兵战车、"艾布拉姆斯"主战坦克进行了机动能力和防护能力再制造升级，进一步提升武器装备使用性能，强化美军的军事能力。

### 2. 退役装备再制造

退役装备可通过再制造实现再利用或进入军火市场。早期，美国对退役装备多采用回收的方式进行处置，回收的退役装备拆卸后作为废旧钢铁进行出售。然而，随着国际社会环境保护法制的健全和循环经济意识的增强，退役装备回收拆卸处理方式逐渐退出主流。采取将退役武器装备经过再制造，然后销售、租赁或转让，提供给其他国家继续服役的方式增多。一般对这类武器装备进行简单再制造，即主要采用换件和尺寸修理方法，同时对武器装备和电子系统进行简单改造，从而获利。例如，1990—1995 年，美军对外销售、转让退役再制造主战装备地面车辆 3400 多辆，飞机、直升机 1200 多架。

### 3. 装备拆件再制造

装备拆件再制造，即将拆卸后的部分零部件经再制造处理后作为备件使用。

退役报废武器装备虽然整体性能下降，但一些零部件仍可以继续使用或通过再制造使用，这样可以给现役武器装备提供大量的零备件。例如，M48 坦克退役后，除部分销往国外之外，大部分被拆卸后进行再制造处理。美军研制出了高柔性零部件现场再制造系统——移动零件医院（Mobile Parts Hospital，MPH），其能够在临近战场需要的位置快速部署，成功对机枪等武器装备零部件进行快速再制造，提升了装备保障响应速度和保障水平。美军对"阿帕奇"AH-64 型直升机进行再制造升级，据美军资料报道，再制造升级后的"阿帕奇"AH-64D 型直升机一次可同时攻击的目标数是原机型的 4 倍，生存能力比原机型提高了 7.2 倍。

# 6.3 回收处置技术

采购或更换焚化炉或熔融炉，用于对机密胶片或其他涉密装备进行非军事化处置或脱密处理，是美国军种部或美国国防部下属机构的责任。美国军种部或美国国防部下属机构也可以将机密胶片或其他涉密装备移交给共用情报网，在马里兰州米德堡的集中情报社区销毁设施中进行焚化或销毁。这两种情况均需要将产生的含贵重金属的灰烬或残留物转交给美国国防后勤局处理服务部站点，或者按照美国国防后勤局处理服务部的指示提供给商业承包商，用于贵重金属回收。此外，照相和 X 射线处理设备包含大量由定影液化学反应产生的高纯银，而化学沉淀、电镀置换、金属置换、电解方法等，可以实现从废弃的海波溶液中回收银。本节介绍回收处置的主要技术及应用实例。

## 6.3.1 主要技术

保障装备结构日益复杂、组成材料更加多样，加之电子器件等特殊部件在保障装备中大量使用，使得报废装备的回收处置包含物理、化学、生物等多学科的技术。现简要介绍退役报废保障装备产品层、零部件层和材料层的回收再利用技术，以及先进的装备废弃物处置技术，如破碎分选技术、火法冶金技术、湿法冶金技术、微生物处置回收技术、超临界水氧化技术、电化学降解技术、废塑料热解法回收利用技术。

## 1. 不同装备结构回收再利用技术

### 1）产品层整体回收再利用技术

整体回收再利用是指，将不再使用的保障装备不进行加工而直接转移或进行稍微整形和升级再投入其他领域继续使用，从而发挥其使用价值。将退役保障装备进行整体利用或进行改型后再投入使用，这样既遵循了再循环的理念，又减少了对退役保障装备的再加工过程，减少了人力资源和物力资源的投入，这是对退役保障装备有效的处理方法。

### 2）零部件层回收再利用技术

一方面，回收的保障装备部分零部件可直接用于新装备制造或换件维修，也可将回收的零部件利用先进表面技术、纳米自修复添加剂技术、修复热处理技术、再制造毛坯快速成形技术及过时装备的性能升级技术等进行修复和改造。另一方面，退役报废保障装备中存在大量的电子器件、废电路板，其包含铅、锡、镉等对人类和环境有害的物质，但也含有一定数量的金、银等贵重金属。在通常情况下，如图 6-12 所示，报废电子与电气设备是由 40% 的金属、30% 的塑料和 30% 的难熔氧化物组成的。典型的金属废料的回收价值组分主要包括 20% 的铜、8% 的铁、4% 的锡、2% 的铝、2% 的镍、2% 的铅、1% 的锌、0.2% 的银、0.1% 的金、0.005% 的钯等。美国采用分拣/拆卸和机械加工等方法提高有价值材料的回收含量，利用热处理技术、湿法冶金技术和电化学处理技术进行零部件电子废弃物中贵重金属的回收。

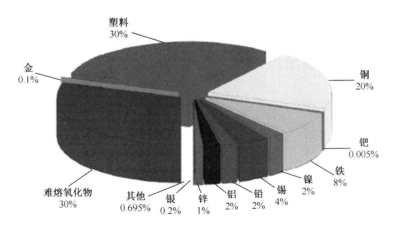

图 6-12　报废电子与电气设备的特殊材料组成

3）材料层回收再利用技术

对于金属材料，美军在拆卸完大型保障装备的有用部件后，将剩余部分用液氮冷冻后进行粉碎，再利用磁分离技术进行分选，分选程度较好的磁性金属，如废钢等，直接用于钢材生产。剩余的非磁性金属多为有色金属，可采用空气分离技术进行再次分选。对于非金属材料，如保障装备上使用较多的轮胎等橡胶制品，其回收技术主要分两类：一类是物理回收，利用超低温粉碎机，将轮胎、橡塑粉碎，从废旧轮胎中提取轮胎钢丝、轮胎纤维；另一类是化学回收，通过废轮胎油化还原装置，将废轮胎投入设备中，经过热分解槽气化，气化的气体通过触媒槽被送到冷却器中冷却，液化成再生油。对于塑料而言，最理想的方法是再利用，然而由于其回收处理工艺十分复杂，主要利用热能燃烧的方式来处理废旧塑料件，并通过适当的清洁装置对废气和废渣进行清洁处理。

## 2. 先进的装备废弃物处置技术

### 1）电子废弃物破碎分选技术

报废电子类保障装备所涉及的部组件及废弃物种类多、数量大，而印制电路板（Printed-Circuit Board，PCB）又是电子类保障装备的最重要组成部分之一，也是保障装备中最难以处置的废弃物种类之一。美国对废旧 PCB 的资源化利用技术和工艺开展了多年研究，逐步形成了一些可以产业化应用的技术与工艺。目前，废旧 PCB 的处理工艺主要有物理处理工艺和化学处理工艺。物理处理工艺的核心是通过物理破碎等方式使基板与电子元器件（含连接导线）分离，使基板中的金属和非金属分离，使电子元器件中的金属和非金属分离。化学处理工艺是通过化学反应的方式将 PCB 中的金属和非金属有效分离。从资源的角度来看，PCB 并不能算“废物”，应该称其为有待开发的“第二资源”，PCB 中有 80%～90% 的材料是可以回收从而循环利用的，其上的很多元器件仍然具有较高的可用性和可靠性。废旧 PCB 中铜含量最高，高达 26.8%，而金、银的含量也分别达到 809g/t 和 33009g/t，远远超过普通金银矿中的金、银含量，因此 PCB 具有很高的回收利用价值。

（1）元器件拆卸技术。

拆卸元器件的关键技术是熔化钎料，消除或降低元器件与 PCB 之间的黏接力。可参考的废旧 PCB 拆卸工艺流程为：预处理→预热升温→焊料加热（废气收集处理）→热风吹扫（废气收集处理、焊料收集）→施加冲击力→元器件收集。首先，按照组装形式的不同，将 PCB 预处理，对于拆卸困难的元器件，如大型功率元件、散热片等，采用手工拆卸方式处理。其次，对 PCB 整体进行预热升温，一方面可以避免局部加热导致的元器件损坏，另一方面可以缩短后续的焊料加热时间，避免元器件长时间处于高温状态。再次，达到熔钎温度后，利用热风吹扫元器件引脚，分离出焊料。最后，通过施加冲击力进行元器件拆卸，采用机械方式分离出元器件。解焊元器件时，必须考虑过高温度和过长加热时间可能损坏元器件的情况，加热时间应不超过 5s。对于 SnAg 系列钎料，最高加热温度不宜超过 250℃。为降低元器件的损坏率，无须为追求 100%的解焊效果而设定较高加热温度和较长加热时间。

（2）破碎技术。

破碎是针对拆解去除主要元器件之后的 PCB，以完全分离金属与非金属为目的的机械操作。破碎主要应用于固态物质，其整个操作过程不影响物体的体积和质量，仅增加其表面积，从而达到目的。据有关资料显示，所有 PCB 都是金属与非金属相间分布的，在分选工作开始前，必须将目标金属分化出来，这样才能实现解离目标，继续下面的分离操作。现有的 PCB 机械破碎方法有干式、半干式、湿式 3 种，应用范围最广的当属干式机械破碎法。它主要使用的是直接机械破碎法，通过摩擦、剪切、挤压、冲击、劈裂、弯曲等方式来达到破碎效果，其中效果最好的是剪切和冲击。在破碎时，需要保证 PCB 的物料粒度，也就是完全破碎，并追求解离度，即金属体能够被完全解离的粒度。

破碎及金属分选工艺路线如图 6-13 所示。

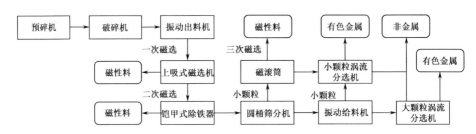

图 6-13　破碎及金属分选工艺路线

（3）分选技术。

分选技术是指根据 PCB 破碎物颗粒的粒度、导电性、磁性、密度和形状等性质差异来实现物料的富集和分离。密度差异分选是 PCB 分选技术的重点，除此以外，还有表面性质差异分选和磁电性质差异分选等。密度差异分选是根据不同物料的粒度和密度，采用机械力和流体动力，实现不同层次的分层，从而达到产品标准要求。密度差异分选使用的技术主要有旋风分离技术、重选及风力摇床。由于 PCB 中金属（如铝、铜、铁等）和非金属（如塑料、玻璃纤维等）的密度有较大差距，这就给分离 PCB 中金属和非金属提供了理论依据。许多学者的理论基础研究发现，采用磁选与重选相结合的方法，金属回收率较高，而重选效果相对较差。

2）电子废弃物火法冶金技术

保障装备中存在大量的电子器件、废 PCB，其包含铅、锡、镉等对人类和环境有害的物质，但也含有一定数量的金、银等贵重金属。美国环保局的研究表明，通过电子废弃物回收的钢材代替传统冶炼得到的新钢材，可减少 97%的矿废物、86%的空气污染、76%的水污染和 40%的用水量，节约 90%的原材料和74%的能源，而且废钢材与新钢材的性能基本相同。目前，火法冶金技术是应用最广泛、规模化推广可行度最高的技术。

火法冶金技术的基本原理是，利用冶金炉高温加热剥离非金属物质，使贵金属熔融于其他金属熔炼物料或熔盐中，再加以分离。非金属物质主要是 PCB材料等，一般呈浮渣物分离去除；而贵金属与其他金属呈合金态流出，再精炼或电解处置。火法冶金技术具有工艺简单和回收率高的特点，可以处置所有形式的电子废弃物，回收的主要贵金属是金、银、铜、钯等。图 6-14 展示了一个典型的含铜电子与电气废品的回收流程。

除了铜元素，电子与电气废品中还含有镍、铅、锡、锌、铁、砷、锑及其他贵金属元素。待处置材料（如报废的电子产品）需要根据其纯度和物理状态进入不同的处置流程。阳极成分组成、粉尘和炉渣的质量由于材料的不均匀性而产生剧烈波动。这个过程同电解精炼中产生阳极泥的情况是类似的。

3）电子废弃物湿法冶金技术

湿法冶金是贵金属回收利用研究中应用最早的方法，始于 20 世纪 60 年代末。电子废弃物湿法冶金技术是指，使用无机溶剂或有机溶剂溶解废电路板等电子废弃物中的金属或高分子材料，实现金属与非金属分离，也就是利用废物中的绝大多数金属（包括金等贵金属和其他贱金属）能与某些化学试剂发生化学反应（包括氧化、还原、中和、水解和络合等反应），使其进入液相并与其他物料分离，然后从液相中分别回收金等贵金属和其他贱金属。根据所溶解的材料种类不同，将湿法冶金方法分为两类：第一类是溶解金属法，采用加氧化剂或其他助剂的无机酸等溶解电子废弃物中的金属，然后在溶液中回收并分离各种金属（包括稀有贵金属）；第二类是溶解树脂法，使用有机溶剂溶解电子废弃物中的环氧树脂等有机物，金属呈薄片状留在基体中，然后采用一定的方法取出金属。

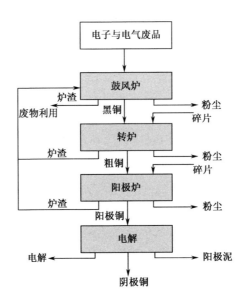

图 6-14　含铜电子与电气废品的回收流程

　　湿法冶金技术将废弃物利用物理方法进行粉碎，使原料粒度变细，使其具有较大的比表面积，以提高浸出反应速率；再利用机械活化、热活化等手段，提高待浸物料的活性；对难以直接被常用浸出剂浸出的稳定化合物，可以通过某些化学反应来破坏原料的稳定结构，使其变为易浸出的形态，同时也可去除有害杂质；在水溶液中，利用浸出剂（如酸溶液、碱溶液、氨等）与原料作用，使其中有价元素变为可溶性化合物进入水相，并与进入渣相的伴生元素初步分离；利用化学沉淀、离子交换、萃取等技术去除溶液中的有害杂质，也可将其中的相似元素彼此分离，最后从溶液中析出具有一定化学成分和物理形态的化合物或金属。其中，酸浸取法是固体废物浸出法中应用最广泛的一种方法，具体采用何种酸进行浸取需要根据固体废物的性质确定。电解沉积法是湿法冶金技术的一种，其是利用直流电使含贵金属废水中的简单贵金属离子或配位贵金属离子在阴极得到电子变成单质的贵金属回收方法，在技术上和经济上均表现出许多优越性。利用湿法冶金技术处理电子废弃物的流程是：首先将经过预处理的电子废弃物放置在酸性或碱性溶液中反应，对反应后的溶液进行分离和深度净化除杂，然后利用溶剂进行萃取、吸附或离子交换等，并通过浓缩回收金属，最后以电积、化学还原或结晶的方式回收金属。具体流程如图 6-15 所示。

湿法冶金技术的特点是：金属提取后的残留物处理较为方便，能产生较高的经济效益；灵活高效，对处理设备要求不高，工艺比较简单，易操作；在贵金属提取领域与火法冶金技术相比具有较大的优势。但是，该技术也有很大的不足：只能处理相对简单的电子废弃物；表面被杂物包裹的金属无法浸出；浸出过程能耗低，但试剂消耗量大，在整个回收过程中会产生大量的废气、废渣，会排放具有腐蚀性、有毒有害性的废水，增加了污染治理费用；回收金属种类单一，目前能回收的金属只有贵金属及铜，其他金属和非金属不能回收。

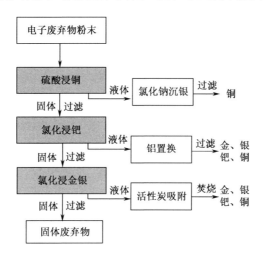

图 6-15　湿法冶金技术处理电子废弃物流程

4）贵金属微生物处置回收技术

多年来，用于从电子废物中回收有价值的成分的微生物处置回收技术越来越受欢迎。微生物处置回收技术是建立在微生物相互作用，并依靠金属执行其细胞功能概念之上的。微生物菌种来源丰富，易培养繁殖，吸附贵金属工艺简单，成本低且环境友好，因而，微生物处置回收技术在贵金属资源回收方面被认为是最具有发展前景的技术之一，是国内外的研究热点，代表着未来技术的发展方向，在经济上也有竞争力。

微生物处置回收技术是利用细菌或真菌等某种微生物或其代谢产物浸取或吸附最终回收电子废弃物中的贵金属的方法，它们相互发生氧化、还原、溶解等反应，将难溶性的重金属从固相溶出而进入液相，成为可溶性的金属离子，再采用适当的方法从浸取液中提取，使目标金属从废物中分离出来或除去废物中的杂质，从而实现有价金属的回收。该技术主要包括生物吸附法、生物絮凝法、生物法组合技术和植物整治法。

微生物处置回收技术的基本原理主要分为两种，一种是在微生物的作用下利用三价铁离子的氧化作用，首先将电子废弃物中的贱金属氧化溶解，再通过其他方法回收裸露的贵金属；另一种是基于金属离子和细胞表面的官能团之间的物理、化学相互作用，如静电相互作用、离子交换、氧化还原（见图 6-16 中 a、b 过程所示）、表面络合作用（见图 6-16 中 c、d 过程所示）等，利用藻类、细菌、酵母和真菌来吸附重金属和贵重金属。在利用微生物回收贵金属过程中，可能会同时存在一种或多种作用方式，而且最关键的作用方式也与菌体及外部环境和作用条件相关。

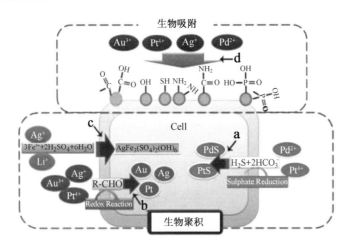

图 6-16　生物吸附机理示意图

电子废弃物的微生物处置回收相比传统方法具有许多优势，主要体现在：微生物与电子废弃物不会直接发生反应，因此微生物可以被回收重复利用；适用于任何浓度的含金属溶液中金属的提取；金属回收率高（通常达 95%以上），可获得纯度较高的金属单质或其化合物；在相同产量下，不仅原材料和能量消耗低，产生的污染物和废物也少，投资运行成本低，污染治理费用低；工艺简单，操作方便，环境清洁、安全。虽然目前微生物处置回收技术还存在不足之处，主要包括浸出时间长、浸取速率低、已知可利用的微生物种类较少、回收技术不太成熟等，但是利用微生物处置回收技术回收贵金属符合当今经济和环保双赢的时代要求，具有较好的发展前景，是一种非常有潜力的新技术。

5）超临界水氧化技术

超临界水氧化技术是 20 世纪 80 年代中期由美国学者 M. Modell 提出的一种能彻底破坏有机污染物结构等危险废旧含能材料的新型氧化技术。超临界水氧化技术利用水在温度 374℃、压力 22MPa 的超临界状态下，超临界水的许多性质都与常温常压下水的性质有很大差别，超临界水的介电常数类似常温常压下极性有机物的介电常数，兼具气体与液体的高扩散性、高溶解力及低表面张力的特性，对保障装备处置后的有机废弃物、胺类危废物和塑料制品进行深度氧化分解，将其转化成水和二氧化碳，达到去毒和无害化的目的。超临界水氧化技术的流程比较简单，相对于其他技术来说可以有效节约能源。

超临界水氧化技术利用超临界水作为反应介质来氧化分解有机物，水在临界点时，具有与气体一样的分子运动特性。超临界水的特性使非极性有机物、空气、二氧化碳、氮气、氧气及氧化剂与水快速混合并形成均一相，解决了相互之间存在传质阻力的问题。高温高压条件大大提高了有机物的氧化速率，因而能在数秒内将碳氢化合物氧化成二氧化碳和水，将磷转化为磷酸盐，将硫转化为硫酸盐，将氮转化为氮气或一氧化二氮。由于反应温度相对较低，并且氧化反应在分秒级时间内迅速发生，不会有氮氧化物或二氧化硫形成。另外，超临界水氧化反应是放热反应，只要进料具有适宜的有机物含量，仅须输入启动所需的外界能量，整个反应就可靠自身维持进行。超临界水氧化技术基本上分为 7 个主要步骤：进料制备及加压、预热、反应、盐的形成和分离、淬冷冷却和能量/热循环、减压和相分离、流出水的清洁（如果有必要）。如图 6-17 所示为超临界水氧化技术工艺流程。

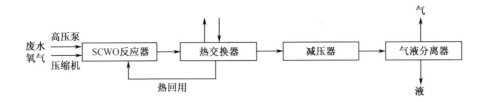

图 6-17  超临界水氧化技术工艺流程

超临界水氧化技术氧化效率高、反应彻底、产物清洁，氮氧化物和二氧化碳的生成量很少，无二噁英产生。碱解法和水热氧化结合，或超临界液体提取和水热氧化结合，可以将多种有毒有害物质完全氧化成单一、无毒无害的物质，如水、二氧化碳、氮气和无机盐等。该技术适用范围广泛，可以彻底无害化处置各种工业有机废水和废弃物、城市污水及污泥、工业污泥与油泥、人类代谢废物，以及消除化学武器的毒物等，具有广阔的发展前景。此外，它还可以从放射性废水中回收可用金属，原理是不同金属离子的加水分离速度不同因而生成氧化物的速度也不同。

6）电化学降解技术

电化学降解技术是指，使非生化降解的有机物转化为可生化降解的有机物，或使非生化降解的有机物燃烧而生成二氧化碳和水。电化学降解有机污染物的方法主要有直接电催化转化和间接电化学转化。其中，直接电催化转化是指使有机废物在电极上发生氧化还原转变，主要分为电化学转换和电化学燃烧，即把有毒有害物质氧化还原为无毒无害物质，或把非生物相容的有机物转化为生物相容的物质，以便进一步实施生物处理，或者直接将有机物深度氧化为二氧化碳等。间接电化学转化是指利用电化学反应产生的氧化还原剂使有机污染物转化为无毒无害物质。电化学降解技术独特的优点是，具有多种功能且便于综合治理，电化学氧化和还原除可使有毒有害物质转化外，还可用于悬浮或胶体体系的相分离。电化学方法还可与生物方法结合形成生物电化学方法，与纳米技术结合形成纳米-光电化学方法。电化学反应以电子作为反应剂，一般不添加化学试剂，可以避免产生二次污染。电化学降解处理设备相对简单，易于自动控制，同时后处理简单、管理方便，产生的污泥量很少。因此，电化学降解技术在处理难降解的有机污染物时具有很好的效果。

7）废塑料热解法回收利用技术

早在 20 世纪 60 年代，美国就展开了废塑料回收利用的研究。20 世纪 80 年代末，美国的废塑料回收率接近 10%；至 20 世纪末废塑料回收率达 35%以上，处理方式也发生了转变，焚烧废塑料回收能源增至 18%，填埋率下降到 37%。其中，燃烧废塑料利用热能、热分解提取化工原料等方面取得了一定成果，例如，美国 EFD 公司开发的专利技术可以从混合的废塑料中回收清洁的塑料级柴油。

废塑料热解回收利用工艺流程如图 6-18 所示，将废塑料制品中原树脂高聚物进行较彻底的大分子链分解，使其回到低摩尔质量状态，从而获得使用价值高的产品，如汽油、柴油、煤油等。废塑料热解回收利用可分为高温分解和催化低温分解，前者一般在 600～900℃的高温下进行，后者在低于 450℃甚至在 300℃的较低温度下进行，两者的分解产物不同。废塑料热分解使用的反应器有塔式、炉式、槽式、管式炉、流化床和挤出机等。该技术是对废塑料的较彻底的回收利用技术。高温分解回收原料油的方法，由于需要在高温下进行反应，设备投资较大、回收成本高，并且在反应过程中有结焦现象，因此限制了其应用。催化低温分解在相对较低的温度下反应，研究较活跃，并取得了一定的进展。

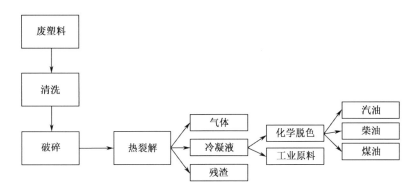

图 6-18　废塑料热解回收利用工艺流程

与其他废塑料的回收再利用技术相比，热解技术有明显的优势，它能处理机械回收中心通常无法处理的废塑料。虽然热解技术需要热能，但热解技术释放的二氧化碳可以回收利用作为热能的来源，因此，该技术生成的碳远远低于垃圾焚烧。由于输入构成不同，热解技术的产物 70%～80%是燃油，可以用于多种用途；10%～15%是天然气，通常被回收利用，提供热解技术所需的热能；只有 10%～15%的产出物是焦炭，其是一种惰性固体，可用于铺路或被送到填埋场，但目前将焦炭作为燃料的情况已经出现。利用热解技术产生的液体作为燃料，或石化厂的投入物，可以让废塑料获得下一个使用周期（燃油产物），甚至可以获得更多使用周期（天然气产物），具体要取决于最终的用途和处理方法。

### 6.3.2  应用实例

美国军用电子保障装备贵金属回收计划（Precious Metal Recycling Program，PMRP）促进了从过量、过剩的含贵金属材料中经济地回收贵金属，并促进了回收的贵金属的再利用。反之，这些贵金属又被政府承包商用来制造供美国国防部或其他联邦机构使用的物品，如飞机的前锥体或飞机的定子叶片。目前，冶炼行业主导着电子废弃物的回收利用。湿法冶金加工正逐渐成为美国处置电子废弃物的潜在解决方案。先进技术材料公司（ATMI）开发了一种选择性化学工艺，该化学工艺使用"绿色化学"技术，从过时的电路板中回收有价值的材料。该化学工艺成本较低，对环境安全，并且不需要切碎或研磨，从而减少了贵金属的损失。无毒湿法冶金加工是一种有前途的电子废弃物回收方法。

# 6.4  危险废物特殊处置技术

退役报废保障装备中的危险废物，如水银、塑料、橡胶、多氯联苯、废油、电容器、液体、电池、石棉、放射性成分等，在任何条件下都可能对人类健康和环境造成危害。危险废物特殊处置指的是无害化处置，是消除危险废物污染属性的过程，通过焚烧、填埋、物化等手段，对危险废物进行减量和彻底地改变形状或与环境彻底隔离等，避免对环境造成危害。美国对危险废物根据性质特点进行分类处置，对有资源化价值的危险废物进行回收利用，对大约 75%的危险废物进行填埋处置，在其余危险废物中有 10%进行深井填埋，有 7%左右进行焚烧处理。近年来，发达国家不断强化危险废物排放法规限制，加之土地资源的限制，危险废物处理趋势被迫逐渐从"填埋"转向"焚烧"。目前，危险废物的最终处置方式包括回收利用、焚烧处理和固化填埋。以下将介绍美国的危险废物处置主要技术及应用实例。

## 6.4.1　主要技术

危险废物无害化处理技术主要包括等离子体处置技术、焚烧处理技术、热解处置技术、固化技术、吸附分离技术、卫生填埋技术等。

### 1. 等离子体处置技术

等离子体处置技术是美国在 20 世纪 90 年代开始研发，并用于处置危险废物的新技术。该技术以气体为载体，发生于两个电极之间的稳定的连续电弧放电形成等离子体，当利用大功率等离子体处置危险废物时，等离子体火炬的中心温度可高达 20000～30000℃，火炬边缘温度也可达到 3000℃左右。当高温高压的等离子体冲击被处置物时，被处置物的分子、原子将会重新组合生成新的物质，从而使有害物质变为无害物质，甚至变为可再利用的资源。因此，等离子体废物处置是一个废料分解和再重组的过程，它可将有毒有害的有机废物、无机废物转化成有价值的产品。

等离子体是由惰性气体和电生成的，通常称为"物质的第四种状态"，由大量正负带电粒子和中性粒子组成，也可以通过高频感应、发射电子束等方法来产生。任何气体通过放电或加热都可以产生等离子体，利用气体放电产生的热量来处置危险废物，在高温下能将有机污染物气体化和玻璃化。在大气压条件下，等离子体在气态介质下连续放电除可以熔融金属外，还可以用于处理有毒有害物质、放射性废料、回收污染金属渣及粉尘中的金属。由此可见，利用等离子体处置技术可以处理各种不同的复杂有毒有害废物，包括含二噁英的有害粉尘和各种形态（如废气、蒸汽、废液）的含砷废物，并达到无害化标准。

等离子体高温无氧热解装置的主要部件包括等离子体反应釜系统、废物馈入系统、电极驱动及冷却密封系统、熔融金属及玻璃体排出高温热阀，通过功率为 150kW 的高效电弧，在等离子高温无氧状态下，危险废物在炉内分解成气体、玻璃体和金属 3 种物质，然后从各自的排放通道有效分离。等离子体处置危险废物示意图如图 6-19 所示。

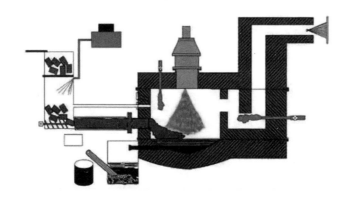

图 6-19　等离子体处置危险废物示意图

因为整个等离子体处置废物过程和处置环境实现了"全封闭"，所以不会造成空气污染，同时排放出的玻璃体可用作建材，金属可回收使用，基本上实现了真正意义上的污染物"零排放"，具有巨大的社会效益和发展前景。

## 2. 焚烧处理技术

焚烧处理技术是一种高温热处理技术，即以一定量的过剩空气与被处理的有机废物在焚烧炉内进行氧化反应，废物中的有毒有害物质在 800～1200℃的高温下发生氧化、热解而被破坏，是一种可同时实现废物无害化、减量化、资源化的处理技术。其目的是使可燃废物与空气中的氧气在高温下发生燃烧反应，使其尽可能氧化分解，使被焚烧的物质无毒、无害化，以及最大限度地实现减容，并回收能源及有价金属，尽可能减少新的污染物产生，避免造成二次污染。焚烧处理技术适宜处理有机成分多、热值高的废物，对于多氯联苯这样难分解的化合物，焚烧是唯一既安全又适当的处置方法。主要根据废物种类、形态、燃烧性能和补充燃料的种类来决定焚烧的方式。焚烧技术具有许多独特的优点：一是经焚烧处理后，燃烧过程中产生的有害气体和烟气经处理后达到排放要求，无害化程度高；二是经过焚烧，废物中的可燃成分被高温分解，一般可减重 80%以上、减容 90%以上，减量效果好；三是废物焚烧所产生的高温热能可用于供热或发电，可以作为能源使用，也可以回收铁磁性金属等资源，进而充分实现废物的资源化；四是焚烧设施占地面积小，尾气经净化处理后污染较小；五是焚烧处理可全天候作业，不易受天气影响。固体废物焚烧法是目前世界各国普遍采用的固体废物处理技术，但是，焚烧技术也有其局限性：焚烧设备投资大，运转成本高；焚烧对废物的热值有一定要求，限制了它的应用范围；焚烧过程中也可能产生较为严重的二噁英问题，增加了废气处理的难度和经费投入。

目前，美国开发的许多类型的焚烧装置（焚烧炉）被广泛应用。焚烧炉的类型一般有：用于处理易燃液体废物的液体喷射焚烧炉，用于处理丙酮、正己烷、脂肪族酒精等废物的旋转式焚烧炉，用于处理有毒化学工业废物的水泥炉等。在焚烧炉中加入适量空气，使危险废物在高温（一般远超过 1000℃）环境下，通过足够时间的燃烧来分解和氧化有害成分。利用现代化操作和监控系统确保危险废物完全燃烧，利用配备尾气/废水净化装置的焚烧装置对危险废物进行焚烧十分有效。

回转窑焚烧炉运行原理如图 6-20 所示，运行过程通常由 4 个基本过程组成。首先是废物预处理。液体、泥状固体和装在容器中的固体废物被分析、处理，得到热值、是否含卤化物、含水量和轻重组分的比例等混合指标，有控制地投入焚烧装置。其次是焚烧。有害废物被燃烧，最大限度地消除有机化合物及所产生的灰分和气体残余物。一个焚烧装置一般包括两个燃烧室，即气化、分解和燃烧大部分有机物的初级燃烧室，以及之后氧化所有有机物和可燃气体的二级燃烧室。再次是热能回收。许多处理场，通过与燃烧气体的热交换作为产生蒸汽和电的一种资源。最后是尾气和废水的净化。排放气体通过特殊的设备被冷却、净化和监测，通过排气机和管道排入大气。灰分被收集、冷却、从焚烧系统中转移走。废水被处理和分析并要求满足排放标准，按照焚烧设施操作许可相关规定排入下水系统。

### 3. 热解处置技术

随着各国对焚烧过程中二噁英排放限制的严格化，热解处置技术成为世界各国研究开发的热点，也是世界上高分子质能研究的前沿技术之一。热解处置技术利用高温将废物中的有机物气化和液化处理，再从残渣中分别回收金属物质和非金属物质，同时也可回收部分能量。热解处置技术的原理是利用废物中有机物的热不稳定性，在无氧或缺氧条件下对其进行加热蒸馏，使有机物产生热裂解，经冷凝后形成各种新的气体、液体和固体，从中提取燃料、油、油脂和燃料气。热解处置技术能以连续的工艺和工厂化的生产方式将高分子聚合物（如废橡胶、废塑料、油泥、生物质等）转化为高品质、易储存、易运输、能量密度高、使用方便的高附加值能源产品。热解产物的产率取决于原料的化学结构、物理形态及热解的温度和速度。固体废物的热解与焚烧相比具有如下主要优点：可以将固体废物中的有机物转化为以燃料气、燃料油和炭黑为主的储存性能源；热解采用缺氧分解处理方式，排气量少，有利于减轻对大气环境的二次污染；废物中的硫、重金属等有毒有害成分大部分被固定在炭黑中；氮氧化物的产量少。但是，热解处置能耗大，设备投资、运行和维修费用较高，操作条件要求也高，并且需要投入一定的污染治理费用。

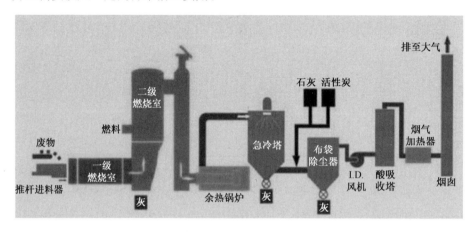

图 6-20　回转窑焚烧炉运行原理

### 4. 固化技术

固化技术又称稳定化技术，通过无机凝硬性材料或化学性质稳定的化学药剂将危险废物转变成高度不溶解的稳定物质，降低有毒有害物质在环境中的迁移速度、溶解度，或者进行化学反应改变其存在形态来降低对环境的影响，或者使有毒有害物质被无毒无害物质包裹形成牢固的固体结合形态，使重金属等有毒有害物质失去对环境的污染能力。也可以说，运用固化手段将有毒有害物质固定在惰性不透水的基质中，或者将污染物质转化为低毒性、低溶解性、低迁移性的物质。转化后的物质的物理和化学属性均比较稳定，削弱、消除了其危害性，从而达到稳定化、无害化、减量化的目的。固化技术主要用来处置焚烧残渣，如含铍、铜、锌、镍、铬、铅、汞、氰、镍等重金属类废物、石棉废物、焚烧飞灰及残渣和污水处理产生的污泥等。固化技术是危险废物处理的一项重要技术，在区域性集中管理系统中占有重要地位。与其他处理技术相比，它具有固化材料易得、处理效果好、成本低的优势。美国对有毒有害固体废物普遍采用固化技术进行处置，并认为这是一种将危险废物转变为非危险废物的最终处置方法。

作为固体废物无害化处理的一项重要技术，目前已经应用和正在开发的稳定化/固化技术有水泥固化、石灰固化、沥青固化、热塑性固化、熔融固化、自胶结固化、药剂固化等，各种固化技术各有其优缺点。水泥属于无机胶结材料，与水发生反应之后成为坚硬的固体，可以作为危险废物的稳定剂。水泥固化将废物和普通水泥混合，形成具有一定强度的固化体，从而达到减少废物中危险成分浸出的目的。沥青固化是指将危险废物和沥青类的材料混合，让两者之间发生皂化反应，这样有毒有害物质被吸纳到沥青中，形成更好处理的固体形态。药剂固化是近年来国际上提出的利用高效的、化学性质稳定的化学药剂进行固化的新方法，通过药剂与废物的物理和化学作用，对废物进行无害化处置，也是重金属废物无害化高效处理手段。药剂固化的优势主要有：固化时间短，固化剂添加量少；不对固体废物造成二次污染，能改进固体废物的性能，促进固体废物的稳定化；价格低廉、工艺简单、效果好。

固化处理的固体废物经过在填埋场内 2～3 年的稳定期后，形成一种类土壤物质，可持续使用。以下以熔融固化技术为例进行介绍。

熔融固化技术也称为玻璃固化技术，该技术在燃料炉内利用燃料或电将飞灰加热到 1400℃左右，使其中的二噁英等有机污染物分解，熔渣快速冷却形成玻璃固化体，借助玻璃固化体的致密结晶结构和稳定的化学价态，确保玻璃固化体的化学稳定性和较佳的抗热振性，如图 6-21 所示。因为无害化非常彻底，减量化在 50%以上，所以熔融固化技术是目前飞灰处置的热门技术。

熔融固化技术不仅可以控制污染，而且灰渣熔融后块体致密，减容效果非常显著。此外，根据需要可以将熔渣制成建筑材料或陶瓷、微晶玻璃、透水砖等生产行业的成品或半成品，实现灰渣最大价值的资源化利用。同时，熔融固化的最大优点是可以得到高质量的建筑材料，同时具有减容率高、熔渣熔块性质稳定、无重金属等有毒有害物质溶出（析出）的突出优点。

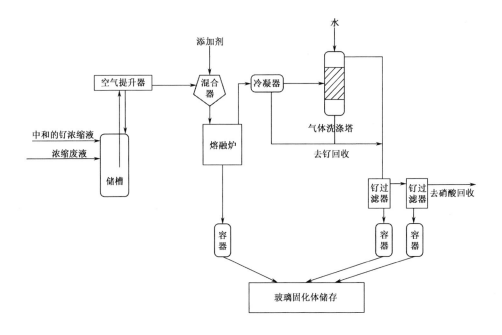

图 6-21　熔融固化技术原理

## 5. 吸附分离技术

吸附分离技术是指将不同属性的危险废物在不改变其化学形态的条件下，采用膜分离技术、溶剂萃取法、多孔材料吸附法、离子树脂交换法等对其进行浓缩、吸附、分离，将危险废物转化为无毒无害的物质。吸附分离技术主要应用于有机废液和含重金属废液等危险废液的处理。

在含重金属废液的各种处理技术中，膜分离技术具有很好的竞争性，这主要是因为其具有废液处理的封闭性、水及废液中有价值成分的回收与再利用、无相变过程节能效果良好，以及无固体废物和二次污染等优点。利用膜生物反应器技术，可治理有机废液。目前应用较成熟的膜分离技术主要有反渗透（RO）、超过滤（UF）、电渗析（ED）等。溶剂萃取法是分离和净化物质的常用方法，在分离过程中液-液处于接触状态，可实现连续操作，分离效果和效率较高。吸附法在处理有机废液和含重金属废液时应用最多的是活性炭多孔材料，其不仅处理效果好，而且饱和炭经再生处理后可重复使用。用离子树脂交换法处理废物并再生利用废水，金属离子的去除率高且金属可回收，并且离子交换树脂可再生利用，出水可达到国家环保标准排放。

## 6. 卫生填埋技术

重金属固体废物中含有各种各样复杂的有毒有害物质，为了从根本上解决填埋的重金属固体废物在雨水的侵蚀和渗漏作用下污染地表水和地下水等问题，必须采取卫生填埋措施。卫生填埋技术是从环境保护的角度出发，科学选址，选择在底基渗透系数低且地下水位不高的区域，填坑铺设防渗性能好的材料，同时还需要配备渗滤液收集装置和气体导排设施。另外，填埋前需要先对重金属固体废物进行固化/稳定化处理，将有毒有害物质固化，并达到浸出要求，然后方可填埋。卫生填埋技术的优点是投资少、容量大、见效快。

填埋场是指将非液态危险废物放置在陆地上的处置设施。填埋场是大部分危险废物的最终处理场，也是其最终的坟墓。为了尽量降低渗滤液从填埋场渗漏的可能性，美国制定了填埋场的设计标准：双层衬里、渗滤液双收集和清除系统、泄漏检测系统、径流和风散控制系统。如图 6-22 所示为填埋场截面图。

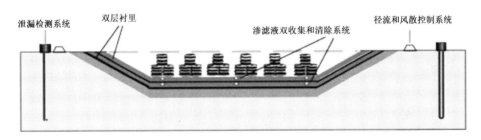

**图 6-22　填埋场截面图**

双层衬里：该双层衬里具有两个部件，即顶部衬里和复合底部衬里。顶部衬里通常是合成材料，将液体废物保持在单元中，并防止危险的渗滤液和废物迁移到衬里中。复合底部衬里由合成衬里组成（制成一种特殊的塑料），顶部有厚度为 3 英尺且压实的土壤材料，旨在防止任何已经通过顶部衬垫泄漏的液体到达下面的土壤和地下水。

渗滤液双收集和清除系统：填埋场还必须配备两层渗滤液收集和清除系统。第一层放置在顶部衬里上，第二层位于顶部衬里和复合底部衬里之间。第一层系统收集通过装置中的废物向下过滤的任何渗滤物，并将其泵出至收集箱，在收集箱可以进行收集和处理。第二层系统收集已经通过顶部衬里泄漏的任何渗滤物，并且同样将其泵出至收集箱，在收集箱可以类似地收集和处置它。

泄漏检测系统：虽然渗滤液收集和清除系统将不断地清除可能通过顶部衬里渗漏的少量液体，但它可能无法处理大量的渗漏。大量的泄漏可能会给复合底部衬里施加强大的压力，可能导致其失效。为了避免这个问题，危险废物处理要求在渗滤液收集和清除系统内安装泄漏检测系统。当进入渗滤液收集和清除系统的液体流速超过正常操作范围时，泄漏检测系统必须能够检测和警告操作人员顶部衬里可能发生泄漏。

径流和风散控制系统：所有危险废物填埋场都需要一个径流控制系统，并通过覆盖来控制颗粒物的风扩散。径流控制系统必须有足够的能力在 25 年内收集和控制至少 24 小时暴雨高峰排放期间流入垃圾填埋场的水量，以减少场外迁移的可能性，并确定径流本身是否为危险废物。此外，用于径流控制系统的收集和蓄水池必须在暴雨过后迅速清空。

## 7. 涉及放射性物质保障装备处置技术

在 2003 年国际原子能机构发布的新版《辐射源的分类》（IAEA-TECDOC-1344）技术文件中，根据放射源潜在的确定性健康效应为基础的放射性分类体系及分类原则，放射源分为 5 类（Ⅰ、Ⅱ、Ⅲ、Ⅳ、Ⅴ），其中，Ⅰ类、Ⅱ类、Ⅲ类放射源属于危险源，Ⅳ类属于轻微危险源、Ⅴ类属于没有损伤危险源，Ⅳ类和Ⅴ类这两类放射源几乎不可能对人员造成永久性损伤。但是，Ⅴ类密封包裹放射源，在密封包壳破裂、放射源失控等情况下，还是可能会对人体和环境造成一定的伤害与污染。

如果保障装备中涉及放射源的部件出现锈蚀，甚至放射源自身包裹源壳出现破损，放射源所含的放射性核素会对人员和环境造成照射污染与危害，在特殊情况下甚至会造成核素的扩大迁移，如破损的放射源粉末被水浸出后随水体流动进一步扩大污染区域，给在该区域生活的居民和饲养的牲畜，以及环境造成危害。同时，泄漏的带有放射性核素的粉尘在大气层（空气）中也会发生迁移，一部分最终降落到地面或地表的其他生物表面，进一步通过沉降、吸收等形式对空气、水源、土壤、生物等造成二次污染和伤害。当落下灰尘中的放射性核素浮在空气中时，一部分被在该区域生活的居民或饲养的牲畜通过呼吸等渠道直接吸收到体内而引起内照射伤害；当其沉降于植物、水源或土壤中时则可能通过外照射和食入对人和牲畜造成内照射伤害。

涉及放射性物质的保障装备退役报废处置，原则上应考虑安全和环境可以接受的方式对生产、接收、使用、储存放射性物质或放射源的设施设备进行处置。在处置过程中，如果要对拆解出来的废旧放射源进行再利用，应遵循"正当性""可行性""最优化"3 个原则。对拆解出来的废旧无用的放射源，应根据检测的核素、活度和半衰期等参数指标，确定其最终处置方式。对极短寿命之外的废旧无用的放射源，应按照规定的法规标准先对其进行必要的整备，之后采用对应的、不同的处置方式进行最终处置。

1）自行储存处置

在待处置的涉及放射源的保障装备中，若其放射源属于短寿命核素的放射源，如氚源（$^3$H）半衰期较短，且使用之初这些放射源本身的活度就很小（毫居里级或微居里级），已达到豁免水平，加之这些装备的服役时间已超过其放射源本身的衰减期，这样的废旧放射源已没有任何回收利用的价值。在放射性废物库满足条件的情况下，这些拆解出来放射源完全可以在放射性废物库中放置足够长的时间，待其放射性活度衰变到对环境和人员无任何危害和伤害时，经检测认定后可作为非放射性废物直接进行卫生填埋处理。若废旧放射源储存库房的条件不能满足放射源废物库的有关要求，只能选择符合要求的放射源废物库储存处置或通过放射源生产厂商直接销毁。

2）降级使用

在待处置的涉及放射源的保障装备中，若其放射源半衰期相对较长，如镅（$^{241}$Am）放射源，且放射性活度较小或其活度本身属于豁免水平范围内，如果能够使放射性同位素原料循环再利用，重新生产成原状态的新放射源，或者直接对拆解出来的放射源进行清洗保养就能直接使用或降级使用或转为民用，这样不仅大大节约成本、实现废旧放射源的废物最小化，而且可以减少其对社会环境造成潜在的危害。

3）源头处置

通过事先约定或合同，将废旧放射源返回放射源的制造生产单位进行回收或处置。

4）其他专业机构处置

根据委托合同，及时将废旧放射源送到具有相应资质的专业机构进行储存、回收、溶解处理等。

5）直接处置

在条件允许的情况下，也可采取物理或化学的方法直接对废旧放射源进行回收处置。

废旧放射源回收处置流程如图 6-23 所示。

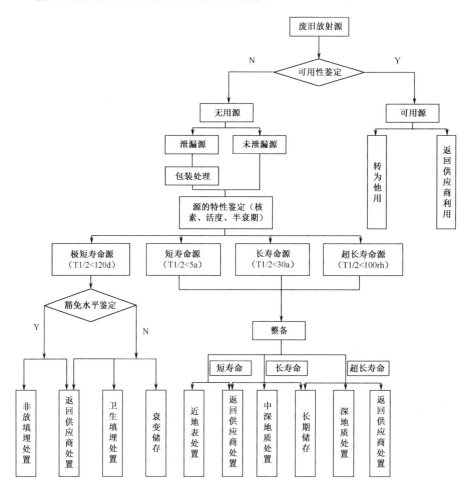

图 6-23　废旧放射源回收处置流程

## 6.4.2　应用实例

美国《陆军后勤》报道了一种处理废机油的方法。美国陆军在维修管理中推广一种机油和燃油混合系统，以达到节约财力和人力、减少工作量的目的。燃油混合可以在"陆军油料分析计划"实验室，或者在任何计划外维修中需要更换机油时进行。从车辆发动机曲轴箱中排出的废发动机机油，与车辆油箱中抽出的柴油或 JP8 燃油混合在一起，经过过滤器后机油和燃油的混合物被打入车辆油箱中，像燃油一样燃烧。如果机油有任何被防冻液污染的迹象，就不能与燃油进行混合。机油和燃油混合系统包括一个用于收集废机油的排放罐、一个泵和带软管的搅拌器。搅拌器从排放罐中抽出机油，并从车辆油箱中抽出燃油，把两者混合、搅拌后进行过滤，最后把过滤后的混合物返回车辆油箱中。

　　在废机油的再利用中，使用机油和燃油混合系统防止大部分机油溢出，并降低清理成本。该系统最明显的优点是去除了燃油废物，有助于保持环境清洁。该系统已得到美国军械司令部的认可，要求在所有的维修过程中必须使用机油和燃油混合系统。

# 第 7 章

# 美军保障装备退役报废管理

世界各国都投入巨大精力和资源开展军事装备建设工作。美国国防部对国防采办的官方定义为：军方为满足美国国防部军事任务或保障军事任务的需求，就武器系统和其他系统、物品或劳务提出方案、计划、设计、研制、试验、签订合同、生产、部署、后勤保障、改进和处置的过程，凡是涉及装备器材的地方均涉及装备管理工作。装备管理工作是装备工作的重要组成部分，从装备的设计、试验到投入部队使用，再到退役报废，装备管理工作贯穿全程。世界各国均建立了一套符合本国实际和作战需求的装备管理体系。美国作为世界军事强国，十分重视装备的管理工作和作战保障效能的维持，经过几场现代化战争的检验，美国对其装备管理体系进行不断改革和优化。美军退役报废保障装备管理可纳入其装备管理体系之中。因此，本章结合美军装备管理体制，剥离分析保障装备退役报废管理体制，并总结保障装备退役报废处置的管理特点。

## 7.1 装备管理体制

美军的装备管理实行由美国国防部统一领导，各军种具体实施、互相联合的全寿命周期管理体制，是装备采办管理系统的一部分。采办是指从项目的设计开发一直到系统退役的全寿命周期过程中的活动。采办管理系统的各个层级除负责采办项目的业务外，也具体负责与其相应的装备管理工作。本节将详细介绍美军装备管理机构及装备管理制度。

### 7.1.1　装备管理机构

20 世纪 80 年代后，美军的采办体系经过多次改革和优化，逐步建立起一个比较完善的 3 层组织体系，即统筹决策机构、领导监督机构和操作执行机构，如图 7-1 所示。

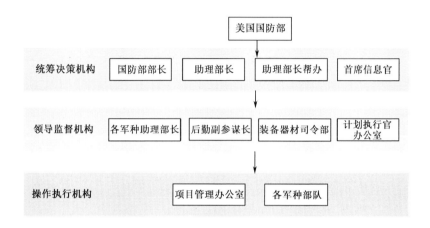

图 7-1　美军装备管理组织体系

### 1. 统筹决策机构

美军装备管理的最高领导机构是美国国防部，美国国防部统一领导并全面规划军事装备管理工作，确定装备发展的基本方针政策、战略和总体目标，协调三军的采办项目，统一管理重要装备系统采办项目。统筹决策机构的主要组成及职能如下。

（1）国防部部长：负责采办、技术与后勤的国防部部长兼任国防采办执行官，是美军装备工作的最高级别领导人，总体上既负责装备的设计、研制和采购，也负责装备的管理和维修保障。

（2）助理部长：研究与工程助理部长领导国防部近期、中期、远期的研究与工程工作；采办助理部长负责装备采购工作，主要制定美军采购政策、法规，并负责总体监督政策的执行；后勤与装备战备助理部长主要负责装备的管理保障工作，制定国防部装备处置政策，监督国防部装备处置计划的执行。

（3）助理部长帮办：主管运输政策、装备战备完好性、维修政策与计划、供应链集成、项目保障，还分管国防后勤局，所有装备管理的政策法规和具体计划的制定均是由助理部长帮办进行决策的。

（4）首席信息官：国防信息局作为其下设机构，在信息化采办工作方面受采办助理部长、后勤与装备战备助理部长的指导与监管，进一步加强美军的装备管理信息化建设。

## 2. 领导监督机构

各军种的装备管理最高级别领导人由负责其采办工作的最高首长担任，既负责向国防采办执行官报告装备项目采办的相关事宜，又向各军种部长报告本军种的装备管理工作、信息化建设及发展情况。领导监督机构的主要组成及职能如下。

（1）各军种助理部长：以美国陆军为例，美国陆军采办执行官由采办助理部长、后勤与装备战备的陆军助理部长担任，由陆军部部长指定，是陆军装备工作的最高级别领导人，下设 1 名军事代表、1 名首席信息官和 1 名主管后勤的副参谋长协助工作。

（2）后勤副参谋长：主管后勤的副参谋长，主管本军种的装备管理与保障工作，并在相关事务方面为本军种采办执行官提供建议。

（3）装备器材司令部：由采办助理部长、后勤与装备战备助理部长领导，是装备管理工作的最高机关，设有技术开发、研制、采购、维修保障、退役报废处置等管理机构，下设计划执行官办公室。

（4）计划执行官办公室：按照装备类别对采办工作各阶段的装备管理活动进行统管，如美国陆军地面作战系统计划执行官办公室主要对地面作战系统、装甲车辆、榴弹炮等项目进行监管。

## 3. 操作执行机构

装备管理体系的操作执行机构可分为两类，包括项目管理办公室和各军种部队，具体组成及职责如下。

（1）项目管理办公室：在各军种的每个计划执行官办公室下设立若干个项目管理办公室，作为项目管理的主体，对采办项目实施具体的全寿命周期、全过程管理。项目管理办公室下设计划、合同、质量、财务、系统工程、成本价格、试验鉴定、维修保障、系统集成等一体化产品小组，小组成员由来自军种装备器材司令部的参谋人员和地方负责该项目的合同商人员组成，成员人数少则数十人，多则上百人，例如，F-22 项目管理办公室人员数量为 333 人，战斧导弹项目管理办公室人员数量为 130 人。项目管理办公室对美军的具体装备实行全寿命周期采办管理，无论是军方人员还是合同商人员，都必须按照相关法规对其负责的装备进行有效的管理和维护。

（2）各军种部队：各军种部队作为装备使用的主体，在接收装备后，应严格按照各军种的装备条令和各类操作手册对装备实行全寿命周期管理，直到其退役报废。例如，美国陆军关于其维护活动设立了《陆军维护活动条令》《陆军维护活动管理系统操作手册》《指挥官维护活动手册》《士兵维护活动手册》4 项条令与手册。这些能够专门为陆军平时或战时所进行的各项行动中的装备维护活动提供依据，操作性较强、涵盖面广泛，对包括陆军现役、国民警卫队、预备役、合同商等涉及陆军装备使用的所有人员均适用。另外，所有列装于部队的装备器材也配有相应的维护手册，供装备管理和维修人员进行相关操作。齐全、完善的法规体系大大提高了部队使用装备、管理装备、维修装备的科学性和高效性。

## 7.1.2　装备管理制度

美军装备管理遵循系统管理制度、全寿命周期管理制度和全员管理制度。

### 1. 系统管理制度

所谓装备的系统管理，就是从保证部队整体作战保障能力的角度出发，将装备作为一个整体来对待，进行全面、系统的管理。美军在其装备管理中始终遵循这一思想，要求上至司令部等决策层，下至兵种、个人等执行层，所有装备管理人员必须把所负责的武器装备看成一个系统，并对这个系统实施有效管理。因为无论是复杂的指挥、控制、通信、计算机、情报、监视与侦察系统，还是简单的单兵武器，都是由若干个子系统或零部件组成的，其中任何一个子系统或零部件失灵，都会影响整个装备系统的功能发挥，从而导致战斗保障能力下降。在装备管理中确立系统思想，既着眼于每件装备的性能，又重视系统整体效能的发挥，对维护装备技术状态、发挥战斗力有重要意义。

### 2. 全寿命周期管理制度

全寿命周期管理是指，从装备列编并配发到部队起，到退役或报废为止的整个周期内，装备使用者必须对装备的验收、交接、保管、使用、维护、修理直到退役的全过程进行科学管理。因为在整个过程中，只要任何一个阶段管理不善，都会严重影响整个装备的效能发挥，所以美军制定了健全、完善的法规制度，明确了各个阶段的管理任务、目标和组织方法。例如，美国陆军明确要求其基层部队对重要装备进行不间断的监视和管理，定期报告装备状况，并严格规定了报告时间、报告次数、报告内容，以及报告中数据的收集方法和管理效果。此外，美军所有重要装备在配发部队时都配套下发了详细的操作手册，帮助相关人员掌握装备的保养、维护、管理和维修方法，也确保了美军装备全寿命周期管理过程的科学性和正确性。

### 3. 全员管理制度

随着信息技术在武器装备中的不断发展，要保持装备管理的高效运行，必须要建立全员管理装备的思想，明确各类人员的装备管理责任。在美军的《陆军维护活动条令》第 2 章中明确规定了 20 类人员的装备管理责任；在《军官维护活动手册》和《士兵野战维护活动手册》中规定了在各项行动中军官和士兵的具体装备管理职责。美军在总结海湾战争的经验时指出，其武器装备特别是 M1A1 坦克能够在恶劣的沙漠环境中保持较高的完好率，其中一个重要的原因就是遵循了全员管理装备的思想，基层指挥员要求分队所有人员对其装备负责，步兵要配合坦克驾驶员定期完成对坦克的清洁、检查和保养，并给所有车辆的空气滤清器套上了丝袜，有效防止了沙粒堵塞，大大提高了装备在恶劣环境中的战斗力。

## 7.2 保障装备退役报废管理体制

美军非常重视退役报废保障装备的管理与资源化利用，早在第二次世界大战结束后美军就通过将多余的军事装备民用化，削减了居高不下的军事装备库存。美军保障装备的编配使用、维护、退役报废等均实施标准程序化的管理方法，并建立了较为完善的退役报废管理法规。以下主要介绍美军退役报废保障装备的管理机构及管理制度。

## 7.2.1　退役报废管理机构

美国国防过剩资产的处置由美国总务管理局授权给美国国防部（Department of Defense，DoD），美国国防部进一步将这一责任委托给美国国防后勤局（Defense Logistics Agency，DLA），由美国国防后勤局处置服务部开展处置活动。如图 7-2 所示，美国国防后勤局处置服务部负责将退役报废保障装备移交给其他联邦机构，捐赠给州、地方政府和其他合格组织，或者以销售等方式退役报废美国国防部过剩及非过剩资产。

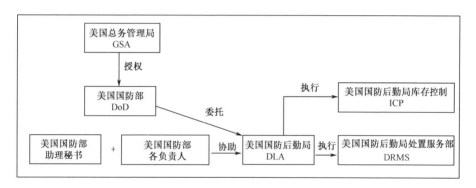

**图 7-2　美国退役报废管理机构**

涉及退役报废管理的各机构及职能如下。

（1）美国国防部助理秘书（或助理部长）：主要负责制定美国国防部装备物资处置政策，包括废品废料的处置政策；监督国防部装备物资处置计划的有效实施；批准政策的适当改变，以保障应急行动；审批认为合适、有用和必要的装备物资类别。

（2）美国国防部各负责人：针对美国国防部装备报废计划政策和处置程序的变化，负责向国防部助理部长提供相关信息和建议；根据要求，协助美国国防后勤局局长解决共同关心的问题；将美国国防部装备物资报废作为供应链管理必不可少的一部分，确保报废行为和费用作为供应链管理各阶段的一部分，确保各机构在所有层面都为装备物资报废做好计划；向美国国防后勤局局长提供必要的双方一致认可的数据，以便管理国防装备物资处置计划；参加美国国防部贵金属回收计划（Precious Metals Recovery Program，PMRP），并最大限度地提供废品废料、多余和过剩的装备物资及贵金属，供内部使用或作为政府供应物资（Goveernment-Furnished Material，GFM）进行再利用；确保完成装备物资处置（再利用和营销）培训课程；管理再利用项目，实现超额装备的再利用；经过美国国防后勤局和军事部门的共同同意，建立并管理处置账户，以支持军事部门完成非军事化（Demilitarization，DEMIL）处置和再制造；按照国防部门要求的工艺处置特别指定的危险品；根据需要，可按照规定的程序要求美国国防后勤局处理机构为国防部门合格回收利用项目生成的可再利用的、有市场价值的材料提供销售服务；准确识别并批准上交文件，并将所有经授权的废料零散文件上交美国国防后勤局处置服务部站点；以装备报废政策工作小组成员身份，改善美国国防部各部门和联邦政府机构的报废政策、培训课程和程序实现方式。

（3）美国国防后勤局：负责提供机构级别的指挥和控制，并管理全球国防装备处置计划；实施由美国国防部助理部长及其他组织发布的指令，为美国国防部装备处置计划建立系统概念和要求、资源管理、计划指南、预算和资金、培训和职业发展、管理审查和分析、内部控制措施，以及犯罪预防机制；领导装备处置政策工作小组（Disposal Policy Working Group，DPWG），在全球范围内对美国国防后勤局处置机构提供美国国防部装备处置计划执行方面的指导；根据美国国防部手册 DoD 4100.39《联邦后勤信息系统》中的概述，在联邦后勤信息系统（Federal Logistics Information System，FLIS）物资登记方面，对美国国防后勤局库存控制点（Inventory Control Point，ICP）进行指导；最大限度地提高废品废料、多余和过剩的装备物资的再利用率；最大限度确保装备处置系统和军事部门供应系统使用的文件、程序、编码和格式的通用性；承担全球范围内所有美国国防部危险品（Hazardous Property，HP）的报废；确保为与美国国防部装备处置计划相关的所有人员提供装备物资处置培训课程；确保处置服务遵循国防部处置层次，将废物填埋处置作为最后手段。

（4）美国国防后勤局处置服务部（或称为国防物资再利用和销售服务处）：美国国防后勤局处置服务部成立于 1972 年，总部设在密歇根州巴特尔克里克，在全球共有 103 个运营站点，并在 14 个国家设有办公室，主要是为了解决国防剩余装备物资计划中的问题。美国国防部通过美国国防后勤局所属的销售服务部实现对国防装备物资的再利用，为美军在全球范围内的主要军事基地提供保障支援。这些装备物资首先要提供给美国国防部进行再利用，或者转让给其他联邦机构，或者捐赠给美国州和地方政府及其他合格组织。未被再利用、转让或捐赠的多余装备物资可以出售给公众。

国防后勤局处置服务部的具体职能是：负责向军事部门和国防机构提供退役报废装备物资的再利用、转让、捐赠或销售等处置方案，以及有价值的保障方案；最大限度提高美国国防后勤局处置处置服务部管理的库存装备物资的重复利用率；在应急行动期间，向美国国防部作战人员提供特定装备物资处置服务；使用合适的销售方法，为已销售的所有美国国防部多余装备物资争取最佳投资回报；对国防装备处置项目实施质量控制，以保证较高的再利用率、合适的非军事化处置方法、使用环保的报废手段，对弹药清单和贸易控制清单上的产品实施贸易安全控制措施；监控美国国防后勤局处置服务部站点贵重金属回收计划的实施，为美国国防部各部门和参与的联邦机构提供保障，管理贵重金属回收计划的回收作业；准备和分配装备物资处置报告；为客户提供装备物资再利用、捐助和销售等处置服务；检查并积累装备物资的实物接收情况；建立废品废料、多余和过剩的装备物资的责任记录，并保持其可见性；提供或安排足够的仓库，做好安全防范措施，以保证从各单位接收的装备物资保持其价值和状态；适当存储有害废物，确保其存储设施满足所有适用的环境保护标准和要求；保证多余装备物资最大限度地再利用、转让或捐赠；管理美国国防部废料回收利用项目（包括贵重金属回收）和相关财政记录；确保退役报废装备物资完成非军事化处置。

（5）美国国防后勤局库存控制点：确保所管理的装备物资按照规定正确登记在美国联邦后勤信息系统中；若装备物资被指定的非军事化代码是"F"，则按照其全寿命周期管理要求准备完整的说明；每年在美国国防部非军事化项目网站上为运营事务（如再利用、捐赠、非军事化、贵重金属、危险废物，以及安全关键项目）向美国国防后勤局处置服务部提供联系点的更新；为不适用于美国国防后勤局处置服务部站点非军事化流程的物品安排非军事化处置方案；确认需要回收的物品，就物品回收的可能性向军事部门和国防机构库存控制点或综合装备管理人员提供建议；处置回收通告，以及其他库存控制点的数据交换事务。

## 7.2.2 退役报废管理制度

美军采办指令中明确要求，在装备达到其使用寿命终点后，确保此时装备"处于受控状态，并保证以一种使美国国防部对环境、安全、保密和人体健康所承担责任最少的方式实施退役报废处置"。受控状态可理解为退役报废保障装备在技术鉴定阶段、上交阶段与处置阶段均在规范化管理制度之内。

### 1. 技术鉴定评估制度

技术鉴定评估制度是对保障装备进行退役与报废的决定步骤，通过分析决策最终决定保障装备的下一步命运。随着美军试验鉴定的高速发展，其相关的政策指南也在不断完善。2009 年，美国国防部发布《联合试验与评价方法》；2011 年，美国国防部发布《将试验鉴定纳入国防部采办合同》；2015 年，美国国防信息系统局联合互操作性试验司令部发布《互操作性流程指南》。标准化、通用化技术鉴定评估制度，可以保证各项目办公室的一体化鉴定小组在大原则上始终推行"基于制度的评估"。

### 2. 统一上交实施制度

美军保障装备一旦被认定为须进行注销退役报废处置，那么保障装备使用单位须将保障装备统一上交至美国国防后勤局。《美国国防部后勤局物资上交手册》规定了美国国防后勤局接收/不接收超额财产保障装备的属性，统一的上交流程包括物资识别分类、退役报废登记、保管决定、转移至美国国防后勤局处置服务部站点、处置服务部站点接收物资、物资标识编码、财产核算、库存检查、财产处置和最终审核，还对有害物质上交流程、需要特殊处置的财产上交流程等进行了规定。《上交文件填制要求》严格规定了上交文件标准化填写规范，使填写有据可循；非军事化代码、供给状态代码分配方法详细，帮助上交部门对退役报废保障装备做出清晰判断，提高了上交效率。

### 3. 科学处置制度

为保证退役报废保障装备安全、保密、科学处置，美国国防部建立了一系列配套完善的政策法规体系，其中，《国防部装备处置：报废指南和规程（第 4 卷）》明确规定了处置国防部个人财产的统一程序；《国防部资产非军事化》规定分配职责，提供评估非军事化要求和执行国防部个人财产非军事化的实际程序；还有《美国国防部危险物品与废品回收指令》《美国国防部稀有金属回收项目》《危险物品处置程序》等。美国海、陆、空各军种详细制定专用装备的退役报废处置规定，如《美国空军指令：废物处置》《海军报废处置政策》等，整合细化保障装备处置目录，完善处置实施细则，明确各机构职责、规范分工与处置操作规定，建立公开透明的处置程序，确保保障装备处置工作规范有序、科学发展。

## 7.3　退役报废处置管理特点

根据美军退役报废保障装备的处置规程、处置方式方法及处置技术，归纳分析美军在退役报废保障装备的处置方面具有：机构健全、方式多样，三军统管、处置及时，分类处置、技术创新，系统优化、资源利用，军民通用、体系完善等显著特点。

### 7.3.1　机构健全，方式多样

美军保障装备的整体技术水平高，在其技术制胜与绝对优势的战略思维下，美军非常重视保障装备退役报废处置机构与制度的建设，以及处置方式的多样化。

#### 1. 美军非常重视退役报废保障装备的处置，设立专门职能机构进行管理

美军非常重视退役报废保障装备的管理与回收利用，设立了专职机构进行退役报废保障装备的回收管理。美国国防部通过美国国防后勤局处置服务部实现对退役报废保障装备的管理和再利用，为美军在全球范围内的主要军事基地提供保障支援和报废处置服务。建立航空航天维护与再生中心，在各地港口封

存退役舰船，实现了对具有重大经济价值、战略价值的装备的再利用。另外，美军对退役报废保障装备采用保养和维修工作并重的策略，建立了一套比较健全的组织机构和管理制度。

### 2. 健全保障装备退役报废制度

美军保障装备退役报废的几乎每项管理活动均可以找到相应的规范性指导文件。同时，各指导文件也不是孤立存在的，其层次分明、上下衔接、成册配套、彼此协调，因而，美军保障装备的退役报废规范性文件极为丰富、健全、完整，已经形成了一个相对完善的规范性文件体系结构。另外，美军退役报废管理机构层级分明，包括决策、监督、执行机构，各机构职能分工明确、衔接科学。具体来说，由美国国防部制定政策，在美国国防部各机构协助下由美国国防后勤局进行统一处置。

### 3. 美军采取多种多样的方式对退役报废保障装备进行处置

从通用物资到去军事化的军事装备转为民用，从保障装备的储备利用到翻新后推向国际军火市场，从备件的拆解利用到充分运用再制造工程，美军形成了覆盖全面的处置方法及途径，销售渠道多样，买方市场遍布全国各大机构，实现了退役报废保障装备处置的差异化，最大限度地挖掘了退役报废保障装备的价值。

## 7.3.2 三军统管，处置及时

为了保证退役报废保障装备处置工作的高效经济运行，美军注重三军统管、追踪管理和及时处置。

### 1. 美军退役报废保障装备处置由三军统一管理，确保处置效率

通过美国国防后勤局下属的美国国防后勤局处置服务部实现军方对过剩资产的控制，资产管理的范围大、覆盖面广。美军的三军统管使其能够在更高的层次和更大的范围内对退役报废保障装备进行统一管理，避免了相关设施的重复建设、处置技术信息共享不及时等造成的诸多问题，实现了相应的退役报废保障装备处置资源的集约利用，确保了退役报废保障装备处置的效益。

## 2. 实施退役报废保障装备可视化追踪管理

无论是库存的弹药、器材、设备物资，还是部队列装的保障装备，其零部件都会被装上具有可识别功能的模块，然后将其数据信息录入信息系统中，这样美国国防部就能够在可视化系统中实时查询其全球部署的装备器材在运、在修、在储存和已退役报废的情况。各军种的装备器材司令部也可根据自己的具体情况和实际需要，在信息系统中对保障装备器材进行状态检查、物资筹措等管理活动。现阶段，美军已开发出在运物资可视化系统、战区联合全资产可视化系统、陆军全资产可视化系统、本土作业联合全资产可视化系统等，这些可视化系统实现了对退役报废保障装备的路径、状态实时追踪，节省了人力、优化了资源，大大提高了美军退役报废保障装备管理水平。

## 3. 美军严格规定处置时限，确保退役报废保障装备及时处置

为了避免出现退役报废保障装备处置不及时的问题，美军明确规定某项装备一旦被鉴定为退役报废，21 天后即被送至美国国防后勤局处置服务部，然后保障装备就被归类为非军事化、可再利用或报废。非军事化保障装备保留 14 天；可再利用、转让、捐赠的保障装备应保留 42 天，方可报废。

## 7.3.3　分类处置，技术创新

美军在建立专职机构、实现三军统管的基础上，对各类退役报废保障装备按照相关标准及指示，采取分类处置，使不同的资产流向不同的部门，并采取较为先进的技术手段进行处置。

### 1. 美军十分重视退役报废保障装备资源的管理与分类处置再利用

早在 20 世纪，外国军队就对退役保障装备资源的处置进行了规范化管理，设立了专职机构进行退役保障装备的分类处置回收管理。美军通过美国国防后勤局处置服务部实现对国防物资的再利用，为美军在全球范围内的军事活动提供有力的物资保障。经美国国防后勤局处置服务部分类处置过的剩余国防物资则被地方政府、医疗机构、各大院校接收，或者通过公开拍卖和竞价的方式向公众销售。

## 2. 退役保障装备处置技术的创新可以更好地发挥其剩余价值

封存技术的创新，受到一些军事强国的重视。美军对于退役飞机的处置为，将退役飞机运抵维护中心，维护中心对退役飞机进行"全身体检"，将机身上重要的、容易发生危险的部件拆除保存，抽尽机身内燃料，喷上保护膜，对退役飞机进行为期 4 年的封存处置，最后对封存的退役飞机进行分类保存。在再制造方面，美军通过再制造吸收了先进的科技成果，提高了现有保障装备的战斗保障效能，美军的装备再制造伴随着保障装备性能的提升。

## 7.3.4  **系统优化，资源利用**

美军在保障装备的全系统全寿命周期综合管理中，非常重视其退役报废工作，并将退役报废和资源循环利用理念贯穿于保障装备全寿命周期的优化设计之中。

### 1. 将退役报废纳入全系统全寿命周期综合优化设计

美军将退役报废处置视为全系统全寿命周期的问题，必须从保障装备全系统全寿命周期的角度管理，并进行优化设计。可持续发展要求保障装备尽量地减量化、再利用、再循环。要使保障装备具有便于循环利用的特性，以及在退役报废处置时对环境的影响最小，关键在于保障装备在论证设计时，要考虑这些问题并明确地进行规范，使保障装备的材料、结构、工艺等具有满足上述要求的特性。这意味着保障装备在论证设计时，要从全系统大局考虑，将保障装备的通用化、标准化作为设计的准则；要从全寿命周期的角度统筹，将可拆解设计、绿色设计、轻量化设计纳入设计要求，使保障装备具有便于退役报废处置的特性。

### 2. 重视退役报废保障装备资源再利用理念

对保障装备的全寿命周期工作而言，保障装备的论证、研制、使用和维修阶段，对于提高装备的作战保障能力具有直接影响，而退役报废阶段作为保障装备全寿命周期的最后一环，是传统意义上保障装备的"死亡"阶段，也是保障装备由"死"到"生"的重要环节。美军将退役报废纳入保障装备全寿命周期管理，加强退役报废保障装备的再利用与资源化利用，大量节约原材料、零部件等装备资源，有效提高资源利用效率，减少对不可再生资源的开采，最大限度地减少对环境和生态的破坏，实现保障装备全寿命周期闭环管理，对保障装备建设可持续发展起到重要推动作用，具有较高的军事效益、经济效益和社会效益，以及环境保护价值。

### 7.3.5　军民通用，体系完善

为了谋求退役报废保障装备处置的军事效益、经济效益和社会效益，美军坚持走合同商保障、军民通用之路。

#### 1. 合同商保障成为美军退役报废装备处置的主要助手

依托合同商保障是美军的传统做法，通过签订合同，地方公司拥有军队过剩资产的独家销售权。2001 年 6 月，美国国防后勤局处置服务部与流动资产服务公司 LSI 签订了一份有效期长达 7 年的合同，使该公司拥有军队退役报废保障装备的独家销售权。该公司通过成立政府清算子公司，收购并转售退役报废保障装备和其他零部件，同时建立"财产集中控制中心"，实现对库存装备物资的控制，防止保密程度高或受限制的退役报废保障装备被销售给公众。2008 年 8 月，LSI 与美国国防后勤局处置服务部续约了为期 3 年的合同，并且拥有两次一年的续约权，合同规定在此期间由 LSI 负责接收、储存、营销由美国国防部产生的所有可用的过剩资产。

#### 2. 为了提高退役保障装备再利用的综合效益，美军重视完善军民处置体系

通过完善竞争机制，建立和完善军民通用化的退役装备处置体系，为保障装备退役后的建设提供可靠保障。美国为了加强军民通用化，建立了相应的决策机构，主要有美国国会、美国国家科学技术委员会、美国总统科技政策局等，这个层次主要通过颁布法律和制定相应发展战略来确定军民通用化的一些实施措施。早在 1991 年，为了促进军民通用化发展，促进军民通用技术的双向转移，美国国防部就成立了"技术转移办公室"（OTT），作为军民通用技术转移的牵头管理机构。

# 第 8 章

# 美军保障装备退役报废处置理念及发展趋势

当前，全球新型军事变革不断深化，新一代保障装备持续研制开发，已鉴定定型的保障装备全面列装部队。随着保障装备使用年限的增加，目前全球正处于大量新型保障装备入列，老旧保障装备升级、退役和报废时期，保障装备退役与报废工作十分繁重。因此，研究如何高质高效地做好保障装备退役报废处置工作，保持和提升作战保障能力是目前面临的一个重大课题。本章依据前文对美军保障装备退役报废处置相关内容的研究，梳理总结美军保障装备退役报废处置理念，归纳美军保障装备退役报废处置发展趋势，为我国保障装备退役报废工作逐步达到标准体系完善化、鉴定内容全面化、实施规程高效化、处置回收技术化、退役报废管理合理化目标，以及提高我国保障装备退役报废整体效率与效益提供借鉴和参考。

## 8.1 退役报废处置理念

保障装备退役报废处置的基本原则是，以积极退出的思想，统筹安排、科学规划，做到军事效益、社会效益、经济效益的有机结合。根据美军保障装备退役报废的处置方式与技术，总结得出其遵循的 4 种处置理念为循环经济理念、全寿命周期管理理念、再制造理念和生产者责任延伸制理念。

### 8.1.1　循环经济理念

循环经济思想的萌芽可以追溯到环境保护思潮兴起的 20 世纪 60 年代，美国著名经济学家肯尼思·鲍尔丁提出了"循环经济"这一概念。20 世纪 70 年代，循环经济还只是先行者的一种超前性理念。进入 20 世纪 80 年代，人们开始逐步采用资源化的方式处理经济活动中产生的"废弃物"，但大多数国家对于源头控制仍缺乏深刻的认识和具体的举措。到了 20 世纪 90 年代，当可持续发展战略成为世界潮流后，源头控制和全过程管理取代末端治理成为国家环境和发展政策的主流。

循环经济是指，在经济发展中，遵循生态学规律，将清洁生产、资源综合利用、生态设计和可持续消费等理念融为一体，将物质、能量进行梯次和闭路循环使用，实现废弃物减量化、资源化和无害化，使经济系统和生态系统的物质生态化循环利用，在环境方面表现为低污染排放甚至零污染排放的一种经济运行模式。循环经济是一种以资源的高效利用和循环利用为核心，以"减量化（Reduce）、再利用（Reuse）、再循环（资源化）（Recycle）"为原则（"3R"原则），以低消耗、低排放、高效率为基本特征，符合可持续发展理念的经济增长模式，是对"大量生产、大量消费、大量废弃"的传统经济增长模式的根本变革。循环经济要求以"3R"原则为经济活动的行为准则。其与传统经济的不同之处在于：传统经济是一种"资源—产品—污染排放"单向流动的线性经济，其特征是高开采、低利用、高排放。在这种经济模式下，人们需要高强度地提取地球上的物质和能源，然后把污染和废弃物大量排放到水系、空气和土壤中，对资源的利用是粗放的、一次性的，通过把资源持续不断地变成废弃物来实现经济增长。循环经济倡导的是一种与环境和谐的经济发展模式，它要求把经济活动组织成一个"资源—产品—再生资源"的反馈式流程，如图 8-1 所示，其特征是低开采、高利用、低排放。所有的物质和能源在这个不断进行的经济循环中得到合理和持久的利用，把经济活动对自然环境的影响降低到尽可能小的程度。

狭义的循环经济可以理解为资源的闭环利用经济，在保持经济发展水平的同时，通过"资源—生产—产品消费—废物再资源化"的物质清洁闭环流动模式，既避免大量不可再生资源被大量掠夺式开采，又可以减少废弃物对环境的污染和破坏。根据技术层面上物质循环层次深度不同，资源可以分为以下几个层次进行再生利用，如图 8-2 所示。

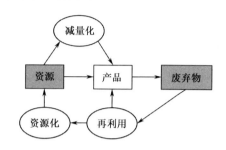

图 8-1　循环经济发展模式

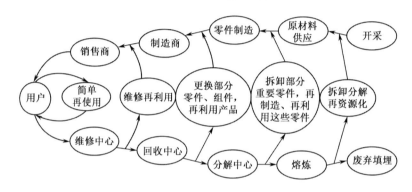

图 8-2　资源的再生利用

　　美国于 1976 年制定了《固体废弃物处置法》，1989 年通过了《综合废弃物管理法令》，要求在 2000 年以前，50%的废弃物通过源削减和再循环的方式进行处理。《美国国防部装备处置》系列手册中规定：在可行的情况下，通过对绿色环保产品的可持续性采购消除危险财产的使用，在现有采购政策中增加绿色条款，以及通过资源回收、再循环和源头分离将危险财产的数量减少到最少。上述废弃物处置政策，以及美军对于退役报废保障装备的处置方式，充分体现了美军对于循环经济理念的贯彻实施。循环经济理念要求军事领域中物质由传统的"资源—装备—污染排放"单向流动模式，转向"资源—装备—再生资源"的反复循环流动模式。

　　循环经济的减量化原则、再利用原则和再循环原则呈现递进性，在控制对环境有害的物质投入经济活动、减少废弃物产生的基础上，加强产品的多次使用和反复使用，只有在避免产生和回收利用都无法进行时，才允许将废弃物进行最终的环境无害化处理。以下对循环经济的三大原则进行简要阐述。

### 1. 减量化原则（Reduce）

减量化原则是循环经济的第一个原则，属于输入端控制原则。它要求在生产过程中通过管理技术的改进，减少进入生产过程和消费过程的物质和能量。换言之，减量化原则要求在经济增长过程中使其具有持续的、与环境相容的特性，即必须在生产源头的输入端就充分考虑节省资源、提高单位生产产品对资源的利用率、预防废弃物的产生，而不是把眼光放在产生废弃物之后的治理上。在军事领域，减量化原则具体体现在生产阶段减少保障装备中有毒有害材料，以及使用易于再利用或再循环的材料等。在保障装备生产过程中，承包商可以通过技术改造，采用先进的生产工艺，或者优化设计制造工艺，或者实施清洁生产减少单位产品生产的原料使用量和污染物的排放量。在消费中，消费者应优先选购包装简易、坚实耐用、可循环使用的产品，减少过度消费。

### 2. 再利用原则（Reuse）

再利用原则是循环经济的第二个原则，即尽可能多次及多种方式地使用所购买的产品，其属于过程性控制原则。它要求将废弃物直接作为产品，或者经修复、翻新、再制造后继续作为产品，或者将废弃物的全部或部分作为其他产品的部件予以使用。也就是通过再利用，可以防止产品过早成为废弃物。在生产过程中，要求制造产品和包装容器能够以初始形式被反复利用，尽量延长产品的使用期，而不是非常快地更新换代；鼓励再制造工业的发展，以便拆卸、修理和组装用过的或破碎的东西。在军事领域，生产厂商提供的保障装备要易于拆卸和再使用，应采用标准尺寸设计，延长保障装备的使用期。在使用过程中，保障装备应进行修理或更新升级，使其在部队中循环使用，延长其使用期，而不是频繁更换，提倡保障装备再次市场化。

### 3. 再循环（资源化）原则（Recycle）

再循环（资源化）原则是循环经济的第三个原则，即尽可能多地再生利用或循环利用，其属于输出端控制原则。它要求最大限度地对废弃物进行再加工处理（再生），使其成为新的资源，制成使用资源和能源较少的新产品再次进入市场或生产过程，以减少废弃物的产生。再循环有两种情况：第一种是原级再循环，也称为原级资源化，即将废弃物循环用来生产与原来相同的新产品，如利用废纸生产再生纸，利用废钢铁生产钢铁；第二种是次级再循环或次级资源化，即将废弃物用来生产与其性质不同的其他产品。原级再循环在减少原材料消耗方面达到的效率要比次级再循环高得多，是循环经济追求的理想境界。

归纳以上内容，"3R"原则的简明释义如图 8-3 所示。

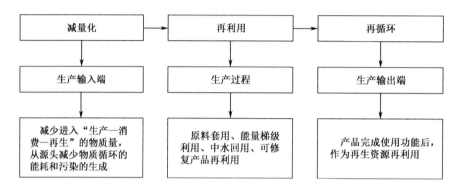

图 8-3    "3R"原则的简明释义

"3R"原则是循环经济的核心概念，指导循环经济的具体实施。但"3R"原则中的各原则在循环经济中的重要性并不是并列的，其优先顺序是减量化>再利用>再循环。其要义是，首先，要从源头控制废弃物的产生，提高资源使用效率，减少资源消耗量；其次，对源头不能消解又可利用的废弃物，以及消费者使用过的旧物等加以回收利用；最后，对于不能再利用的废弃物进行最终的无害化处置。资源循环利用是循环经济的核心内涵，循环经济的中心含义就是"循环"，但它不是指经济的循环，而是指经济赖以存在的物质基础——资源在国民经济再生产体系中各个环节的不断循环利用（包括消费与使用）。

循环经济为工业化以来的传统经济向可持续发展经济的转型提供了战略性的理论范式，可以充分提高资源和能源的利用效率，最大限度地减少废弃物排放、保护生态环境，实现社会、经济和环境的"共赢"发展。推行循环经济发展模式已成为各国政府实现国家可持续发展战略、保障国家生态安全、协调人与自然和谐发展的有效途径。

### 8.1.2　全寿命周期管理理念

寿命周期，又称生命循环或生命周期，是指产品从自然中来再到自然中去的全部过程，即"从摇篮到坟墓"（From Cradle To Grave）的整个寿命周期各阶段的总和，具体包括从自然中获取最初的资源、能源，经过开采、原材料加工、产品生产、包装运输、产品销售、产品使用、产品再利用，以及产品废弃处置等过程。产品的全寿命周期管理就是以使用需求为牵引，对产品的整个寿命周期各阶段进行全过程、全方位的统筹规划和科学管理，实现对传统产品管理的"前伸"和"后延"，即全过程管理模式。而寿命周期评价（Life Cycle Assessment，LCA），又称"从摇篮到坟墓"分析或资源和环境轮廓分析，是对产品的全寿命周期进行环境表现分析的一种重要方法，力图从源头预防和减少环境问题，而不是等问题出现后再去解决。

寿命周期评价起源于 20 世纪 60 年代后期。进入 20 世纪 90 年代，LCA 得到显著发展，国际环境毒理学与化学学会（SETAC）和国际标准化组织（ISO）在其中发挥了举足轻重的作用。1990 年，SETAC 首次提出了寿命周期评价的概念和架构，统一了国际上的 LCA 研究。目前，寿命周期评价的定义有多种形式，其中 SETAC 和 ISO 的定义最具权威性。根据 SETAC 对 LCA 的定义，LCA 被描述成这样一种评价方法："通过确定和量化与评估对象相关的能源消耗、物质消耗和废物排放，来评估某一产品、过程或事件的环境负荷；定量评价由于这些能源、物质消耗和废物排放所造成的环境影响；辨别和评估改善环境（表现）的机会。评价过程应包括该产品、过程或事件的寿命全过程，包括原材料的提取与加工、制造、运输和销售、使用、再利用、维护、循环回收，直到最终的废弃。"ISO 从 1992 年开始筹划包括 LCA 标准在内的 ISO 14000 环境管理系列标准的制定，LCA 标准成为 ISO 14000 环境管理系列标准中产品评价标准的核心及确定环境标志和产品环境标准的基础。LCA 标准包含 ISO 14040～ISO 14049 10 个标准号。2006 年，ISO 发布了 ISO 14040—2006《生命周期评价——原则和框架》和 ISO 14044—2006《生命周期评价——要求和导则》这两项生命周期评价标准的修订版。

在决策和管理方面，LCA 作为一种重要的环境管理手段，是实现源头控制的有效途径，并且对污染产生的全过程进行了分析，在很大程度上解决了以往环境评价和分析方法存在的片面性与局限性问题，为全局性和整体性环境保护政策的制定提供了科学依据。LCA 的理论和分析框架也广泛应用于环境立法，它是实施和制定环境标志的一个重要理论支柱，也是评价某一产品是否可授予环境标志的准则。LCA 对于废弃物管理政策的提出也具有重要的指导意义。欧盟和欧洲议会在有关包装和包装垃圾条例中取消了"再利用—循环处理—焚烧—填埋"这一传统的包装垃圾处理程序，提倡充分考虑地方条件并以具体案例研究为基础制定垃圾处理措施和程序，并在最小回收利用率的基础上提出最大回收利用率。

在技术、工艺、设计方面，采用 LCA 可以比较具有同一目的的不同产品或具有相同作用的不同工艺和原材料的环境负荷，从而选择经济效益和环境效益俱佳的产品或工艺，帮助开发"资源和环境保护取向"的产品、工艺和能源，推广清洁生产技术。LCA 是清洁生产审计的有效工具，可以全面地分析企业生产过程及其上游（原料供给方）和下游（产品及废弃物的接收方）产品全过程的资源消耗和环境状况，找出存在的问题，提出解决方案。LCA 作为产品评价与产品设计的原则，具有全过程评价、系统性与量化、注重产品的环境影响等特点，可直接应用于产品生态设计的各个阶段，从产品的设计阶段就考虑产品的用后拆解和资源的回收利用。

随着报废产品末端处理弊端的逐渐显现，人们越来越意识到实行源头控制的重要性，须对报废产品从源头产生到末端处理的全过程进行严格的控制。产品全寿命周期过程的划分，从制造流程的角度看，包括生产阶段、销售阶段、使用与维修阶段、回收阶段、处理处置与再制造阶段；从物流方向的角度看，又可分为正向物流体系（从原材料加工到产品制造、销售与使用）和逆向物流体系（从产品退役报废的回收到处理处置、再制造）。全寿命周期管理就是对退役报废产品的源头减量、运输、储存、使用、维修、处理处置的全过程及各个环节实施控制管理和开展污染防治，它建立在 LCA 的基础上，目标是使退役报废产品对人员和环境造成的损害和风险最小，在其全寿命周期过程内将物耗、能耗和污染物排放量降至最低。产品的全寿命周期框架如图 8-4 所示。

退役报废产品在全寿命周期管理中应遵循的基本原则如下。

一是源头控制优先原则。退役报废产品的源头控制是退役报废产品管理的优先环节,其目的是在污染物产生之前最大限度地减少污染物的产生量、降低其毒性。源头控制的范围包括产品设计、制造工艺等生产环节,以及销售环节、使用维修环节。例如,在生产环节,要求在产品的试制与生产设计阶段将生态设计和清洁生产的理念贯穿其中,包括设计与生产使用寿命更长的产品、不使用有毒有害原材料、在产品设计中考虑使用后便于资源化再利用,以及采用清洁生产工艺,达到节能、降耗、减排的目的。

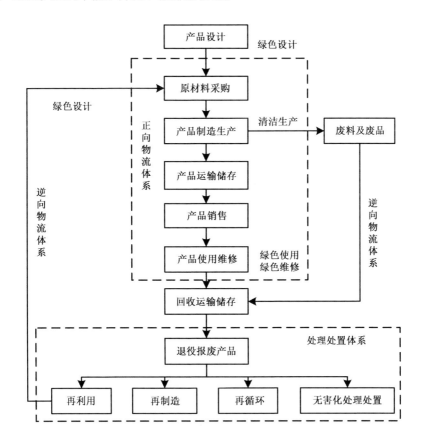

**图 8-4　产品的全寿命周期框架**

二是完善资源化体系。资源化是退役报废产品产生后的最优先管理原则,其过程涉及收集、运输和储存、资源化利用等。收集是对退役报废产品实施管理的第一个环节,它在一定程度上影响资源化过程的实现,须建立顺畅的收集渠道并进行分类收集。在运输和储存过程中,要遵循有关危险废物运输的法规和制度、危险废物经营许可制度和危险废物储存污染控制标准等。资源化利用有多种实现途径，根据"距离法则"，资源化原料和产品之间在用途和性质上越相近，该资源化过程的生态效应越显著，由此确定资源化过程的优先次序：再利用—再制造—再循环。

保障装备全寿命周期管理是综合装备工程学和过程管理理论提出的一种新的装备管理方法。其基本的思想是：将保障装备管理范围拓展到包括保障装备的研究、设计、制造、购置、安装调试、使用、维修、改造，直到退役报废为止的全过程，在这个过程中的每个环节都是必不可少的，任何一个环节出现问题都会引起整个过程的连锁反应。其基本的目的是通过全过程管理从整体上保证和提高保障装备的可靠性、维修性和经济性。

美军保障装备处置要求在资源开采、生产、运输、使用和再利用的全过程中控制环境问题。保障装备原材料开采设计应体现"预防为主"的环境保护原则，因为它在很大程度上决定了保障装备的生产工艺与过程、使用和服务、退役报废和处置等寿命周期阶段的经济成本与付出的环境代价。因此，在原材料开采阶段可通过保障装备的绿色设计，从源头预防环境污染，将生态环境因子作为保障装备开发设计的一个重要指标。在保障装备生产阶段，采用环境友好生产工艺和强化环境管理的手段进行绿色生产，以减少甚至避免环境污染。生产全过程以"节能、降耗、减污、增效"为目标，生产优质、节能、环保产品。

全寿命周期管理还要求关注保障装备退役报废阶段，加强退役报废保障装备的再利用与资源化利用，可以大量节约原材料、零部件等装备资源，有效提高资源利用效率，减少不可再生资源的开采，最大限度地减少对环境的污染和生态的破坏。保障装备在此阶段，通过实施生产者责任延伸制度，使保障装备报废与处置的责任由生产者承担，使废物报废与处置的成本内部化，从而刺激生产者更多地关注保障装备的设计、环境属性、可回收性及使用阶段的功能性，延长保障装备寿命，降低保障装备报废率，并使其报废后便于回收利用、安全处置，以实现资源的有效利用，从而降低保障装备报废后对环境的影响。美国在电子产品的报废和处置等方面建立了较为系统的法律体系，包括立法征收电子垃圾处理费和立法再生利用，以注重实际应用的立法促进废物的分类收集、资源化回收利用和无害化处置。

退役报废保障装备新的回收处理模式是追求其价值最大化，通过有效的回收方式，保障装备零部件得到重用或再加工，从而形成闭环保障装备寿命周期。此时，保障装备生产者能够从部队使用者手中获得可再利用的零部件或材料，经过生产加工后再向部队提供。闭环保障装备寿命周期循环模式如图 8-5所示。

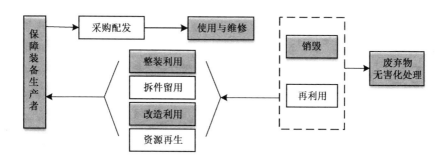

图 8-5　闭环保障装备寿命周期循环模式

理想模式下的闭环保障装备寿命周期循环模式是指，使在闭环系统中使用过的产品重新进入制造系统，并作为零部件资源和新材料完全得到再利用，最终达到材料与能量的平衡。与开环保障装备寿命周期循环模式相比，闭环保障装备寿命周期循环模式增加了回收再利用环节。根据保障装备的实际情况与处理需要，有的可以在产品级进行整装利用，有的可以在部组件级经过再制造重新利用，有的可以在零件级加以翻新或移用。当以上产品级、部组件级、零件级都无法进行直接利用时才进行材料级回收，并将最终废弃物进行无害化处理。按照这种思路，退役报废的保障装备被逐级分解，经过重用、移用、再生等途径，其目的是将最后留下的废弃物数量降至最少，实现军事效益、经济效益、社会效益的最大化。

### 8.1.3　再制造理念

再制造理念大约是在 20 世纪 50 年代提出的，最早的应用领域是军工行业，它丰富了军工产品的修复体系。再制造工程是，以产品全寿命周期理论为指导，以优质、高效、节能、节材、环保为准则，以先进技术和产业化生产为手段，进行修复、改造废旧装备产品的一系列技术措施或工程活动的总称。其目的明确，即在再制造过程中，大大降低各种资源的损耗及减轻对环境的污染，促使退役报废保障装备及其零部件得到最大限度的循环利用。再制造工程是废旧产品高技术维修的产业化，其重要特征是再制造产品质量和性能达到或超过新产品，其成本是新产品成本的 50%左右，同时可以节约 60%的能源，节约 70%的耗材，对环境的不良影响与制造新产品相比显著降低，减少了其他成本的投入。根据再制造理念的含义，以及前文介绍的美军对于退役报废保障装备的处置技术，可以看出再制造理念是美军保障装备处置中的重要理念。

再制造确定的原则：一是对损坏的零部件能够高质量地完成再制造，产品质量能达到或超过新产品的水平；二是在再制造产品的寿命达到或超过新产品的前提下，其制造成本必须低于新零部件的成本，一般情况下，再制造零部件的成本低于新零部件成本的 30%以上，再制造才有经济价值。美国的再制造已深入到汽车、工程机械、工业设备、国防装备、电子电器等各个领域，已形成以"换件和尺寸修理"为特征的较为完善的技术体系。例如，美国拥有专门的发动机再制造协会，其会员单位有 160 多个，协会负责管理协调发动机再制造企业之间的技术、设备、产品和备件供应等事宜。同时，美国也拥有专门的国家级研发团队，从产品的全寿命周期出发，开展了一系列再制造技术和专用设备的研发。美国再制造与资源再生国家工程中心重点研究再制造清洗技术、再制造零件的机械加工技术、产品的全寿命周期设计与再制造设计技术。此外，该中心还针对再制造产品的健康管理开发了相关的无损检测、评估决策技术与设备。

美国军用装备、汽车和机械制造等领域的再制造产值占再制造总产值的83%以上，其中，美军是再制造的最大受益者，其开展了大量装备健康管理和通过再制造装备现代化升级技术研究，每年美军用于装备再制造升级改造的经费投入占装备研发费用的 35%。美国国防部已把"新的再制造技术"列入优先发展的国防制造工业的新重点。无论是作战装备还是保障装备，美军均大量使用再制造部件，不但节约了保障装备的制造经费，而且提高了其寿命和可维修性。美军在 2000—2005 年完成了 269 架阿帕奇直升机的再制造，再制造后该型号直升机成为美国现役武装直升机中战斗力最强、性能最先进的一种机型。再制造工程不仅是最大限度利用资源和保护环境的循环经济发展模式，而且遵循产品全寿命周期循环系统的发展思路，延长了产品的寿命周期，保证了产品的性能和质量，节约了资源和能源，减少了生产制造过程中的环境污染，具有较高的经济效益、军事效益、社会效益及环境资源效益。

### 8.1.4　生产者责任延伸制理念

生产者责任延伸制的思想起源于瑞典。1975 年，瑞典在一份关于废弃物循环利用和管理的议案中提出，生产者有责任在产品生产前了解恰当的废弃产品处理方式，并要求生产者在产品的全寿命周期内承担相应的环境责任，最终完成废弃产品的回收、处理等一系列工作。1988 年，瑞典隆德大学的环境经济学家托马斯·林德奎斯特（Thomas Linduquist）在给瑞典环境署提交的一份报告中首次提出"生产者责任延伸制度"（Extended Producer Responsibility，EPR）一词，并将其定义为，"通过将产品制造者的责任延伸到整个产品的寿命周期，特别是对产品的回收、再循环和最终处理承担责任，实现降低产品的环境影响这一环境目标的一项环境保护策略。"他还指出，EPR 通过包括行政性的工具、经济性的工具、信息性的工具在内的政策工具来实施，而这些工具的组合形成了EPR 的确切形式。Thomas Linduquist 在 2000 年的博士论文中，将 EPR 定义为一种"政策原则"，作为对"环境保护策略"这一提法的修正。

欧盟对 EPR 的理解基本上延续了这一理念，要求生产者必须承担产品使用完毕之后的回收、处理和再生的责任，其特点是将产品废弃阶段的责任完全归于生产者。

戴维斯（Davis）则赋予 EPR 一个范畴更加广阔的概念："EPR 是一种理念，即产品的制造商和进口商对其产品全寿命周期的环境影响承担一定程度的责任，包括上游的为产品选择材料、制造商的生产过程本身，下游的产品使用和废品处理等过程中固有的环境影响。"这个定义包含但不限于后消费阶段的环境责任，而是真正涵盖全寿命周期。

经济合作与发展组织（Organization for Economic Cooperation and Development，OECD）对 EPR 的理解有一个探索的过程，其将 EPR 定义为，"产品生产者的责任（实体和/或经济责任）延伸至产品后消费阶段的一种环境政策，它包含两个相互联系的特征，其中，废弃物回收、处理等责任由地方政府转移至生产者；鼓励生产者在进行产品设计时考虑环境因素。"这和 Thomas Linduquist 的定义有异曲同工之效，但突出了生产者的责任应通过向下游的延伸，形成对上游活动的反馈回路，即促使其在承担下游责任时，自发地考虑如何在上游的产品设计阶段进行改良，以减少对下游的压力。也就是说，它通过链接产品全寿命周期的两端，提供了生产者实现环境目标的有效链路，也因此为 EPR 作为环境保护策略的内在激励性提供了根本依据。

EPR 制度的优势在于，装备生产者比装备购买使用者拥有更多的信息优势和交易成本优势，装备生产者熟知装备的资源构成、设计构造，并拥有大批专业的工程技术人员和设施设备，可以极大地降低回收处置成本。另外，EPR 制度不仅侧重于产品生命末端的环境责任，还特别强调通过上游的产品设计和贯穿产品全寿命周期的产品体系再造，来达成下游的环境责任，而设计的目标在于实现产品链内的多重循环，包括产品的反复使用、部件的再制造、材料的再循环等，从而大大减小最后的环境压力。此外，EPR 制度中生产者以服务代替产品的思想，与基于性能的采办思想不谋而合。

从 20 世纪 90 年代开始，生产者责任延伸制度一直处于高速发展阶段，涉及的责任主体和产品种类不断增加。生产者责任延伸制度理念迅速传播并进入实践和立法阶段，代表了发达国家产品废弃物管理模式的重要发展趋势。目前，几乎所有的 OECD 成员都制定了生产者责任延伸制度。生产者对产品的责任被界定在产品的设计、制造、流通和使用阶段，仅对生产过程中产生的环境污染负责，而产品废弃后则由地方政府负责对废弃物进行处理。EPR 制度则把生产者责任拓展到产品的全寿命周期，特别是产品消费后的回收处理和再生利用阶段，促进改善生产系统全寿命周期内的环境影响状况。生产者责任延伸实际上将废弃物管理与处置的责任部分或全部从政府承担上移至生产者承担，使废弃物管理与处置的成本内部化，从而激励生产者进行环境友好设计，减少原料及有害物质的使用，实现废弃物的最终处置与源头控制的完美融合。当前，欧盟和美国有两种不同的 EPR 策略，其区别在于责任主体不同。欧盟的 EPR 策略将产品处置阶段的责任完全归于生产者，即由生产者承担产品使用完毕之后的回收、再生及处置责任，这迫使生产者必须重新考虑产品的设计和原料的选择。美国的EPR 策略较为宽泛，1996 年美国可持续发展总统议会（PCSD）就对 EPR 制度进行了修订,将 EPR 中的"P"的含义由生产者( Producer )修订为产品( Product ),其着眼点在于产品对环境冲击的每个阶段,而不仅限于弃置阶段,主张由政府、生产者和消费者共同承担产品及其废弃物对环境的影响责任。与欧盟的 EPR 策略相比,美国的 EPR 策略更具灵活性,但也可能会导致生产者失去对产品设计和原料选择的压力和动力。

生产者延伸责任制度中的责任模式是其核心要素。Thomas Linduquist 将生产者延伸责任模型表述为 5 种责任模式的构建,分别为赔偿责任、经济责任、实体责任、信息披露责任和所有权责任,并对各种责任的特征进行了描述,具体描述如下。

赔偿责任:赔偿责任也可称为环境赔偿责任,生产者对已经证实的由产品导致的环境损害负责,其范围由法律规定,并且可能包括产品全寿命周期的各个阶段。

经济责任:生产者为其生产的产品的收集、循环利用或最终处理全部或部分付费。生产者可以通过承担某种特定费用的方式来承担经济责任。

实体责任:生产者必须实际参与处理其产品及其产品造成的影响,包括开发必要的技术、建立并运转回收系统等。

信息披露责任:信息披露责任也称为信息责任,生产者有责任提供有关产品及产品在其全寿命周期的不同阶段对环境影响的相关信息。

所有权责任:在产品全寿命周期中,生产者仅出售产品的使用权、保留产品的所有权,该所有权涵盖产品的环境问题,对其生产销售的产品负完全责任。

由于实践中大多数生产者无法独自承担相应的责任,因此生产者责任组织( PRO )产生了,这为生产者借助第三方力量承担延伸责任创造了条件,并由此产生了个体责任和集体责任。当同一类产品的生产者,不考虑产品的品牌,共同为他们产品的寿命末端管理承担责任时为集体责任。Tojo( 2003 )根据回收和循环再生两个阶段,结合两种责任方式,将各主要国家的 EPR 项目归纳为 3 种责任承担模式:一是完全集体责任,二是集体实体责任下的个体经济责任,三是完全个体责任。

之后,与 Thomas Linduquist 的 3 种重要的责任模式——经济责任、实体责任、信息责任相整合,Tojo( 2004 )对集体经济责任、个体经济责任、集体实体责任、个体实体责任、集体信息责任和个体信息责任进行了定义，其关系如图 8-6 所示。

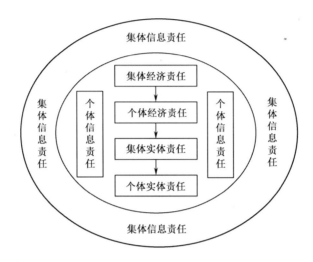

**图 8-6　生产者责任延伸制度的责任体系关系框图**

当生产者对其自身产品的寿命末端管理费用进行支付时，其承担的是个体经济责任。当一群生产者不考虑品牌而共同为他们的产品支付寿命末端管理费用时，他们承担的是集体经济责任。

当产品能够按照品牌加以区分，同时生产者在一定程度上参与下游活动的组织而对其废弃产品的寿命施以控制时，生产者承担个体实体责任。当相似类型的产品，不考虑品牌，在一起得到实体处理，而处理方为如生产者责任组织的第三方时，则为集体实体责任。

生产者负有个体信息责任，即他们收集并提供关于其产品和产品体系的信息，录入有毒有害物质的位置、使用材料的种类，以及材料通过何种途径到达生产场所。当诸如生产者责任组织、行业协会等第三方提供这些信息时，生产者承担集体信息责任。

Thomas Linduquist 和 Tojo 分别从责任类型和责任承担方式上对 EPR 的责任模式进行了分类，并最终将其整合，这对于理解 EPR 的实施手段具有重要意义。

# 8.2　退役报废处置发展趋势

本节总结美军保障装备退役报废处置的发展趋势,主要包括鉴定评估方法多元化、鉴定预测技术实用化、处置方法与技术创新化、退役报废管理方式规范化。

## 8.2.1　鉴定评估方法多元化

美军依据不同时期国防战略与军事装备技术需求的变化,修正与调整装备鉴定评估方法,完善美国国防部和军种试验与评估机构,配置与统筹试验资源,体现了鉴定评估方法的多元化特点。

### 1. 及时将新思想、新理论和新模型纳入鉴定评估方法中

美军积极开展装备试验与评估方法的转型,几乎每次变革都依靠新思想、新理论、新途径、新方法和高新技术的推动。把最新的高端技术理论纳入保障装备鉴定与评估领域,使美军的保障装备试验体系具有领先的试验评估能力。面对高新技术新思维的不断涌现,美军推动基于建模与仿真技术、计算机技术、网络技术、虚拟现实技术和人工智能技术等高新技术的保障装备鉴定评估建设,提升基于信息系统的保障装备试验评估能力。

### 2. 完善鉴定体系,推进仿真建模应用

靶场职能的转变与拓展是美军装备试验与评估发展历程的一个重要节点。美军"逻辑靶场"和"一体化试验与评估"体系的建设,实现不同地域的靶场、设施、试验室及仿真资源的无缝集成,形成基于信息技术的完善的试验体系,实现靶场资源的联合和共享,是实现军队保障装备试验与评估科学发展的必然选择。此外,美国国防部推进建模与仿真工具的广泛应用。例如,联合技术协调小组在评估装备效能时首次在攻击性网络效应评估中应用建模与仿真工具,网络效应模型使得美国国防部能够评估装备系统在受到网络攻击时的生存能力。

### 3. 加快推进数字化进程，引领鉴定发展新方向

2018 年 6 月，美国国防部负责系统工程的助理部长帮办发布《数字工程战略》，计划将采办流程从线性的、以文档为中心的模式转变为动态的、以数字模型为中心的模式，建立数字工程生态系统，促使试验鉴定加快数字化进程。试验鉴定数字化转型主要指试验鉴定主计划的数字化，不仅是指将纸质文档变为数字化文档，还是指以数字化思维来策划制订主计划，以模型为中心，通过数字抓取系统，根据参数敏感性分析，实现需求的自动跟踪与量化。

## 8.2.2　鉴定预测技术实用化

美国是处于故障预测和健康管理系统发展前沿的国家之一，其研究和应用水平具有一定的领先优势。自顺利实施陆军诊断改进计划以来，美国国防部、美国陆军等机构开展了一系列相关研究计划，为军用车辆研发提供可提高车辆战斗力、降低全寿命周期费用、效费比高的故障预测和健康管理方案。进入 21 世纪，故障预测和健康管理技术日益成熟，并向实用化方向发展，主要体现在以下几个方面。

### 1. 网络化、服务化是故障预测和健康管理技术的重要发展方向

随着信息技术的发展，开发基于网络的远程故障诊断和健康管理系统，可以提高复杂保障装备故障诊断的协同性和准确性，同时可以降低复杂保障装备的运行成本。在故障预测和健康管理平台中进行服务交易和共享，有利于丰富平台的知识资源、诊断方法等内容，提高资源利用率，促进故障预测和健康管理技术的深入研究和应用，有效解决现有的故障预测和健康管理技术中存在的故障诊断和预测模式单一，以及系统资源相对封闭、缺乏与外界的交互而导致的资源使用率低下、共享程度不够等问题。

### 2. 知识化、智能化在故障预测和健康管理系统中扮演更加重要的角色

知识化、智能化成为故障预测和健康管理技术的发展趋势。未来，复杂保障装备系统知识化、智能化程度将逐渐提高，装备系统将具备自诊断、自修复功能。相应地，故障诊断系统能够在保障装备运行过程中具备知识学习和更新能

力，在没有人为参与的情况下仍然能够完成保障装备诊断任务。

### 3. 模块化、开放式体系架构将在系统一开始就被设计

为了便于将故障预测和健康管理系统灵活应用于各种保障装备，包括简单的传统保障装备和复杂的现代化保障装备，需要从一开始就将装备系统设计成模块化、开放式的体系架构，以实现部件的即插即用，解决各个子系统因彼此独立、点到点集成所导致的诸多问题，大幅提高装备保障效能，明显增强保障装备的未来发展潜力。

### 4. 故障预测和健康管理系统与保障装备其他业务系统集成，快速获取与保障装备维护相关的全寿命周期知识资源

目前，保障装备故障诊断系统或故障预测和健康管理系统大都是独立的系统，无法获取产品设计、制造等阶段的信息，造成诊断知识匮乏。合同商信息系统存储了大量的产品信息和知识，如产品数据管理、仿真数据管理、测试数据管理、供应链管理、客户关系管理等，但是，这些业务系统忽视了向产品全寿命周期后期的知识传递，形成了知识断层。所以，系统集成化将成为保障装备故障预测和健康管理技术发展的另一个趋势。

## 8.2.3　处置方法与技术创新化

退役报废保障装备处置方法与技术的核心是实现废弃物的最大利用，发展趋势主要体现为持续创新处置方法与技术，坚持军民通用化处置，实现废弃物智能化管理。

### 1. 重视方法与技术创新，实现保障装备再制造、再利用、再循环发展

在当前全球自然资源急剧减少、优质原材料获取难度加大的背景下，美军在兼顾环保、安全、高效的基础上，评估退役报废保障装备关键零部件性能，充分论证处置工艺路线，加大退役报废保障装备精细化拆卸分解深度，挖掘不同类型资源再回收、再利用、再制造的潜力，着力提升退役报废保障装备的资源综合利用效益。此外，美军着力提高退役报废保障装备处置设备的智能化、自

动化和系列化水平，提升退役报废保障装备处置的科技含量与环保含量，在智能控制、环保处置、可视监控、安全防护、人机工程等方面进行集成应用与技术创新。

### 2. 军民通用化处置发展，推行生产者责任延伸制度

健全保障装备退役报废回收处理的法律法规及配套制度是保障装备退役报废管理的首要任务。如果没有法规和制度的硬性约束，单纯依靠各责任主体的自觉行为，将会因为责任不清、行为不规范等造成回收处理体制的混乱。美军经过越南战争后多次精简整编，现在完全依托社会提供保障，坚持走军民通用化之路。目前，美军装备保障正在推行"从摇篮到坟墓"生产者保障模式，即"谁研制，谁生产，谁保终身维护，及至退役报废处置"。美国通过立法的方式保证废旧装备的合理回收、处理及再利用，并将实行生产者责任延伸制上升至法律高度，强制生产企业执行。2000年以来，美国先后有20多个州尝试制定自己的电子废物专门管理法案。这种保障方式不仅能够充分保证装备的作战保障能力，形成装备保障的系统化，而且可以提升生产者保障的层次，也是执行可持续性发展战略必不可少的途径。可见，由生产者负责对退役报废保障装备的回收和再利用，将是今后国际的发展趋势。

### 3. 系统规范军事装备物资退役报废回收处置体系建设

军事装备物资退役报废回收处理体系建设，涉及装备生产者、采购方、使用方、维修方、回收保存方、拆解处理方和装备管理方等多个机构，是一个复杂的系统工程。美国通过多种途径和方式加强资源与环保意识的宣传力度，不断提高大众环境保护、自我保护和资源节约的意识，使大众认识到回收处理的重要意义；同时，对军事装备物资退役报废处置机构所用拆解处理工艺是否环保科学、拆解装备是否符合环保要求、拆解环境是否达标等将实施全面考核和监管，美国建立并不断优化退役报废回收处置体系，将对保障装备退役报废的回收处置起到良好的规范和促进作用。

## 8.2.4　退役报废管理方式规范化

**1. 在退役报废的各个阶段加强制度流程的统一性、规范化管理,逐步完善保障装备退役报废标准化管理**

虽然美军对于退役报废保障装备在技术鉴定评估、上交到退役报废处置的各阶段都制定了相应的规范性指导文件,形成了相对规范的管理体系,但是,随着高新技术在军事保障装备领域的不断深入应用,应持续重视顶层政策的重要指导作用,重点关注薄弱环节,更新指导文件,保证保障装备发展与政策管理的与时俱进、协调发展。完善各项政策也将进一步明确各管理机构职责、规范人员分工,确保保障装备退役报废工作从源头到终点的规范有序和科学衔接。此外,美军将不断优化全寿命周期管理理念,加强退役报废保障装备的再利用与资源化利用,大量节约原材料、零部件等保障装备资源,有效提高资源利用效率,最终实现保障装备全寿命周期闭环管理。

**2. 实现废弃物信息化、智能化科学管理**

美军通过美国国防后勤局处置服务部实现对国防物资的再利用,在更高的层次和更大的范围内实现对军队的退役报废保障装备的集约利用,保证退役报废保障装备处置的规模效益。不断完善和优化军事废弃物信息平台,该平台是一个开放式的管理信息系统,也是覆盖美军的多级网络管理信息系统,形成集动态、网络、管理于一体的交换模式,面向所有用户收集更加全面的废弃物信息,构建合理的废弃物、原料、设备、用户的循环快捷网链,使废弃物资源在各部门间得到合理的集中、配置和交换。该平台不仅要实现军队内部废弃物信息的交换,还要实现与民用固体废弃物信息平台的交流,依靠地方专业的固体废弃物处置专家,充分发挥地方物资回收公司的作用,避免部队重新投入人力、物力和财力,实现保障装备设计、生产、使用、再循环的科学发展。

# 美国联邦供应分类号（部分）

| FSG/FSC | 描　述 |
|---|---|
| 12（全部） | 消防设备 |
| 13（全部） | 自动曝光 |
| 14（全部） | 制导导弹 |
| 1560 | 机身结构件 |
| 1670 | 降落伞：空中接送、运送、恢复 |
| 1710 | 飞机着陆设备 |
| 1720 | 飞机发射设备 |
| 1810 | 航天器 |
| 1820 | 航天器组件 |
| 1830 | 航天器遥控系统 |
| 1840 | 航天器发射器 |
| 1905 | 战斗舰和登陆舰 |
| 2305 | 地面效应车 |
| 2330 | 拖车 |
| 2350 | 履带式作战、突击和战术车辆 |
| 2840 | 燃气轮机和喷气发动机、飞机、原动机和组件 |
| 2845 | 火箭发动机和零件 |
| 2915 | 发动机燃油系统组件、飞机和导弹的原动机 |
| 3690 | 专用弹药机械及其相关设备 |
| 4230 | 消毒和浸渍设备 |

续表

| FSG/FSC | 描　述 |
|---|---|
| 4470 | 核反应堆 |
| 4921 | 鱼雷维护、修理和检验专用设备 |
| 4923 | 深度装料和水下矿山维护、修理和检验设备 |
| 4925 | 弹药维护、修理和检验专用设备 |
| 4927 | 火箭维修、修理和检验专用设备 |
| 4931 | 消防维修和修理厂专用设备 |
| 4933 | 武器保养和维修车间专用设备 |
| 4935 | 制导导弹维护、修理和检验专用设备 |
| 4960 | 航天器维护、修理和检验专用设备 |
| 5810 | 通信安全（COMSEC）设备和组件 |
| 5811 | 其他密码设备和组件 |
| 5820 | 机载广播电视通信设备 |
| 5825 | 无线电导航设备（机载除外） |
| 5826 | 机载无线电导航设备 |
| 5840 | 雷达设备（机载除外） |
| 5841 | 机载雷达设备 |
| 5845 | 水下音响设备 |
| 5850 | 可见光和不可见光通信设备 |
| 5855 | 夜视设备、发射和反射辐射设备 |
| 5860 | 受激（相干）辐射设备、组件和配件 |
| 5865 | 电子对策、反对策和快速反应能力 |
| 5963 | 电子模块 |
| 5985 | 天线、波导及相关设备 |
| 5998 | 电气和电子组件、电子板、电子卡和相关硬件 |
| 5999 | 杂项电子电气元件 |
| 6615 | 自动驾驶机构和机载陀螺仪组件 |
| 6920 | 装备训练器 |
| 6930 | 操作培训设备 |
| 6940 | 通信训练器 |
| 8470 | 个人装甲 |
| 8475 | 专业飞行服装及配件 |

# 附录 B

# 美国非军事化代码分配（摘录）

附表 B-1　军用电子装备[①]

| 非军事化代码 | 说　明 |
|---|---|
| D | （a）为军事应用而专门设计、改装或配置，但不属于Ⅻ类电子设备，包括但不限于： |
| D | ◆（1）水声设备，包括主动和被动探测、识别、跟踪和武器控制设备 |
| D | —声呐穹顶 |
| D | ◆（2）水声主动和被动对抗措施 |
| C | （3）雷达系统，具有以下功能： |
| C | ◆（Ⅰ）搜索 |
| C | ◆（Ⅱ）采集 |
| C | ◆（Ⅲ）跟踪 |
| C | ◆（Ⅳ）活动目标指示 |

---

① 黑色菱形符号"◆"表示重要军事装备。

| 非军事化代码 | 说　明 |
|---|---|
| C | ◆（V）成像 |
| C | （VI）专为军事应用设计或改装的任何地面空中交通管制雷达 |
| D | ◆（4）电子战设备，包括但不限于： |
| D | （I）主动和被动干扰设备 |
| D | （II）主动和被动的压制反干扰设备 |
| D | （III）专为干扰其他通信设备或传输而设计或改装的无线电设备 |
| C | ◆（5）指挥、控制、通信系统，包括无线电（收发器）、导航识别设备，包括但不限于： |
| D | （I）所有敌我识别接收器、发射器和相关设备 |
| D | （II）经过特殊设计的应急无线电接收器/发射器和信标，用于在特殊的军事跨机构或国际遇险信号频率上运行，如 8364 KCS、500 KCS、121.5 MC、282.8 MC 和 243.0 MC |
| D | （6）专为军事应用设计或研制的计算机，以及为与美国军需品清单的任何类别中列出的任何国防物品一起使用而经过专门改装的任何计算机 |
| D | （7）专为军事应用而设计或改装的电子设备，或者专为军事系统使用而设计或改装的任何试验用或研制用电子设备 |
| D | ◆（b）为情报、安全或军事目的而专门设计、改装或配置的电子系统或设备，用于从电磁频谱及为反制电子侦察或监视而设计或改装的电子系统或设备中搜索、侦察、收集、监视、定向、显示、分析和产生电磁频谱信息。对于构成该系统的任何单台设备，即使受到另一个美国政府机构的管制，也应根据本附录对符合此定义的系统进行管制。此类系统或设备包括但不限于： |
| D | （1）经过设计或改装的设备，此类设备可以使用密码技术来生成用于扩频的扩频码或用于频率捷变的跳频码，不包括用于扩频的固定代码技术 |
| D | （2）为情报、安全或军事目的而使用数据串技术（如时间压缩技术）设计或改装的设备 |
| D | （3）为信息安全而设计或改装的设备，用于抑制信息承载信号的泄漏发射。这包括满足或旨在满足《政府瞬态电磁脉冲发射监测技术》标准的瞬态电磁脉冲发射监测技术、抑制技术和设备，但并不包括旨在满足美国联邦通信委员会商业电磁干扰标准的设备或为健康和安全而设计的设备 |
| D | （c）专为类别（a）和类别（b）所列物品设计、改装或改进的主要组件、零件、配件、附件和相关设备。这包括但不限于： |
| D | 一加速度计 |

| 非军事化代码 | 说　明 |
|:---:|:---|
| D | —放大器 |
| D | —天线馈电喇叭 |
| D | —天线 |
| D | —电路板装配（组件） |
| D | —平行光管 |
| D | —延时线 |
|  | —电子管（真空管）。此处提到的电子管包括但不限于： |
| F | （Ⅰ）行波 |
| F | （Ⅱ）阴极射线 |
| F | （Ⅲ）速调管 |
| F | （Ⅳ）磁控管 |
| D | —编码器和解码器 |
| D | —频率发生器 |
| D | —频率敏感的射频组件 |
| D | —显示军事进攻或防守优势的标识牌或印花 |
| D | —指示器 |
| D | —时间间隔计 |
| D | —逻辑电路 |
| D | —存储器电路 |
| D | —微型电路 |
| D | —微处置器 |
| D | —军用水晶 |
| D | —调制器、解调器和调制电路 |
| D | —杂讯发生器 |
| D | —振荡器 |
| D | —性能数据板 |
| D | —印刷电路板/卡 |
| D | —处置器 |
| D | —射频头、腔体和组件 |
| D | —天线罩 |
| D | —固态器件 |

| 非军事化代码 | 说　明 |
|:---:|:---|
| D | —同步装置 |
| D | —调谐线圈 |
| D | —波导及其所有组件 |
| D | （d）任何技术数据和国防勤务数据，只要与该类别中被列为重要军事装备的国防用品直接相关，并且与该类别中所列的任何国防用品的制造或生产直接相关，应将其指定为重要军事装备。设计、研制、生产、制造、组装、操作、维修、测试或改装此类别的国防用品所需的信息，包括蓝图、图纸、图片、计划、说明或文档形式的信息 |
| B | （e）未在此类别中另外列出的次要组件、零件、配件、附件和相关设备。这包括但不限于：<br>（1）电源（如战术电源 PP-6224C/U、战术移动电源 PP-2953D/U）<br>（2）电缆组件和线束 |
| C | （f）军事试验设备，其中包含本附录类别中列出的经过特殊设计的军事物品 |
| B | （g）不包含本附录类别中所列组件的军事试验设备 |

**解释：**

包含放射性同位素的电子管，如铯-137（Cs-137）、镍-63（Ni-63）、镭-226（Ra-226）、锶-90（Sr-90）或钍-232（Th-232）；以及危险材料，如氧化铍、氧化钡等，必须为其指定非军事化代码"F"。对于非军事化代码"Q"，商品管制清单—出口管制分类编码 CCL-ECCN 3A001.b.1、3A228、3A231 和 3E003.g 可能适用。

**例外情况：**

请参阅美国联邦法规第 15 篇《出口管制条例》中涵盖的出口管制分类编码 3A001、3A991、4A001、4A102、4A994、5A001、5A002、5A992 和 6A008，以了解类似物品。

附表 B-2　火控、测距仪、光学和制导与控制装备

| 非军事化代码 | 说　明 |
|---|---|
| D | ◆（a）本表所列物品的火控系统；炮弹跟踪与制导系统；射程、位置、测高仪、定位工具和铺设设备；瞄准装置（电子、光学和声学）；炸弹瞄准具、炸射模拟机、军用电视瞄准和观察装置及潜望镜 |
| D | ◆（b）专为军事应用而设计、改装或配置的激光器，包括用于军事通信设备、目标指示仪和测距仪、目标探测系统，以及定向能武器的激光器 |
| C | ◆（c）专为军事用途设计、改装或配置的红外焦平面阵列探测器；专为军事用途设计、改装或配置的图像增强和其他夜视设备或系统；专为军事用途设计、研制、改装或配置的第二代及更新的军用影像增强管；专为军事应用而设计、研制、改装或配置的红外线、可见光和紫外线设备，包括但不限于：<br>—敌我识别<br>—夜视镜和设备 |
| C | ◆（d）用于武器或武器系统的惯性平台和传感器；制导、控制和稳定系统，但Ⅷ类所涵盖的系统除外；包括石英音叉陀螺 |
| D | （e）为类别（a）～类别（d）所列物品专门设计或改装的主要部件、零件、配件、附件和相关设备。这包括但不限于： |
| D | —瞄准装置支架 |
| D | —天文罗盘 |
| D | —电路板总成 |
| D | —探测器 |
| D | —陀螺仪 |
| D | —显示军事进攻或防守优势的标识牌或印花 |
| D | —军用加速度计 |
| D | —光学元件 |

| 非军事化代码 | 说　明 |
|---|---|
| D | 一光学滤镜 |
| D | 一性能数据板 |
| D | 一星体追踪仪 |
| D | （f）任何技术数据和国防勤务数据，只要与该类别中被列为重要军事装备的国防用品直接相关，并且与该类别中所列的任何国防用品的制造或生产直接相关，应将其指定为重要军事装备。设计、研制、生产、制造、组装、操作、维修、测试或改装此类别的国防用品所需的信息，包括蓝图、图纸、图片、计划、说明或文档形式的信息 |
| B | （g）未在此类别中另外列出的次要组件、零件、配件、附件和相关设备，包括但不限于电缆组件和线束 |
| C | （h）军事试验设备，其中包含本附件类别中列出的经过特殊设计的军事物品 |
| B | （j）不包含本附录类别中所列组件的军事试验设备 |

**解释：**

当属于商业系统（最初设计用于商业用途的系统）的一部分时，在此类别中确定的军用第二代和第三代影像增强管和军用红外焦平面阵列已获得美国国防部的许可（出口管制分类编码为 ECCN 6A002A、6A003A）。这不包括任何由非军用规范部件组成的军用系统。在本表中确定的备用管或焦平面阵列，如果需要出口用于商业系统，则应遵守美国联邦法规第 22 篇第 121 部分的管制。

对于飞机、惯性参考系统和相关组件，请参阅Ⅷ类。

根据相关规定，将第二代和第三代影像增强管定义为波长在 $0.4\sim1.05\mu m$ 内具有峰值响应，并融合了一个具有用于电子图像放大的微孔板，该孔板孔间距（中心到中心）小于 $25\mu m$，并且具有以下任一特征：

（1）S-20、S-25 或多碱光电阴极；

（2）砷化镓、砷化镓铟或其他化合物半导体光电阴极。

**例外情况：**

请参阅美国联邦法规第 15 篇《出口管制条例》中涵盖的出口管制分类编码 0A918、6A002、7A003、7A115、7A116、7A117 和 7A994，以了解类似物品。

### 附表 B-3　辅助的军事装备

| 非军事化代码 | 说　明 |
|---|---|
| B | （a）专为军事目的设计、研制、改装、改进或配置的相机和专用处置设备、像片判读、立体绘图和摄影测量设备，以及经过专门设计或改装的组件 |
| D | （b）专为军事应用（包括指挥、控制和情报应用）设计、研制、改装、改进或配置的军事信息安全保证系统和设备、密码设备、软件和组件。其中包括： |
| D | （1）能够保证信息的保密性或机密性的军事密码（包括密钥管理）系统、设备组件、模块、集成电路、组件或软件、信息系统，包括用于跟踪、遥测和控制加密和解密的设备和软件 |
| D | （2）能够为扩频系统或设备生成扩频或跳频代码的军事密码（包括密钥管理）系统、设备、模块、集成电路，以及组件或软件 |
| D | （3）军事密码分析系统、设备、模块、集成电路、组件或软件 |
| D | （4）军事系统、设备、模块、集成电路、组件或软件（其提供的认证或可证明的多级安全性或用户隔离度超过了《安全保证评估标准》的第 5 级评估保证），以及用于认证此类系统、设备或软件的软件 |
| D | （5）为该类别（1）～类别（4）所列物品专门设计、研制、改装、改进或配置的辅助设备 |
| B | （c）自给式潜水和水下呼吸装置，例如，封闭和半封闭（呼吸）装置；专为将开放式呼吸装置转换为军事用途装置而设计的零部件；专为军事用途而设计的物品，包括独立的潜水和水下游泳用具 |
| B | （d）在本附录（如Ⅳ类）中无其他管制的碳/碳坯料和预成型坯，这些碳纤维坯料和预成型坯在三维或更多维度（如四维）的平面中用连续的单向丝束、胶带或编织布进行了加固，其中这些平面专为国防用品而研制、改装、配置或改进 |
| D<br><br>B | （e）装甲（如有机材料、陶瓷、金属、横条、复合材料）、组件、零件和配件，但不包括本附录中无其他管制规定的硬件，如螺母、螺栓、垫圈，这些硬件专为军事应用而设计、研制、改装、配置或改进。包括但不限于：<br>—带有装甲的夹叉 |

| 非军事化代码 | 说　明 |
|:---:|:---|
| G | ——反应装甲 |
| D<br><br>D | （f）专门为国防用品设计、研制、配置、改装或改进的结构材料，包括碳/碳和金属基复合材料、板材、锻件、铸件、焊接材料，以及轧制和挤压成型的结构件：<br>——任何包含本附件中无其他规定的隐形技术的物品或器材 |
| B<br><br>F<br>G<br>B<br><br>D | （g）专为军事应用设计、研制、改装、配置或改进的隐身和欺骗设备，包括但不限于特种油漆、诱饵、烟雾、遮蔽设备和模拟器，以及经过专门设计、研制、改装、配置或改进的组件、零件和配件，包括但不限于：<br>——非爆炸性箔条干扰物<br>——爆炸性箔条干扰物<br>——非专用铁丝网<br>——专用伪装、隐蔽和欺骗铁丝网，采用的材料经过特殊设计，可吸收热红外、紫外线、微波雷达和多毫米波段信号 |
| B | （h）根据核能、热能或太阳能，或者化学反应原理，专为军事应用设计、研制、改造、配置或改装的能量转换装置，可用于输出产生电能 |
| B | （i）金属脆化剂 |
| D | ◆（j）专为军事应用设计或改装的硬件和设备，与检测国防用品的系统签名的测量和改装相关的硬件和设备。这包括但不限于签名测量设备、还原技术和代码、签名材料和处置，以及签名控制设计方法 |
| D | （k）为生产该类别内受控物品而专门设计或改装的工具和设备 |
| D | （l）任何技术数据和国防勤务数据，只要与该类别中被列为重要军事装备的国防用品直接相关，并且与该类别中所列的任何国防用品的制造或生产直接相关，应将其指定为重要军事装备（请参阅美国联邦法规第 22 篇中的第 123.20 项）。设计、开发、生产、制造、组装、操作、维修、测试或改装此类别的国防用品所需的信息，包括蓝图、图纸、图片、计划、说明或文档形式的信息 |
| B | （m）专为军事应用设计或改装的化学发光化合物和固态装置 |
| D | （n）专为该类别所列武器装置设计、改装、配置或改进的主要零部件、零件、配件、附件和相关设备 |
| B | （o）未在此类别中另外列出的次要组件、零件、配件、附件和相关设备，包括但不限于电缆组件和线束 |
| C | （p）军事试验设备，其中包含本附录类别中列出的经过特殊设计的军事物品 |
| B | （q）不包含本附录类别中所列组件的军事试验设备 |

**解释：**

以下对本表及整个附录中使用的术语进行了解释和拓展：

（1）本表的类别（d）中无管制碳/碳坯料和预成型坯，其中在三维平面中的加固限于：相邻层的连锁装置；碳/碳三维、四维等；没有为军事应用专门设计或改装的成品（如商用飞机或高速火车的制动器）；

（2）本表类别（i）中的金属脆化剂是非致命性武器物质，可以在短时间内改变金属的晶体结构，通过化学改变其分子结构来严重削弱金属性能。这些试剂与各种物质混合在一起，包括黏合剂、液体、气溶胶、泡沫和润滑剂。

**例外情况：**

请参阅美国联邦法规第 15 篇《出口管制条例》中涵盖的出口管制分类编码 1C101、1C107、1C202、2B018、5A002、5A992、8A018 和 9A110，以了解类似物品。

## 附表 B-4　军事训练器材及相关设备

| 非军事化代码 | 说　明 |
| --- | --- |
| C | （a）为军事目的特别设计、改装、配置或改进的训练设备，包括但不限于武器系统训练器、雷达训练器、炮兵训练设备、反潜战训练器、目标设备、军备训练装置、无人机训练器、导航培训师和人员离心机 |
| C | （b）本附录所列物品的仿真设备 |
| D | （c）为生产该类别内管制物品而专门设计或改装的工具和设备 |
| D | （d）专为本表中类别（a）、类别（b）和类别（c）所列物品设计、改装、配置或改进的主要组件、零件、配件、附件和相关设备 |
| D | （e）任何技术数据和国防勤务数据，只要与该类别中被列为重要军事装备的国防用品直接相关，并且与该类别中所列的任何国防用品的制造或生产直接相关，应将其指定为重要军事装备。设计、研制、生产、制造、组装、操作、维修、测试或改装此类的国防用品所需的信息，包括蓝图、图纸、图片、计划、说明或文档形式的信息（请参见美国联邦法规第 22 篇第 120.9 项中的国防勤务解释 3） |
| B | （f）未在本表中另外列出的次要组件、零件、配件、附件和相关设备，包括但不限于电缆组件和线束 |
| C | （g）军事试验设备，其中包含附录中列出的经过特殊设计的军事物品 |
| B | （h）不包含附录中所列组件的军事试验设备 |

**解释:**

以下对此类别中使用的术语进行了解释和拓展：

（1）类别（a）中的武器系统训练员包括个人乘员和特定于某系统的训练员；

（2）此类别中列出的物品包括使用此类别控制的技术数据和国防勤务数据设计或制造的任何成品、组件、附件、零件、固件、软件或系统；

（3）本表解释部分中的国防勤务数据和相关技术数据包括可用于模拟教练员、战斗管理、试验场景和模型，以及武器效能的软件和相关数据库。在任何情况下，如果转移到外国的军事训练未使用美国军需品清单管制的物品，则该训练仍可能是一种国防勤务，需要根据本附录进行授权（有关军事训练的更多信息，请参见美国国防部指令 5160.68<f> 的第 120.9 项和第 124.1 项）。

**例外情况:**

有关类似物品，请参阅美国联邦法规第 15 篇《出口管制条例》中涵盖的出口管制分类编码 9 A018。

附表 B-5　防护装备和掩体

| 非军事化代码 | 说　明 |
|---|---|
| D | （a）为军事应用专门设计、研制、配置、改装、改进的防护装备，包括但不限于： |
| D | （1）防弹衣，也称为防弹服（前心、后背、腹部和腰部）或防弹背心 |
| D | （2）防护服，可以有效规避波长超过 900nm 的雷达、红外线或其他传感器检测；在其设计、制造和生产中使用的经过特殊处理或配制的染料、涂料和织物 |
| E | 一军事作战服，具有已安装或集成的敌我识别技术（有关更多信息，请参阅本表的解释部分） |
| B | （3）抗荷服 |
| B | （4）能够在海拔 16764m 以上的位置发挥作用的压力服 |
| B | （5）设计、研制、改装、配置或改进的大气潜水服，用于涉及受附录管制的潜艇的营救作业 |
| D | （6）为与军用通信硬件或光学瞄准镜或回转装置兼容而专门设计、研制、改装、配置或调整的头盔，包括但不限于： |
| D | （Ⅰ）先进的战斗头盔 |
| D | （Ⅱ）空勤人员的防护帽 |
| D | （Ⅲ）战斗车辆乘员头盔 |
| D | （Ⅳ）轻便头盔 |
| B | （Ⅴ）地面单兵装甲系统凯夫拉尔头盔 |
| D | （7）护目镜、眼镜或面甲，旨在防止附录规定的物品释放出的激光或热闪光。夜视镜和夜视设备属于Ⅻ类 |
| D | （b）为防止附录所包括的这些物品的影响而专门设计和改造的固定或移动式掩体，包括但不限于： |
| D | （1）子弹冲击或撞击 |
| F | （2）核生化污染 |
| C | （3）通信掩体 |
| D | （c）为生产该类别内管制物品而专门设计或改装的工具和设备 |

续表

| 非军事化代码 | 说　明 |
| --- | --- |
| D | （d）专为本表中类别（a）～类别（c）所列物品设计、改装、配置或改进的主要组件、零件、配件、附件和相关设备 |
| D | （e）任何符合以下标准的技术数据和国防勤务数据：与该类别中所列出的国防用品直接相关，并且与该类别中所列的任何国防用品的制造或生产直接相关。设计、研制、生产、制造、组装、操作、维修、测试或改装此类别的国防用品所需的信息，包括蓝图、图纸、图片、计划、说明或文档形式的信息 |
| B | （f）上面未列举的次要组件、零件、配件、附件和相关设备 |
| C | （g）军事试验设备，其中包含附录中列出的经过特殊设计的军事物品 |
| B | （h）不包含附录中所列组件的军事试验设备 |

**解释：**

以下对本表及整个附录中使用的术语进行了解释和拓展：

（1）本表涵盖的防弹衣不包括美国国家司法研究所分类所定义的Ⅰ型、Ⅱ型、ⅡA型或ⅢA型防弹衣：

—Ⅰ型（22 长步枪；0.380 柯尔特自动手枪弹）：这种防弹衣可以防住 0.22 口径和 0.380 口径柯尔特自动手枪弹

—Ⅱ型（9mm；0.357 马格南弹）：这种防弹衣可以抵抗 9mm 和 0.357 马格南弹

—ⅡA型（9mm；0.40 S&W 弹）：这种防弹衣可以抵抗 9mm 和 0.40 S&W 弹

—ⅢA型（9mm 高速；0.44 马格南弹）这种防弹衣可以抵抗 9mm 和 0.44 马格南弹

（2）本表中列出的物品包括使用此类别控制的技术数据和国防勤务数据设计或制造的任何成品、组件、附件、零件、固件、软件或系统；

（3）类别（a）第（2）项中的军事作战服可能包含敌我识别技术和特殊图案：陆军作战服、海军模式—海军陆战队作战服、海军工作服、飞行员的作战服、三色林地作战服、三色和六色沙漠迷彩服、机组人员和战斗车辆机组人员制服、陆军作战服。

（4）类别（a）第（4）项中的压力服包括用于模拟高海拔地区正常大气压力条件的全部和部分压力服。

（5）关于适用于核生化防御的个人防护装备，请参阅 XIV 类（f）（4）。

**例外情况：**

请参阅美国联邦法规第 15 篇《出口管制条例》中涵盖的出口管制分类编码 0A018、0A979、0A988 和 1A005，以了解类似物品。

附表 B-6　坦克和军用车辆及相关装备

| 非军事化代码 | 说　明 |
|---|---|
| C | ◆（a）军用型武装或装甲车辆、军用铁路列车，以及经过专门设计或改装的车辆，其中此类车辆用于与武器基座或其他专用军事装备相匹配或装载此类武器装备 |
| D | ◆（b）军用坦克、作业工程车辆、桥梁架设车、半履带车辆、坦克歼击车和自行火炮 |
| C | （c）经过专门设计、改装或配备，以安装或运载Ⅰ类、Ⅱ类和Ⅳ类武器或用于搬运和处置Ⅲ类和Ⅳ类物品的军用卡车、拖车、吊车和撬装块 |
| D | ◆（d）军用回撤交通工具 |
| D | ◆（e）两栖车辆 |
| D | ◆（f）专为本表中类别（a）、类别（b）和类别（e）所列车辆设计或改装的发动机 |
| D | （g）专为该类别所列武器装备设计或改装的主要零部件、零件、配件、附件和相关设备，包括但不限于： |
| C | 一专为该类别所列车辆改装或配置的商用发动机 |
| D | 一军用涡轮增压器和机械增压器 |
| D | 一军用专用战车变速箱，包括末端传动总成 |
| D | 一经过特别设计的气胎保护套，具有防弹功能，可在气胎放气后继续使用 |
| D | 一滑环 |
| E | 一坦克履带组件，包括但不限于车轮、惰轮和链轮 |
| D | 一炮塔环 |
| D | （h）任何技术数据和国防勤务数据，只要与该类别中被列为重要军事装备的国防用品直接相关，并且与该类别中所列的任何国防用品的制造或生产直接相关，应将其指定为重要军事装备。设计、研制、生产、制造、组装、操作、维修、测试或改装此类别的国防用品所需的信息，包括蓝图、图纸、图片、计划、说明或文档形式的信息 |

| 非军事化代码 | 说 明 |
|---|---|
| B | （i）未在此表格中类别（a）～类别（g）中列出的次要组件、零件、配件、附件和相关设备，包括但不限于：<br><br>（1）深水涉水套件<br><br>（2）军用桥梁<br><br>（3）橡胶履带板<br><br>（4）星形齿轮总成<br><br>（5）线束 |
| C | （j）军用试验设备，其中包含附录中列出的经过特殊设计的军用物品 |
| B | （k）不包含附录中所列组件的军事试验设备 |

**解释:**

以下对本表及附录中使用的术语进行了解释和拓展:

（1）在本表的类别（e）中列出的两栖车辆是机动车辆或底盘，采用全轮驱动，用于装备部队，可以满足特殊军事要求，具有密封性电气系统或适应深水涉水环境的特性。

（2）本表列出的物品包括使用此类别控制的技术数据和国防勤务数据设计或制造的任何成品、组件、附件、零件、固件、软件或系统。

**例外情况:**

请参阅美国联邦法规第 15 篇《出口管制条例》中涵盖的出口管制分类编码 2B018、9 A018，以了解类似物品。

# 参考文献

[1] Department of Defense Directive. The Defense Acquisition System[S]. Number 5000.01, May 12, 2003.

[2] Department of Defense Instruction Interim. Operation of the Defense Acquisition System[S]. Number 5000.02, January 7, 2015.

[3] Army Materiel Maintenance Policy. Maintenance of Supplies and Equipment[S]. Army Regulation 750-1, October 11, 2007.

[4] United States Navy. Guide for the Assignment Application and Use of Source, Maintenance and Recoverability Codes[S]. NAVSUP P-719, COG I Stock Number 0530-LP-011-2960.

[5] Joint Regulation Governing the Use and Application of Uniform Source, Maintenance, and Recoverability Codes[S]. Army Regulation 700-82, SECNAVINST 4410.23, AFMAN 21-106, September 29, 2014.

[6] Saman Aminbakhsh, Murat Gunduz. Safety Risk Assessment Using Analytic Hierarchy Process (AHP) during Planning and Budgeting of Construction Projects[J]. Journal of Safety Research, 2013, 46: 99-105.

[7] Saaty T L. Decision Making—The Analytic Hierarchy and Network Processes (AHP/ANP)[J]. Journal of Systems Science and Systems Engineering, 2004, 13(1): 1-35.

[8] Saaty T L. Making and Validating Complex Decisions with the AHP/ANP[J]. Journal of Systems Science and Systems Engineering, 2005, 14(1): 1-36.

[9] Devdatt P Purohit. Hazard Identification and Risk Assessment in Construction Industry[J]. International Journal of Applied Engineering Research, 2018, 13(10): 7639-7667.

[10] Ericson CA. Hazard Analysis Techniques for System[M]. New York: John Wiley & Sons, 2005.

[11] ISO/IEC. Guide 51: Safety Aspects-Guideline for Their Inclusion in Standards[S]. 2014.

[12] Maintenance Processing of Reparable Property and the Repair Cycle Asset Control System[S]. T.O. 00-20-3, Published under Authority of the Secretary of the Air Force, August 15, 2015.

[13] Defense Logistics Agency Disposition Services Customer Handbook[R]. 2016.

[14] DoD 4160.21-H. Defense Scrap Yard Handbook[R]. 1985.

[15] Office of the Under Secretary of Defense for Acquisition and Sustainment. DoD Manual 4160.28, Volume 1. Defense Demilitarization: Program administration[S]. Effective: August 9, 2017; Change 3 Effective: July 15, 2019.

[16] Office of the Under Secretary of Defense for Acquisition and Sustainment. DoD Manual 4160.28, Volume 2. Defense Demilitarization: Demilitarization Coding[S]. June 7, 2011.

[17] Office of the Under Secretary of Defense for Acquisition and Sustainment. DoD Manual 4160.28, Volume 3. Defense Demilitarization: Procedural Guidance[S]. June 7, 2011; Incorporating Change 2, August 31, 2018.

[18] DoD 4160.28-M, Demilitarization (DEMIL) Program[S]. June 4, 2011.

[19] DoD 5160.65-M, Chapter 13, Demilitarization and Disposal[S].

[20] Demilitarization and Trade Security Controls[S]. Army Regulation 700-144, May 5, 2009.

[21] 4160.21-M Vol.1: Defense Materiel Disposition Manual Volume 1[S]. October 22, 2015.

[22] 4160.21-M Vol.2: Defense Materiel Disposition Manual Volume 2[S]. October 22, 2015.

[23] 4160.21-M Vol.3: Defense Materiel Disposition Manual Volume 3[S]. October 22, 2015.

[24] 4160.21-M Vol.4: Defense Materiel Disposition Manual Volume 4[S]. October 22, 2015.

[25] DLM 4000.25-1, Military Standard Requisitioning and Issue Procedures

(MILSTRIP)[S]. June 13, 2012.

[26] DoD Instruction 5000.64, Accountability and Management of DoD Equipment and Other Accountable Property[S]. April 27, 2017.

[27] DoD 7000.14-R, Department of Defense Financial Management Regulation[S]. January, 2016.

[28] DoD Instruction 7600.02, Audit Policies[S]. April 27, 2007.

[29] The Committee on National Security Systems Instruction 4008. Program for the Management and Use of National Reserve Information Assurance Security Equipment[R]. March, 2007.

[30] National Security Telecommunications and Information Systems Security Instruction Number 4004. Routine Destruction and Emergency Protection of COMSEC Material[R]. March 11, 1987.

[31] NAVSEAINST C5511.32B, Safeguarding Naval Nuclear Propulsion Information[R].

[32] Title 15, United States Code[S].

[33] Title 29, Code of Federal Regulations[S].

[34] Title 40, Code of Federal Regulations[S].

[35] Title 41, Code of Federal Regulations[S].

[36] Title 49, Code of Federal Regulations[S].

[37] Inspector General U.S. Department of Defense. Processing and Disposition of Equipment at the Defense Logistics Agency Disposition Services in Kuwait[R]. May 1, 2018.

[38] Robyne Tucker. DRMS Instruction 4160.14, Operating Instructions for Disposition Management[S]. May 12, 2008.

[39] Marisa Pde Brito, Simme D P Flapper. Reverse Logistics: A Review of Case Studies[J]. Econometric Institute Report EI, 2002, 21: 1-32.

[40] Linda S. Beltran. Reverse Logistics: Current Trends and Practices in the Commercial World[J]. 2002, 36(3): 4-8.

[41] Mutha A Pokharel SM. Strategic Network Design for Reverse Logistics and Remanufacturing Using New and Old Product Modules[J]. Computes &

Industrial Engineering, 2009, 56(1): 334-346.

[42] Walden, Joseph L. Reverse Logistics[R]. U.S. Army Command & General Staff College School of Advanced Military Studies, 2001, 5.

[43] Innovative Uses of Recycled Tank Tracks for Erosion Control[R]. Public Works Technical Bulletin 200-1-16, January 7, 2002.

[44] Valerie Bailey Grasso. Defense Surplus Equipment Disposal, Congressional Research Service Report[R]. July 22, 2014.

[45] Jane S. Shaw. Eight Great Myths of Recycling[M]. ISSUE NUMBER PS-28. September, 2003.

[46] D. Wagen. The US Army's Bradley Remanufacture Program[EB/OL]. [2010-07-21].

[47] J. R. McDonnell. Bradley M2/M3 Tracked Armoured Fighting Vehicles, USA[EB/OL]. [2010-07-21].

[48] The US Army's Bradley Remanufacture Program[N]. April 6, 2009.

[49] Bradley M2/M3 Tracked Armoured Fighting Vehicles, USA Army Technology[R]. 2020.

[50] Leon, Nate, Paulson, Todd, Ferrell, Geraldo. The Deployment Service of the Defense Logistics Agency as A Source of Supply: An Opportunity for the Ministry of Defense[J]. Defense ARJ, 2013, 20(2): 218-241.

[51] Electronic Equipment Demanufacturing Recycling and Reuse System[N].

[52] Study on Sealing and Packaging Technology of Military Equipment for Foreign Armies[R]. June 11, 2019.

[53] Ministry of Defence. Major Equipment Storage[R]. HC 1005 Session 1997-98, July 29, 1998.

[54] Recycling Electronic Waste, IGEL Initiative for Global Environmental Leadership[R]. April, 2016.

[55] Jennifer Namias. The Future of Electronic Waste Recycling in the United States: Obstacles and Domestic Solutions[R]. Department of Earth and Environmental Engineering Columbia University, July, 2013.

[56] Professor Nickolas J. Themelis, Analysis of Electronic Waste Recycling in the United States and Potential Application in China[D]. Department of Earth and Environmental Engineering Fu Foundation School of Engineering and Applied Science Columbia University, December, 2014.

[57] Patent Landscape Report on E-Waste Recycling Technologies[R]. 2013.

[58] Patrick Wäger, Heinz Böni, Andreas Buser, Leo Morf, Mathias Schluep. Recycling of Plastics from Waste Electrical and Electronic Equipment (WEEE) Tentative Results of a Swiss Study[R]. 2009.

[59] Precious Metals (PM) Recovery Program (PMRP) [R]. 919th Special Operations Wing Instruction 23-501, October 15, 2009.

[60] U.S. Environmental Protection Agency Office of Resource Conservation and Recycling. RCRA Positioning Manual 2014 Resource Protection and Restoration Act[R]. 2014.

[61] Defense Surplus Equipment Disposal: Background Information Valerie Bailey Grasso Specialist in Defense Acquisition[R]. April 29, 2014.

[62] DoD 4160.21-M, Defense Materiel Disposition Manual[S]. August, 1997.

[63] DoD 4100.39-M, Federal Logistics Information System[S]. August, 2010.

[64] Valerie Bailey Grasso, Demilitarization of Significant Military Equipment[R]. Order Code RL31686, Updated October 30, 2006.

[65] Gov Planet, Iron Planet, U.S. DLA Extends Exclusive Surplus Contract With IronPlanet[N]. August 9, 2016.

[66] Subpart 245.6—Reporting, Redistribution, and Disposal of Contractor Inventory, Defense Federal Acquisition Regulation Supplement[R]. 1998.

[67] Sustainable Innovation and Technology Transfer Industrial Sector Studies, Critical Metals for Future Sustainable Technologies and their Recycling Potential[R]. July, 2009.

[68] Thamas Lindhqvist, Reid Lifeset. Can We Take the Concept of Individual Producer Responsibility from Theory to Practice[J]. Journal of Industrial Ecology, 2008, 7(2): 3-6.

[69] Lindhquist T. Extended Producer Responsibility in Cleaner Production[D]. Lund: Lund University, 2000.

[70] Davis G. Extended Producer Responsibility: A New Principle for a New Generation of Pollution Frevention[R]. Washington DC: The University of Tennessee, 1994.

[71] OECD Workshop. Two Important Aspects to Be Clarified on the EPR Discussion at OECD[R]. 1999.

[72] OECD. EPR Policy and Consideration. Extended Producer Responsibility—A Guidance Manual for Governments[R]. 2001.

[73] Lindhquist T. Towards an Extended Producer Responsibility—Analysis of Experiences and Proposals[R]. Stockholm: Ministry of the Environment and Natural Resources, 1992.

[74] Tojo. N. EPR Programs: Individual versus Collective Responsibility. Exploring Various Forms of Implementation and Their Implication to Design Change[R]. IEEE Reports, 2003.

[75] Tojo N. Extended Producer Responsibility as A Driver for Design Change-utopia or Reality?[D]. Lund: Lund University, 2004.

[76] Scrap and Salvage Recycling Term Sale[N]. Draft Invitation for BID (IFB) Number 16-6049.

[77] Refuse Segregation[N]. Collection and Disposal TI 32-1001, October 9, 2007.

[78] Gary J. Motsek, Acting Principal Deputy Assistant Secretary of Defense for Logistics and Materiel Readiness[S]. DoD Manual 4140.27, Volume 1 DoD Shelf-life Management Program: Program Administration, July 6, 2016.

[79] AF Technical Order System Source, Maintenance and Recoverability Coding of Airforce Weapons, System and Equipments[S]. T.O. 00-25-195, Published under Authority of the Secretary of the Air Force, October 1, 2012.

[80] Gramatyka P, Nowosielski R, Sakiewicz P. Recycling of Waste Electrical and Electronic Equipment[J]. Journal of Achievements in Materials & Manufacturing Engineering, 2007, 20(1-2).

[81] Silvana D, Vlastimir T, Aleksandra I, et al. Recycling of Precious Metals from E-scrap[J]. Iranian Journal of Chemistry & Chemical Engineering-International English Edition, 2013, 32(4): 17-23.

[82] 邵新杰, 等. 复杂装备故障预测与健康管理技术[M]. 北京: 国防工业出版社, 2013.

[83] 韦灼彬, 熊先巍. 装备保障效能评估与建模[M]. 北京: 国防工业出版社, 2020.

[84] 阿迪尔·特谢拉·德·阿尔梅达, 等. 风险性可靠性维修性分析中多准则及多目标决策模型[M]. 郭虎生, 游藩, 译. 北京: 国防工业出版社, 2020.

[85] 王江为. 基于军事经济效益理念下的装备报废审计[J]. 四川兵工学报, 2010, 31(12): 115-117.

[86] 牛灵君, 冉述楣, 于向军, 王伟海. 外军退役报废装备处置的做法及启示[J]. 军事经济研究, 2012, 33(12): 67-68.

[87] 曾亿山, 郝云锋, 闵玉春, 张强. 工程机械液压阀再制造工艺流程研究[J]. 液压气动与密封, 2020, (1): 41-44.

[88] 贾少军. 汽车发动机零件再制造技术研究[J]. 湖北农机化, 2019, 218(05): 44.

[89] 朱胜, 柳建, 殷凤良, 孟凡军, 顾海清. 面向装备维修的增材再制造技术[J]. 装甲兵工程学院学报, 2014, (1): 81-85.

[90] 周全法, 程洁红, 龚林林, 等. 电子废物资源综合利用技术[M]. 北京: 化学工业出版社, 2018.

[91] 曾宗杰. 典型电子废物部件中有色化学金属回收机理及技术研究与创新[J]. 化工管理, 2016, (26): 191.

[92] 刘勇, 刘牡丹, 周吉奎, 刘珍珍. 废弃电路板拆解技术研究现状及展望[J]. 中国资源综合利用, 2016, 34(10): 47-50.

[93] 李炳焕, 黄艳娥, 刘会媛. 电化学催化降解水中有机污染物的研究进展[J]. 环境污染治理技术与设备, 2002(2): 23-27.

[94] 罗上庚. 放射性废物处理与处置[M]. 北京: 中国环境科学出版社, 2007.

[95] 刘旌. 循环经济发展研究[D]. 天津: 天津大学, 2012.

[96] 金涌, ［荷］阿伦斯（Arons, J. D. S）. 资源·能源·环境·社会——循

环经济科学工程原理[M]. 北京: 化学工业出版社, 2009.

[97] 郭小亮. 基于全寿命管理的装备资源节约理论研究[D]. 北京: 装甲兵工程学院, 2009.

[98] 徐学军, 张炜全, 查靓. 基于生命周期视角的绿色产品开发过程研究[J]. 科技进步与对策, 2010, 27(13): 17-20.

[99] 方辉, 宋忠平, 李莉. 后勤装备经济寿命预测模型与分析[J]. 军事经济研究, 2012, 33(3): 41-42.

[100] 宋贵宝, 杨金照, 吉礼超, 宋珩, 栾雪梅. 装备全寿命期风险评估方法综述[J]. 海军航空工程学院学报, 2010, 25(1): 83-87, 96.

[101] 黄建辉, 刘明华, 等. 废旧金属资源综合利用[M]. 北京: 化学工业出版社, 2018.

[102] 罗龙均, 李良春, 宋桂飞, 等. 退役报废通用武器雷达回收处理级别决策分析[J]. 装备环境工程, 2013, 10(3): 91-95.

[103] 辛涛, 韩媛媛. EPR 制度下退役报废装备处置可行性分析研究[J]. 中国国防经济, 2014, 4(1): 53-58.

[104] 张小丽, 陈雪峰, 李兵, 何正嘉. 机械重大装备寿命预测综述[J]. 机械工程学报, 2011, 47(11): 100-116.

[105] 张作刚, 李卫灵. 可修复装备报废指标的确立[J]. 科技信息（科学教研）, 2007(17): 688-689.

[106] 吕明春, 王旭, 张延坤, 张金槐. 装备综合保障相关问题的探讨[J]. 质量与可靠性, 2010(2): 12-14, 18.

[107] 戚琴玉, 匡健, 梁嘉轩. 外军装备退役的主要做法及对中国人民解放军的启示[J]. 科技创业月刊, 2015, 28(8): 71-73.

[108] 王建明. 舰船电气设备剩余使用寿命评估方法[J]. 大众科技, 2015, 17(3): 85-86+183.

[109] 石实, 曹裕华. 美军武器装备体系试验鉴定发展现状及启示[J]. 军事运筹与系统工程, 2015, 29(3): 46-51.

[110] 吴稚培. 测量设备的退役报废[J]. 铁道技术监督, 1997(5): 39-40.

[111] 李晨, 柏彦奇. 美军装备管理发展现状及启示[J]. 飞航导弹, 2019(1): 50-53.

[112] 李磊, 孙洲, 刘亿. 军事装备退役与报废管理研究[J]. 科技信息, 2014(15): 161-162.

[113] 吴灿伟, 封彤波, 阎旭, 吴福信. 封套材料在军用装备封存包装中的应用及发展趋势[J]. 包装工程, 2009, 30(9): 53-57.

[114] 梁志杰, 谢凤宽, 杜建华, 张德华. 长效封存快速启封制充氮包装一体化技术研究[J]. 物流技术, 2010, 29(19): 120-121.